Mandat und Transparenz

Schriften zum deutschen und europäischen öffentlichen Recht

Herausgegeben von Steffen Detterbeck

Band 27

Zur Qualitätssicherung und Peer Review der vorliegenden Publikation

Die Qualität der in dieser Reihe erscheinenden Arbeiten wird vor der Publikation durch den Herausgeber der Reihe geprüft.

Notes on the quality assurance and peer review of this publication

Prior to publication, the quality of the work published in this series is reviewed by the editor of the series.

Stefan Heck

Mandat und Transparenz

Anzeige und Veröffentlichung der Nebentätigkeiten von Bundestagsabgeordneten

PL ACADEMIC RESEARCH

Bibliografische Information der Deutschen Nationalbibliothek
Die Deutsche Nationalbibliothek verzeichnet diese Publikation in der Deutschen Nationalbibliografie; detaillierte bibliografische Daten sind im Internet über http://dnb.d-nb.de abrufbar.

Zugl.: Marburg, Univ., Diss., 2012

Gedruckt auf alterungsbeständigem,
säurefreiem Papier.

D4
ISSN 1438-4388
ISBN 978-3-631-63788-3 (Print)
E-ISBN 978-3-653-04131-6 (E-Book)
DOI 10.3726/978-3-653-04131-6

PL Academic Research ist ein Imprint der Peter Lang GmbH.

Peter Lang – Frankfurt am Main · Bern · Bruxelles · New York · Oxford · Warszawa · Wien

Dieses Buch erscheint in einer Herausgeberreihe bei PL Academic Research und wurde vor Erscheinen peer reviewed.

www.peterlang.com

Meiner Mutter

Vorwort

Die vorliegende Dissertation wurde im April 2012 vom Fachbereich Rechtswissenschaften der Philipps-Universität Marburg angenommen. Die Arbeit entstand während meiner Zeit als wissenschaftlicher Mitarbeiter am Marburger Institut für Öffentliches Recht.

Der erste Dank gilt meinem hochverehrten Doktorvater Professor Dr. Steffen Detterbeck. Seine beeindruckende akademische Schaffenskraft, seine intellektuelle Brillanz und nicht zuletzt seine menschliche Fürsorge bleiben mir Vorbild. Professor Dr. Sebastian Müller-Franken danke ich für die zügige Erstellung des Zweitgutachtens und zahlreiche wertvolle Anregungen.

Danken möchte ich auch meinen Freunden Frank Balzer, Stephan Klenner, Dr. Thomas Schäfer und Dr. Christean Wagner. Sie haben die Fertigstellung der Dissertation in ganz unterschiedlicher Weise begleitet und gefördert. Gleiches gilt für meine Lehrstuhlkollegen Vincent Klausmann, Dr. Nicole Pöttgen und Professor Dr. Dr. Martin Will, mit denen ich Freud und Leid des Doktorandendaseins teilen durfte.

Für die mühevolle Unterstützung beim Korrekturlesen und Formatieren der Arbeit danke ich Matthias Friehe und Susanne Articus.

Durch ein Promotionsstipendium der Hanns-Seidel-Stiftung war ich bei der Anfertigung der vorliegenden Arbeit von materiellen Sorgen befreit. Der Stiftung und ihrem Auftrag werde ich weiterhin verbunden bleiben. Die Veröffentlichung der Dissertation wurde durch Druckkostenzuschüsse des Herrn Präsidenten des Deutschen Bundestages sowie der FAZIT-Stiftung großzügig gefördert.

Den Dank, den ich gegenüber meiner Mutter Barbara Heck für ihre stete und bedingungslose Unterstützung auf meinem bisherigen Lebensweg empfinde, vermag ich nicht in Worte zu fassen. Ihr ist diese Arbeit in Dankbarkeit gewidmet.

Mardorf, Ostern 2013 Stefan Heck

Inhaltsverzeichnis

A. Einführung in den Themenbereich

Immer wieder sorgen die Höhe der Diäten der Volksvertreter wie auch ihre Einkünfte aus Nebentätigkeiten für Aufsehen: Den vorläufigen und durchaus schillernden Höhepunkt der Auseinandersetzung über dieses Thema stellte die sog. „*VW-Affäre*" zu Beginn des Jahres 2005 dar, in deren Folge gleich mehrere Bundes- und Landtagsabgeordnete ihre Mandate niederlegten.[1]

Am 30. Juni 2005 hat der 15. Deutsche Bundestag mit den Stimmen der seinerzeitigen Regierungskoalition beschlossen, die Vorschriften über Nebentätigkeiten von Abgeordneten neu zu regeln.[2] Seitdem soll die Ausübung des Mandats im Mittelpunkt der Tätigkeit eines Mitgliedes des Bundestages stehen, § 44a Abs. 1 S. 1 Abgeordnetengesetz (AbgG). Die Annahme von Geld oder geldwerten Zuwendungen ohne nennenswerte Gegenleistung ist nunmehr ausdrücklich verboten, § 44a Abs. 2 S. 3 AbgG. Zentraler Punkt der Neuregelung ist indes die stark erweiterte Anzeige- und Veröffentlichungspflicht von Nebentätigkeiten und -einkünften: Grundsätzlich müssen jeder Vertrag, der neben dem Mandat besteht, und jede einzelne Tätigkeit, die neben dem Mandat ausgeübt wird, gegenüber dem Bundestagspräsidenten angezeigt werden, § 1 Abs. 2 der Verhaltensregeln für Mitglieder des Deutschen Bundestages (VR) und Nr. 1 Ausführungsbestimmungen (AB). Dieser veröffentlicht die Angaben sodann im Amtlichen Handbuch und im Internet unter Zuordnung der Einkünfte zu einer von insgesamt drei Einkommensstufen, vgl. § 3 VR. Gemäß § 44a Abs. 4 S. 2 AbgG ist die Anzeigepflicht sanktionsbewehrt: Der Bundestagspräsident kann im Falle einer Zuwiderhandlung ein Ordnungsgeld bis zur Höhe der Hälfte der jährlichen Abgeordnetenentschädigung festsetzen.[3]

Gegen diese Regelungen strengten mehrere Bundestagsabgeordnete ein Organstreitverfahren gem. Art. 93 Abs. 1 Nr. 1 GG vor dem Bundesverfassungsgericht an. Daraufhin entschied Bundestagspräsident *Lammert* im März 2006, die Veröffentlichung der Nebentätigkeiten wegen des laufenden Verfahrens in Karlsruhe bis auf weiteres auszusetzen.[4]

---

1 Vgl. *FAZ* vom 15. Januar 2005, S. 1; sowie ausführlich *Muhle*, ZParl 2006 (266 f.).

2 Plenarprotokoll 15/184, Sitzung vom 30. Juni 2005, S. 17397 (17406).

3 So erstmals geschehen im Falle des ehemaligen Bundesinnenministers *Otto Schily* MdB, den das Bundestagspräsidium mit einem Ordnungsgeld i.H.v. 22.000 Euro belegte (vgl. *FAZ* vom 24. April 2008, S. 3). Gegen diesen Ordnungsgeldbescheid hat der Abgeordnete *Otto Schily* vor dem Bundesverwaltungsgericht geklagt. Dieses hat am 30. September 2009 den Ordnungsgeldbescheid aufgehoben, den eine Pflichtverletzung des Klägers feststellenden Beschluss des Bundestagspräsidiums jedoch bestätigt (BVerwGE 6 A 1.08 = BVerwGE 135,77 ff.).

4 Vgl. *Handelsblatt* vom 5. Juli 2007, S. 2.

Mit Urteil vom 4. Juli 2007 wies der zweite Senat des Bundesverfassungsgerichts die für zulässig erkannten Anträge zurück: Vier Richter votierten für und vier Richter gegen die Anträge. Gemäß § 15 Abs. 4 S. 3 BVerfGG konnte daher ein Verfassungsverstoß nicht festgestellt werden.[5] Am 5. Juli 2007 – dem Tag nach der Urteilsverkündung – wurden die Angaben der Abgeordneten im Internet veröffentlicht. Die Zugriffszahlen auf www.bundestag.de schnellten an diesem Tag um über 1.000 Prozent nach oben.[6]

Wie die Pattsituation im zweiten Senat des Bundesverfassungsgerichts schon vermuten lässt, hat die Regelung von Nebentätigkeiten über die angedeutete tagespolitische Brisanz hinaus auch eine substantielle rechtswissenschaftliche Dimension[7]: Die Entscheidung, ob und ggf. wieweit Abgeordneten Nebentätigkeiten gestattet sind, ist immer auch eine Entscheidung über Reichweite und Grenzen des freien Mandats aus Art. 38 Abs. 1 S. 2 GG, an dem sich jede den Abgeordnetenstatus betreffende Regelung messen lassen muss.

Die vorliegende Arbeit geht der Frage nach, welches Leitbild vom Abgeordneten das Grundgesetz enthält und welche Vorgaben sich daraus für die Regelung von Nebentätigkeiten ergeben.

Die Eckpfähle der aktuellen Diskussion haben die Verfassungsrichter in der Entscheidung vom 4. Juli 2007 bereits eingeschlagen: Die das Urteil tragenden Richter *Broß*, *Osterloh*, *Lübbe-Wolff* und *Gerhardt* betrachten die Vollalimentation der Abgeordneten als notwendige Voraussetzung für deren Freiheit i.S.v. Art. 38 Abs. 1 S. 2 GG. Nach dieser Lesart schützt die materielle Versorgung die Unabhängigkeit der Abgeordneten vor der möglichen Einflussnahme durch Interessengruppen. Dieses Freiheitsverständnis führte zu dem Schluss, dass die

---

5 BVerfG vom 4. Juli 2007 = NVwZ 2007, 916 ff., BVerfGE 118, 277 ff. Bemerkenswert ist dieses Urteil auch unter formalen Aspekten: In der schriftlichen Fassung werden die Ausführungen der tragenden und der dissentierenden Richter abwechselnd wiedergegeben. Damit wird eine Gleichwertigkeit vermittelt, die nicht existiert: Die Stellungnahme der abweichenden Mitglieder des Senats hat keinerlei rechtliche Wirkung. Kritisch zu dieser Darstellungsweise: *von Arnim*, DÖV 2007, 897 (902), der darin einen Verstoß gegen § 30 Abs. 2 S. 1 BVerfGG sieht, wonach ein Sondervotum „der Entscheidung anzuschließen ist". Mahnend auch *Bethge,* in: Maunz/Schmidt-Bleibtreu/Klein/Bethge, BVerfGG, § 30, Rdn. 6.1, der anmerkt, dass ein Sondervotum nicht dazu benutzt werden solle „ein Forum für die Öffentlichkeit aufzubauen". Um die Ausführungen der tragenden und der dissentierenden Richter in der Zitierweise unterscheiden zu können, werden letztere im Folgenden mit „diss.op." gekennzeichnet.

6 Vgl. *Janz/Latotzky*, NWVBl 2007, 385 (385).

7 *Klein*, in: Maunz/Dürig, GG, Art. 38, Rdn. 223 sieht hier im zweiten Senat des BVerfG eine „Meinungsverschiedenheit fundamentaler Art in dem Sinne, dass sie das Fundament der freiheitlichen Demokratie berührt".

Ausübung von Nebentätigkeiten gegenüber dem Mandat in den Hintergrund treten müsse.

Gegen eine solche Interpretation von Art. 38 Abs. 1 S. 2 GG wenden sich die Richter *Hassemer*, *Di Fabio*, *Mellinghoff* und *Landau*. Sie sehen durch die Verfassungsnorm vielmehr die Freiheit zur Ausübung einer beruflichen Tätigkeit während des Mandats geschützt. Gerade die Verwurzelung in einem bürgerlichen Beruf bewahre die Abgeordneten davor, in politische Abhängigkeiten zu geraten: Erst die Möglichkeit, weiterhin und grundsätzlich unbeschränkt einem Beruf nachzugehen, befähige die Abgeordneten, ihr Mandat allein nach ihrem Gewissen auszuüben, ohne zur politischen „Besitzstandswahrung“ übermäßig Rücksicht auf die Erwartungen ihrer Partei oder sonstiger Interessengruppen nehmen zu müssen.

Dieser grundlegende Dissens macht bereits deutlich, dass die Regelung der Nebentätigkeiten von Abgeordneten Rechtsfragen aufwirft, die den innersten Kernbereich der Verfassung einer repräsentativ-demokratischen Ordnung berühren.

B. Gang der Untersuchung

Das heutige Verständnis des Parlamentsmandats steht in einer langen Tradition, so dass der rechtshistorischen Perspektive besonderes Gewicht zukommt. In Abschnitt C der Untersuchung wird deshalb zunächst die geschichtliche Entwicklung der Entschädigung von Abgeordneten von den ersten Anfängen im Altertum bis zum Inkrafttreten des Grundgesetzes dargestellt.

Abschnitt D geht anfangs auf die für den Themenbereich maßgeblichen Beratungen im Parlamentarischen Rat ein, bevor dann die Entwicklung der Abgeordnetenentschädigung sowie die Regelungen zu Nebentätigkeiten unter dem Grundgesetz dargestellt werden. Besondere Aufmerksamkeit wird hierbei auch die Rechtsprechung des Bundesverfassungsgerichts erfahren.

In Teil E wird aufgezeigt, dass die tatsächliche Entwicklung der Entschädigungsleistungen eine geistesgeschichtliche Parallele in der Diskussion über den Begriff der Repräsentation hat; sodann wird dargelegt, wie das Grundgesetz den Repräsentationsgedanken aufgegriffen und umgesetzt hat.

Im Abschnitt F wird erörtert, ob und in welchem Umfang den Abgeordneten auch grundrechtlicher Schutz zukommt. In Teil G wird dargelegt, welche formalen Anforderungen die Verfassung an die nähere Ausgestaltung des Abgeordnetenrechts stellt. Besondere Aufmerksamkeit erfährt dabei die rechtliche Einordnung von Verhaltensregeln und Ausführungsbestimmungen.

Den Schwerpunkt der Untersuchung bildet Abschnitt H, in dem die aktuellen Regelungen zu Nebentätigkeiten und Offenlegungspflichten auf ihre Verfassungsmäßigkeit untersucht werden. Dem Urteil des Bundesverfassungsgerichts vom 4. Juli 2007[8] und dem hierzu ergangenen Sondervotum der dissentierenden Richter kommt dabei eine zentrale Rolle zu.

Den Abschluss der Arbeit stellt schließlich Teil I dar, in dem die wesentlichen Ergebnisse zusammengefasst werden.

---

8 BVerfGE 118, 277 ff.

C. Die Entwicklung der Entschädigung in öffentlichen Ämtern vor Inkrafttreten des Grundgesetzes

I. Anfänge der Entschädigung von Politikern im Altertum

1. Athen

Sucht man nach den Anfängen von Entgelten für Tätigkeiten im öffentlichen Bereich, wird man schon in der athenischen Demokratie fündig: Hier war es *Perikles* (490 bis 429 vor Christus), der durchsetzte, dass Bürger für politische Aktivität finanziell entschädigt wurden.[9] Er führte den Ausgleich des Verdienstausfalls zuerst für die Richter des Volksgerichtshofs[10], später für die Ratsmitglieder und übrigen Magistrate ein.[11] Die Entgelte aus staatlichen Mitteln deckten die Mindestkosten eines Unbemittelten und ggf. auch den Unterhalt für eine Kleinfamilie – von einer umfassenden Vollalimentation war man zu dieser Zeit allerdings weit entfernt.[12]

Diese Reform zog auch problematische Entwicklungen nach sich: *Eschenburg* führt aus, dass einige Athener die weniger anstrengenden, aber in gleichem Maße einträglichen Sitzungen und Zusammenkünfte offenbar der Arbeit vorzogen, weshalb die Volksversammlung zunehmend häufiger zusammentreten musste.[13] Insgesamt wurden Volksversammlung und Volksgerichte Orte „radikaler Demokratie" – mit allen Vor- und Nachteilen.[14]

Dessen ungeachtet bewerten Historiker die Einführung dieser Zahlungen als Voraussetzung der politischen Gleichheit aller Athener[15] und sogar als „Kernstück […] der Demokratie überhaupt".[16] Demnach konsequent – jedoch aus heu-

9 *Bleicken*, Athenische Demokratie, S. 330; *Eschenburg*, Sold, S. 11 f.; *Hansen*, Athenische Demokratie, S. 37.

10 *Aristoteles*, Staat der Athener, Kap. 27, Rdn. 3 f.

11 *Bleicken*, Athenische Demokratie, S. 330; *Hansen*, Athenische Demokratie, S. 38.

12 *Bleicken*, Athenische Demokratie, S. 330.

13 *Eschenburg*, Sold, S. 15.

14 *Eschenburg*, Sold, S. 15.

15 Vgl. hierzu auch *Bleckmann*, Demokratieprinzip, S. 12.

16 *Bleicken*, Athenische Demokratie, S. 331.

tiger Sicht dennoch bemerkenswert – sah die athenische Demokratie zu diesem Zeitpunkt Hauptamtlichkeit in der Politik nicht vor.[17] Ein ausgeklügeltes Rotations- und Losverfahren stellte das Fehlen von Berufsmäßigkeit im öffentlichen Leben sicher. Den Charakter der athenischen Demokratie fasst *Hansen* auszugsweise folgendermaßen zusammen:

> „Hauptamtlichkeit in der Politik und Demokratie wurden im Grunde als Gegensätze betrachtet.(…) Selbst im Fall von politischen Führungspersonen zählte mangelnder Professionalismus regelrecht als Vorteil. Wenn ein heutiger Politiker zum Parlament spricht, beansprucht er gerne, ganz besonders gut qualifiziert zu sein, zu der vorliegenden Sache zu sprechen, während athenische Redner gerne damit anfingen zu erklären, dass sie bloß gewöhnliche Bürger seien.(…) Diese ganze Feindschaft gegenüber dem Professionalismus stimmte mit der Vorstellung der Athener überein, dass das Volk die Politik in seiner Freizeit betreiben solle: Die ganze Demokratie beruhte auf dem Prinzip, dass politische Tätigkeit mit dem gewöhnlichen Beruf des Bürgers vereinbar sein solle. Daher konnte die politische Tätigkeit in Athen so weitverbreitet und die Partizipation so erstaunlich hoch sein.“18

Schon diese knappen historischen Ausführungen zeigen, dass in der ursprünglichen Form der Demokratie Hauptamtlichkeit nicht vorgesehen war.[19]

2. Rom

Eine für das gewählte Thema ebenfalls interessante Entwicklung findet sich auch im antiken Rom, wo die Brisanz der möglichen Verquickung von öffentlichem Amt und privaten Einnahmen offenkundig nicht unbekannt war. Einer in diesem Zusammenhang höchst bemerkenswerten Regelung waren die sog. *nobiles* unterworfen, die als Angehörige des *ordo senatorius* zur Zeit der servianischen Verfassung (1. bis 3. Jahrhundert vor Christus) an der Spitze des römischen Staates standen: Durch ein Plebiszit im Jahre 218 vor Christus, die sog. *lex Claudia*, waren die *nobiles* von der Beteiligung am Welthandel ausgeschlossen, indem ihnen der Besitz größerer Seeschiffe verboten wurde.[20] In der Begründung der *lex Claudia* heißt es: *„Quaestus omnes patribus indecorus visus“*

---

17 Gleichwohl stellte die Besoldung der Amtsträger schon hier einen Anreiz dar, der auch kritisch beurteilt wurde. Vgl. *Pseudo-Xenophon*, Athenaion Politea, Kap. 1, Rdn. 3: „Alle Ämter aber, die dazu da sind, Sold ins Haus zu bringen, um die bewirbt sich das Volk.“

18 *Hansen*, Athenische Demokratie, S. 320.

19 Vgl. *Bleckmann*, Demokratieprinzip, S. 11; auch wird die althellenische Demokratie als „hell leuchtendes Beispiel für alle Völker durch Jahrhunderte und Jahrtausende hindurch“ bezeichnet – vgl. *Fischer*, Demokratie, S. 58 ff.

20 *Herbertz*, Verhaltensregeln, S. 1; *Waldstein/Rainer*, Römische Rechtsgeschichte, S. 92.

(Jedes Gewinnstreben unserer Herren ist unrühmlich). [21] Zwar wurde dieses Verbot nicht selten durch Strohmänner und Klienten umgangen; gleichwohl war die Gefahr von Interessenkollisionen in öffentlichen Ämtern offensichtlich auch hier schon virulent und hat ein Handeln des Normsetzers ausgelöst.

II. Regelungstradition in deutschen Verfassungen

1. Vormärz

Was die Entwicklung im deutschen Parlamentarismus angeht, wird man bei den Abgeordneten im süddeutschen Konstitutionalismus des Vormärz beginnen müssen: Hier entstanden die ersten geschriebenen Verfassungen mit freiem Abgeordnetenmandat und bürgerlichem Wahlrecht.[22] Wenngleich die Begriffe „Ständeversammlungen“ und „Ständische Vertretung“ Gegenteiliges vermuten lassen, handelte es sich bei den Mitgliedern der Kammern durchaus schon um Volks- und nicht lediglich um Ständevertreter.[23]

Betrachtet man exemplarisch die Verfassung für das Königreich Württemberg vom 25. September 1819, findet sich hier erstmals der in der französischen Revolution wurzelnde Gedanke der Volksrepräsentation: Das Mitglied einer Deputiertenversammlung sollte ein mit freiem Mandat ausgestatteter Vertreter des gesamten Volkes sein.[24] Die parlamentarischen Vertretungen wirkten bei der Gesetzgebung mit[25] und hatten eine „Veto-Position“ bei der Einführung von Steuern[26]. Gleichwohl waren die Rechte des Parlamentes noch stark eingeschränkt: So fehlten beispielsweise das Recht der Gesetzesinitiative und die Möglichkeit, auf die Regierungsbildung Einfluss zu nehmen.[27] Die Staatsgewalt des konstituierten Staates lag ungeteilt in den Händen des Königs.[28]

---

21 Liv. 21, 63, 1 zit. nach *Waldstein/Rainer*, Römische Rechtsgeschichte, S. 92.

22 *Burmeister*, Professionalisierung, S. 16; *Hospach*, Diäten, S. 60.

23 *Boldt*, Stellung des Abgeordneten, S. 18; *Hospach*, Diäten. S. 62.

24 Vgl. § 155 Verfassung für das Königreich Württemberg vom 25. September 1819, abgedruckt in *Huber,* Dokumente Verfassungsgeschichte 1, S. 208.

25 §§ 88 ff., § 172 Verfassung für das Königreich Württemberg vom 25. September 1819, abgedruckt in *Huber*, Dokumente Verfassungsgeschichte 1, S. 198 f., 212.

26 § 109 Verfassung für das Königreich Württemberg vom 25. September 1819, abgedruckt in *Huber*, Dokumente Verfassungsgeschichte 1, S. 200.

27 Vgl. *Burmeister*, Professionalisierung, S. 17 („Machtlosigkeit der süddeutschen Volksvertretungen“).

28 *Frotscher/Pieroth*, Verfassungsgeschichte, Rdn. 266.

Die Kammern hatten weniger als einhundert Mitglieder und wurden in der Regel nur alle drei Jahre einberufen.[29] Nach § 194 der Verfassung für das Königreich Württemberg vom 25. September 1819[30] waren Tagegelder und Reisekosten der Mitglieder beider Kammern Gegenstand des ständischen Aufwandes. 1821 wurde das „Gesetz betreffend die Gehalte, Tagegelder und Reisekosten der Mitglieder der Ständeversammlung und des Ausschusses sowie der ständischen Beamten und Diener“[31] erlassen, welches die Höhe der Entschädigung regelte. Offensichtlich waren diese Zahlungen durchaus großzügig bemessen: Die Mitglieder des ständischen Ausschusses bezogen während der sitzungsfreien Zeit 3.600 Mark als Entschädigung.[32] *Hospach*[33] berichtet dementsprechend vom Unmut im Volk über die „Dukatenschlucker“, denen man Selbstbereicherung nachsagte. Darüber hinaus ist auffällig, dass schon im frühkonstitutionellen Parlamentarismus zwischen 60 und 80 Prozent der Abgeordneten Beamte waren.[34]

Angesichts der eher seltenen Zusammenkünfte der Kammern dürfte der tatsächliche, mit dem Mandat verbundene Aufwand gering gewesen sein; „das Abgeordnetenmandat ist buchstäblich noch ein Ehrenamt“[35].

2. Paulskirchenverfassung

Mit der Frankfurter Nationalversammlung trat am 18. Mai 1848 erstmals ein gesamtdeutsches, frei gewähltes Großparlament zusammen.[36] Deutlich erkennbar wird hier eine zunehmende Professionalisierung des Parlamentsbetriebes, die sich insbesondere in der Bildung von Fraktionen und hierarchischen Strukturen unter den Mandatsträgern zeigt.[37] Wiederum waren mehr als die Hälfte der 587 Abgeordneten Beamte.[38]

---

29 *Boldt*, Stellung des Abgeordneten, S. 18; *Burmeister*, Professionalisierung, S. 17.

30 abgedruckt in *Huber*, Dokumente Verfassungsgeschichte 1, S. 217.

31 Reg. Bl. Württemberg 1821, S. 319 ff.

32 *Hospach*, Diäten, S. 102.

33 *Hospach*, Diäten, S. 69.

34 *Boldt*, Stellung des Abgeordneten, S. 20.

35 *Boldt*, Stellung des Abgeordneten, S. 19.

36 *Boldt*, Stellung des Abgeordneten, S. 22; *Burmeister*, Professionalisierung, S. 19.

37 *Boldt*, Stellung des Abgeordneten, S. 22; *Burmeister*, Professionalisierung, S. 19 ff.; *Frotscher/Pieroth*, Verfassungsgeschichte, Rdn. 294. Zu den anfänglichen Schwierigkeiten bei der Organisation des inneren Parlamentsbetriebes vgl. *Pfeil*, Abgeordnete und Fraktion, S. 10 f.

38 *Frotscher/Pieroth*, Verfassungsgeschichte, Rdn. 293; *Hospach*, Diäten, S. 113; *Burmeister*, Professionalisierung, S. 20.

Das Bundeswahlgesetz, auf dessen Grundlage die Wahl zur verfassungsgebenden Versammlung durchgeführt wurde, enthielt (noch) keine Regelung über Entschädigungszahlungen. Allerdings empfingen einige Abgeordnete Tagesgelder aus den Staatskassen ihrer Länder.[39]

Am 27. März 1849 nahm die Nationalversammlung in der Schlussabstimmung die Reichsverfassung an, die am 28. März 1849 verkündet wurde. Bei den Beratungen herrschte offenbar Einigkeit darüber, dass ohne Entschädigungszahlungen nur „Geldsäcke ins Parlament" gelangten.[40]

Folglich sah Abschn. IV, Art. III, § 95 der Reichsverfassung ein „gleichmäßiges Tagegeld und Entschädigung für ihre (sc. der Abgeordneten, *Anm. d. Verf.*) Reisekosten" vor. [41] Diese Regelung sollte durch ein Reichsgesetz näher ausgestaltet werden, Abschn. IV, Art. III, § 95 S. 3 Reichsverfassung.

Für die Mitglieder der Nationalversammlung blieb die Wahrnehmung des Mandats jedoch eine Nebentätigkeit – ihren Lebensunterhalt bestritten sie anderweitig.[42] Nur eine radikale Gruppe im Parlament verlangte – wenngleich erfolglos –, dass den Abgeordneten ein Gehalt gezahlt werden solle, das zur Deckung des Lebensunterhaltes genügt.[43]

3. Preußen

Ein erster Wandel in der Abgeordnetenbesoldung und damit auch im Abgeordnetenbild überhaupt zeichnet sich in der preußischen Verfassung vom 31. Januar 1850[44] ab. Schon unter der Provinzialverfassung sah eine Regierungsverordnung ab 1823/24 Tagegelder und Reisekostenerstattung für die Abgeordneten in jeder Provinz vor.[45] Wiederum enthält diese die Grundsätze der Volksrepräsentation (Art. 83 S. 1) und des freien Mandats (Art. 83 S. 2).

Art. 85 der preußischen Verfassung vom 31. Januar 1850 lautet:

---

39 Vgl. *Hospach*, Diäten, S. 114 ff., der hier auch darstellt, wie die (Streichung der) Zahlungen von den jeweiligen Landesregierungen als Druckmittel gegenüber den Abgeordneten eingesetzt wurden.

40 So *Wigard* (gemäßigte Linke - Deutscher Hof), zit. nach *Hospach*, Diäten. S. 122.

41 Abgedruckt in *Huber*, Dokumente Verfassungsgeschichte 1, S. 385.

42 *Burmeister*, Professionalisierung, S. 23; *Hospach*, Diäten, S. 114, 122.

43 *Eschenburg*, Sold, S. 52; *Burmeister*, Professionalisierung, S. 20.

44 Abgedruckt in *Huber*, Dokumente Verfassungsgeschichte 1, S. 501 ff.

45 *Butzer*, Diäten und Freifahrt, S. 53.

> „Die Mitglieder der zweiten Kammer erhalten aus der Staatskasse Reisekosten und Diäten nach Maßgabe des Gesetzes; ein Verzicht hierauf ist unstatthaft."[46]

Erstmals findet sich hier in einer deutschen Verfassung der Begriff der Diäten; auch die Regelung zur Unverzichtbarkeit der Zahlungen ist neu und wurde offensichtlich aus der französischen Verfassung von 1848 übernommen. Begründet wurde diese Diätennorm mit der Sorge, dass andernfalls nur reiche Bürger in die Kammern gewählt werden könnten.[47] Dementsprechend waren im ursprünglichen Entwurf auch Diäten für die Mitglieder beider Kammern vorgesehen.[48]

Immer wieder gab es Versuche von konservativen Parlamentariern, die Diäten abzuschaffen.[49] Die tatsächliche Höhe der Diäten scheint eher knapp bemessen gewesen zu sein. Sie waren nicht mehr vergleichbar mit den großzügigen Zahlungen, die die Frankfurter Nationalversammlung vorgesehen hatte.[50]

4. Norddeutscher Bund

Auf nationaler Ebene setzte sich die schon angedeutete Auseinandersetzung über die Diätenfrage mit Gründung des Norddeutschen Bundes im Jahre 1866 fort. Zu diesem hatten sich 17 Staaten unter preußischer Führung nach dem Ende des deutsch-österreichischen Krieges zusammengeschlossen. Geprägt wurde die Diskussion zu der Diätenfrage insbesondere von dem preußischen Ministerpräsidenten und späteren Reichskanzler *Otto von Bismarck*.[51]

Schon bei der Beratung im Preußischen Abgeordnetenhaus über ein Wahlgesetz für den konstituierenden Reichstag scheiterte ein Antrag von *Hermann Schulze-Delitzsch* (Fortschrittspartei), wonach den Mitgliedern des konstituierenden Reichstages Diäten gezahlt werden sollten.[52] Folglich schwieg das Wahlgesetz vom 15. Oktober 1866 zur Frage von Diäten oder sonstigen Entschädigungszahlungen für die Mitglieder der verfassungsberatenden Versammlung.[53] Dies ist umso beachtlicher, als die Mitglieder des Preußischen Abgeord-

---

46 Eine Anlehnung an die belgische Verfassung sieht hier *Czepluch*, Abgeordnetenstatus, S. 19.

47 *Hospach*, Diäten, S. 141.

48 *Hospach*, Diäten, S. 142.

49 So *Hospach*, Diäten, S. 144 ff., der dort auch von einer Äußerung Bismarcks vom 11. Januar 1851 berichtet, wonach es seine politische Überzeugung sei, dass „Diäten einer Kammer von Übel seien".

50 *Hospach*, Diäten, S. 151.

51 *Austermann*, Anrechungsbestimmungen, S. 73.

52 *Butzer*, Diäten und Freifahrt, S. 58.

53 Preußische Gesetzessammlung 1866, S. 623, abgedruckt in *Huber*, Dokumente zur Verfassungsgeschichte 2, S. 271 ff.

netenhauses, das über das preußische Wahlgesetz zu befinden hatte, ja selbst Diäten erhielten.

Nach den Wahlen vom 12. Februar 1867 trat der konstituierende Reichstag am 24. Februar 1867 erstmals zusammen. Dominiert wurde die Versammlung von Adeligen, ranghohen Militärs, Bankiers und Industriellen.[54] Am 4. März 1867 brachte *Bismarck* als preußischer Ministerpräsident den Entwurf einer Verfassung des Norddeutschen Bundes in den Reichstag ein. Dieser Entwurf sah nicht nur keine Diäten oder Entschädigungszahlungen vor, sondern er verbot diese sogar ausdrücklich in Art. 29:

> „Die Mitglieder des Reichstages dürfen als solche keine Besoldung oder Entschädigung beziehen."

Über diese Verfassungsnorm wurde im Laufe der Beratungen mit besonderer Härte und Unnachgiebigkeit debattiert.[55] Nachdem ein Antrag auf Einführung einer Diätenregelung zunächst eine knappe Mehrheit in der Versammlung gefunden hatte, erklärte *Bismarck* das Diätenverbot für nicht verhandelbar. In der Folge wurde diese Frage zum Kernstück der Beratungen über die Verfassung, die hieran sogar auch zu scheitern drohte.[56] Aus Sicht der Regierung sollte die Diätenlosigkeit ein Korrelat zum allgemeinen Wahlrecht und zur Wählbarkeit von Beamten darstellen.[57]

Bismarcks Engagement in dieser Frage war offenbar nicht nur pragmatisch motiviert[58], sondern vielmehr Ausdruck seines prinzipiell monarchistischen Staatsverständnisses: Zwar sollte das Parlament nationale Interessen vertreten, bündeln und kanalisieren, der Monarch jedoch dabei immer die letzte Entscheidungsgewalt behalten. Nur durch eine konservative Mehrheit unter den Abgeordneten sah er einen funktionierenden Parlamentarismus sichergestellt, da die Vertretenen ebenfalls königstreu seien.[59] Gleichzeitig befürchtete er, dass durch Diätenzahlungen das Aufkommen eines Berufsparlamentarismus begünstigt werden könne, den er aus innerster Überzeugung ablehnte.[60] Zitiert wird er mit den Worten:

---

54 *Butzer*, Diäten und Freifahrt, S. 59.

55 Vgl. hierzu die Nachweise und Zitate bei *Butzer*, Diäten und Freifahrt, S. 62 ff.

56 *Hospach*, Diäten, S. 169.

57 *Hospach*, Diäten, S. 165.

58 *Austermann* (Anrechungsbestimmungen, S. 73) spricht von „machtpolitischen Erwägungen".

59 *Hospach*, Diäten, S. 171 ff.

60 *Burmeister*, Professionalisierung, S. 29; *Eschenburg*, Sold, S. 54; *Hospach*, Diäten. S. 181.

„(...) dass der – wenn ich mir den Ausdruck erlauben darf – aus der Volksvertretung einen Lebensberufe machende Abgeordnete vorherrscht, das halte ich nicht für gut. Dann haben sie keine wirkliche Volksvertretung mehr, dann haben sie eine Art von berufsmäßiger bureaukratischer Volksvertretung, eine Art von Beamten, die aber doch nicht immer im Sinne des Volkes und seiner augenblicklichen Stimmung, nicht immer in Vertretung aller Berufsklassen wirken (...).“[61]

Da die Abgeordneten ferner auch die Reise- und Aufenthaltskosten selbst tragen mussten, waren die Sitzungen oft von nur kurzer Dauer und die Reichstagsmitglieder daran interessiert, möglichst selten zu tagen.[62]

Durch die energischen Bemühungen *Bismarcks* in offiziellen Sitzungen, informellen Treffen und Hintergrundgesprächen[63] wurde der ursprüngliche Art. 29 des Regierungsentwurfs schließlich wortgleich als Art. 32 der endgültigen Verfassung des Norddeutschen Bundes aufgenommen.

Zwischen 1868 und 1870 gab es insgesamt vier Versuche, durch verfassungsänderndes Gesetz Diäten einzuführen, die jedoch allesamt scheiterten.[64] Wiederum war es allen voran *Bismarck*, der den Erfolg dieser Initiativen zu verhindern wusste.

5. Deutsches Reich

Der Konstituierende Reichstag des Deutschen Reiches trat am 21. März 1871 zusammen. Nach den Verträgen des Norddeutschen Bundes mit den süddeutschen Staaten Baden, Bayern, Hessen-Darmstadt und Württemberg war eine Modifikation der Verfassung des Norddeutschen Bundes notwendig geworden. Der neue Staat sollte den Namen „Deutsches Reich“ tragen[65] und dessen Verfassung weitestgehend mit der des Norddeutschen Bundes übereinstimmen[66]; es war schon bei Beginn der Verfassungsberatungen allgemeiner Konsens, dass sich die Veränderungen im Rahmen einer formellen Neuredaktion bewegen würden.

Dessen ungeachtet stellte der links-liberale Abgeordnete *Leopold Sonnemann* (DVP) im Zuge der Beratungen den Antrag, Art. 32 der Verfassung dahingehend zu ändern, dass die Mitglieder des künftigen Reichstages nunmehr

---

61 Zit. nach *Hospach*, Diäten, S. 181 f.

62 *Burmeister*, Professionalisierung, S. 29.

63 Zu diesen Aktivitäten *Hospach*, Diäten, S. 192 f.; und ausführlich *Butzer*, Diäten und Freifahrt, S. 58 ff.

64 *Butzer*, Diäten und Freifahrt, S. 83 ff.; *Austermann*, Anrechungsbestimmungen, S. 73.

65 *Frotscher/Pieroth*, Verfassungsgeschichte, Rdn. 372.

66 *Butzer*, Diäten und Freifahrt, S. 104.

ein gleichmäßiges Tagegeld und Entschädigung für ihre Reisekosten beziehen sollten.[67] Nach einer kurzen Debatte, in der sich lediglich drei Redner zu Wort meldeten, fand der Antrag – wie allgemein zu erwarten war – jedoch nicht die erforderliche Mehrheit.[68]

Letztlich wurde aus Art. 32 der Verfassung des Norddeutschen Bundes Art. 32 der Verfassung des Deutschen Reiches.

a) Die Diskussion um Art. 32 der Verfassung des Deutschen Reiches

In der Folge versuchten einige Abgeordnete das Fehlen von staatlichen Zahlungen – sofern sie nicht selbst über ausreichende finanzielle Mittel für Lebensunterhalt und Wahrnehmung des Mandats verfügten – durch private Zahlungen von dritter Seite zu kompensieren. Darauf angewiesen waren insbesondere die Reichstagsmitglieder der Sozialdemokratischen Partei.[69]

Eindrucksvoll schildert August Bebel, der damalige Reichstagsabgeordnete und spätere Vorsitzende der Sozialdemokraten, in seinen Memoiren von den Beschwernissen, die für ihn mit der Wahrnehmung seines Mandats verbunden waren:

> „(…)Es war aber doch ein peinliches Gefühl für uns beide, von einer Wählerschaft finanzielle Hilfe annehmen zu sollen, die zu einer der ärmsten in Deutschland gehörte. (…) Die Diätenzahlung durch die Partei trat erst vom Jahre 1874 ab ein, die mager genug ausfiel. Auch mussten wir die Reisen nach und von Berlin aus eigener Tasche bezahlen. So fehlten wir häufig in den Sitzungen, manchmal sogar, wenn unser Parteiinteresse gebot anwesend zu sein. (…)“[70]

Anders als z.B. in Frankreich wurde jedoch offensichtlich nicht versucht, mit den Zahlungen Einfluss auf politische Entscheidungen zu nehmen.[71]

Gleichwohl wird an diesem Punkt erstmals in der deutschen Verfassungsgeschichte das Problem der Drittzuwendungen an Abgeordnete bedeutsam, dem vor dem Hintergrund der restriktiven Bestimmung von Art. 32 der Verfassung des Deutschen Reiches eine besondere Sprengkraft innewohnt. Dementsprechend kam es zu politischen wie auch rechtlichen Auseinandersetzungen über die Frage, ob die genannte Verfassungsnorm lediglich Zahlungen aus öffentlichen Mitteln verbiete oder ob sie vielmehr ein umfangreiches Entschädigungsverbot statuiere, das auch Zahlungen von privater Seite einen Riegel vorschiebe.

---

67 *Butzer,* Diäten und Freifahrt, S. 104.

68 *Butzer,* Diäten und Freifahrt, S. 104 f.; *Hospach,* Diäten, S. 198.

69 *Burmeister*, Professionalisierung, S. 27; *Butzer*, Diäten und Freifahrt, S. 86 f.; *Eschenburg*, Sold, S. 56 f.

70 *Bebel,* Leben, S. 126.

71 *Eschenburg*, Sold, S. 56.

Antwort auf diese Frage lässt sich nur durch Anwendung der einschlägigen juristischen Auslegungsmethoden geben: Die Entstehungsgeschichte von Art. 32 der Verfassung des Norddeutschen Bundes ist zunächst wenig aufschlussreich: Eine zentrale Rolle in der historischen Analyse nimmt hier eine Äußerung *Bismarcks* in der Schlussberatung der Verfassung ein[72], die jedoch so zweideutig war, dass sie von beiden Seiten zur Untermauerung der jeweiligen Position genutzt wurde. Letztlich wurde Art. 32 der Verfassung des Norddeutschen Bundes im Bewusstsein beschlossen, dass ein nicht aufzulösender Dissens über den Wirkungsumfang des Diätenverbots besteht.[73]

Eine Wortlautinterpretation von Art. 32 der Verfassung des Deutschen Reiches liefert zunächst keinen Hinweis darauf, dass Reichstagsmitglieder keine Entschädigung von Dritten entgegennehmen durften. Das Wort „Besoldung" scheint zunächst auf Bezüge aus öffentlichen Kassen beschränkt zu sein. Jedoch finden sich in Art. 32 die Begriffe „Besoldung" und „Entschädigung" nebeneinander. Letzterer taucht jedenfalls auch im privatrechtlichen Zahlungsverkehr auf und umfasst Ausgleichszahlungen aus jeglicher Bezugsquelle.[74] Da die Begriffe gemeinsam verwendet werden, kann auch hieraus eine Beschränkung des Verbots auf öffentliche Kassen nicht entnommen werden. Auch das Verb „beziehen" kann Zahlungen aus öffentlichen wie auch solche aus privaten Kassen umfassen.[75] Ohne Zweifel war bei den Beratungen über Art. 32 der Verfassung des Norddeutschen Bundes der schon erwähnte Art. 85 der Preußischen Verfassung bekannt. Dieser spricht von „Reisekosten und Diäten" aus der „Staatskasse". Schon die Auslassung des Wortes „Staatskasse" in der später ergangenen Norm spricht dafür, dass deren Wortlaut nunmehr ein umfassendes Verbot der Annahme von Zahlungen implizieren sollte. Hinzu tritt, dass auch das Wort „Diäten" in Art. 32 der Verfassung des Norddeutschen Bundes nicht mehr verwandt wurde. Im damaligen Sprachgebrauch verstand man hierunter vor allem Zahlungen, die aus der Staatskasse flossen.[76] Wenn nunmehr stattdessen von „Besoldung" und „Entschädigung" die Rede ist, kann dies als begriffliche Ausweitung auch hinsichtlich der Quellen möglicher Zahlungen verstanden werden.

---

72 Auf die Frage, ob Zahlungen aus Privatmitteln ausgeschlossen seien, antwortete *Bismarck*, er „habe in den Verfassungsentwurf nichts hinein zu interpretieren, was nicht drin steht, und meines Erachtens steht das drin und liegt in der gesamten Lage unserer Gesetzgebung, dass die Regierungen ohne eine strafgesetzliche Unterlage nur denen etwas verbieten können, denen sie überhaupt zu befehlen haben.", zit. nach *Hospach*, Diäten, S. 222.

73 *Butzer*, Diäten und Freifahrt, S. 91.

74 *Butzer*, Diäten und Freifahrt, S. 93.

75 So auch *Butzer*, Diäten und Freifahrt, S. 94.

76 Vgl. *Hospach*, Diäten, S. 102.

Anders lässt sich die Abweichung von den genannten Begrifflichkeiten jedenfalls nicht erklären. Nach alldem lässt sich auch aus dem Wortlaut von Art. 32 der Verfassung des Deutschen Reiches keine Beschränkung des Verbots auf Zuwendungen aus öffentlichen Kassen entnehmen.

Im Rahmen der teleologischen Auslegung der Norm gilt es, Sinn und Zweck des Diätenverbots zu untersuchen: Wie schon dargelegt wurde, sah man das Diätenverbot als Korrektiv gegenüber den vermuteten Gefahren des allgemeinen Wahlrechts. Mit dem Diätenverbot sollte verhindert werden, dass das Abgeordnetenmandat für wirtschaftlich Abhängige, nicht dem Gemeinwohl, sondern Partikularinteressen verpflichteten Bewerber interessant wird.[77] So betrachtet sollte das Verbot die Unabhängigkeit der Abgeordneten schützen.

Gestützt wird dieser Befund auch durch systematische Gesichtspunkte: Hier scheint ein Blick auf Art. 29 der Verfassung des Deutschen Reiches[78] angezeigt, in welchem das freie Mandat niedergelegt war. Hieraus kann man entnehmen, dass es Absicht des Verfassungsgebers war, die Abgeordneten mit größtmöglicher Unabhängigkeit gegenüber jedwedem Versuch einer Einflussnahme auszustatten. Die Gefahr, dass ein verfassungsrechtlich zunächst unabhängiger Abgeordneter zum Vertreter fremder Interessen wird, entsteht jedoch gerade dann, wenn dieser in wirtschaftliche Abhängigkeit gerät.

Der Abgeordnete *von Stauffenberg* bemerkte in der Sitzung des Reichstages vom 26. März 1873:

> „Jeder Wähler, der nur den kleinsten Beitrag beigesteuert hat, um die Diäten des Abgeordneten zu bezahlen, hat das Gefühl, daß der Abgeordnete ein persönlich von ihm bezahlter Mandatar sei; und noch viel schlimmer ist es, wenn die Partei die Diäten bezahlt, dann verkauft sich der Abgeordnete durch die Annahme eines Mandats gewissermaßen an seine Partei.“[79]

Besondere Risiken für die freie Willensbildung des Abgeordneten entstehen durch die leichte Entziehbarkeit finanzieller Leistungen von Privaten: Während Zuwendungen aus öffentlichen Mitteln regelmäßig fließen, kann ein privater Dritter die Zahlungen nach eigenem Gutdünken einstellen und damit ganz erheblichen wirtschaftlichen Druck auf den Abgeordneten ausüben. Es ist mithin nicht von der Hand zu weisen, dass die Möglichkeit der Annahme von privaten Zahlungen die Unabhängigkeit von Abgeordneten deutlich stärker gefährdet, als dies bei kontinuierlichen öffentlichen Zahlungen denkbar wäre. Wenn also, um die Unabhängigkeit und freie Willensbildung der Abgeordneten zu schützen,

---

77 *Butzer,* Diäten und Freifahrt, S. 47.

78 Art. 29 RV: „Die Mitglieder des Reichstages sind Vertreter des ganzen Volkes und an Aufträge und Instruktionen nicht gebunden.“

79 Vgl. *Klee*, Neueste Mittheilungen, S. 2.

staatliche Zahlungen verboten waren, muss dies erst recht für private Zuwendungen gegolten haben.

Mithin sprechen die besseren Gründe dafür, dass das Verbot aus Art. 32 der Verfassung des Deutschen Reiches neben Zahlungen aus öffentlichen Kassen auch solche aus privaten Mitteln umfasste.[80]

b) Rechtsfolgen von Verstößen gegen Art. 32 der Verfassung des Deutschen Reiches

Ebenso umstritten wie der Wirkungsumfang von Art. 32 der Verfassung des Norddeutschen Bundes war jedoch auch die Frage, welche Rechtsfolgen Verstöße gegen diese Verfassungsnorm für die Abgeordneten nach sich zogen. Die Norm selbst schweigt zu möglichen Sanktionen.

Vereinzelt wurde zunächst versucht, diese Regelungslücke mit einem Rückgriff auf Art. 21 Absatz 2 der Verfassung des Deutschen Reiches (Mandatsverlust bei Eintritt in den Staatsdienst oder Beförderung) zu schließen, mit der Folge, dass ein Abgeordneter, der Diätenzahlungen annimmt, *ipso iure* sein Mandat verliert.[81] Dieser Auffassung schloss sich auch *Bismarck* in einer Äußerung vor dem Reichstag an.[82] Eine solche Lesart begegnet jedoch starken Bedenken: Das – zweifellos erkennbare – Schweigen des Verfassungsgebers müsste zunächst auch eine planwidrige Regelungslücke darstellen, die sodann einer Ausfüllung im Wege der Analogie zugänglich wäre.[83] Indes sind für eine Planwidrigkeit keine Anhaltspunkte ersichtlich: Angesichts der intensiven Diskussion bei der Beratung über Art. 32 der Verfassung des Norddeutschen Bundes (und der sich anschließenden Beratung über die Reichsverfassung) ist es eher fernliegend, davon auszugehen, dass dessen ungeachtet übersehen wurde, dem Art. 32 der Verfassung des Deutschen Reiches eine konkrete Rechtsfolge beizufügen. Ferner wird man annehmen können, dass jedenfalls eine verfassungsrechtlich so weitgehende Maßnahme wie der Entzug des Mandats bei einem freien Abgeordneten einer ausdrücklichen Kodifikation in der Verfassung bedurft hätte.

Dementsprechend vertrat die ganz überwiegende Mehrheit in der Staatsrechtslehre die Auffassung, dass die Annahme einer Entschädigung durch Ab-

---

80 So auch *Butzer*, Diäten und Freifahrt, S. 96 f.; *Fuchs*, AöR 2 (1887), 123 (142) wörtlich: „(...) Jedenfalls aber heisst es dem Zwecke des Verbotsgesetzes geradezu in`s Gesicht schlagen, wenn nur die Beziehung einer Entschädigung aus Staatsmitteln untersagt sein sollte."

81 *Thudicum*, Verfassungsrecht, S. 209.

82 Sitzung vom 26. November 1884, zit. nach *Butzer*, Diäten und Freifahrt, S. 98.

83 Vgl. *Larenz/Canaris*, Methodenlehre, S. 202.

geordnete verfassungs- und strafrechtlich folgenlos sei.[84] Als „lex imperfecta" statuiere Art. 32 der Verfassung des Deutschen Reiches lediglich eine Verhaltenserwartung an die Parlamentarier.[85]

6. Die Aufhebung des Diätenverbots im Jahre 1906

Die anhaltenden Schwierigkeiten bei der Durchsetzung des Diätenverbots und auch die erkennbaren wirtschaftlichen Probleme vieler Abgeordneter[86] führten im Jahre 1906 schließlich zur Aufhebung des Verbots: Nachdem verschiedene Anträge mit dem Ziel, den Abgeordneten für ihre Tätigkeit eine Entschädigung aus Staatsmitteln zu gewähren, allesamt am Widerstand *Bismarcks* gescheitert waren,[87] konnte schließlich am 21. Mai 1906 ein verfassungsänderndes Reichsgesetz[88] beschlossen werden, welches das Diätenverbot aufhob.[89]

Fortan lautete Art. 32 der Verfassung des Deutschen Reiches:

> „Die Mitglieder des Reichstages dürfen als solche keine Besoldung beziehen. Sie erhalten eine Entschädigung nach Maßgabe des Gesetzes."

§§ 1 und 2 des „Gesetzes betreffend die Gewährung einer Entschädigung an die Mitglieder des Reichstages"[90] sahen nunmehr vor, dass die Abgeordneten eine jährliche Aufwandsentschädigung erhielten, die jedoch im Falle des Fernbleibens von Plenarsitzungen gekürzt werden konnte. Diese Regelung hatte jedenfalls zur Folge, dass deutlich mehr Parlamentarier an den Sitzungen teilnahmen.[91]

Obgleich die Diskussion im Reichstag über Einzelheiten des Entschädigungswesens in den folgenden Jahren noch andauerte,[92] stellte das Gesetz vom 21. Mai 1906 im Rückblick doch den entscheidenden Wendepunkt in der verfassungsgeschichtlichen Entwicklung der Diätenfrage dar.[93] Der besonderen Würde des Abgeordnetenmandats entsprach die selbstverständliche Erwartung, dass der Abgeordnete seinen Lebensunterhalt in einem bürgerlichen Beruf verdient.[94] Die

84 Vgl. statt vieler nur *Laband*, Staatsrecht I, S. 335.
85 *Butzer*, Diäten und Freifahrt, S. 99.
86 *Burmeister*, Professionalisierung. S. 30 f.
87 So auch BVerfGE 4, 144 (149).
88 RGBl. 1906, S. 467.
89 *Braun/Jantsch/Klante*, Abgeordnetengesetz, § 11, Rdn. 4.
90 RGBl. 1906, S. 468 ff.
91 *Butzer*, Diäten und Freifahrt, S. 339.
92 Vgl. hierzu ausführlich *Butzer*, Diäten und Freifahrt, S. 338 ff.
93 *Austermann*, Anrechungsbestimmungen, S. 73.
94 BVerfGE 118, 277 (342).

Entschädigung sollte keinesfalls Entgelt für die geleistete Arbeit im Parlament darstellen, sondern lediglich die durch die Ausübung des Mandats entstandenen Nachteile finanziell ausgleichen.[95]

7. Weimarer Republik

In der Weimarer Reichsverfassung war das Verbot, Besoldung zu beziehen, schließlich vollständig weggefallen; auch insgesamt erfuhr der Reichstag eine deutliche Aufwertung.[96] Art. 40 der Weimarer Reichsverfassung vom 11. August 1919 hatte folgenden Wortlaut:

> „Die Mitglieder des Reichstages erhalten das Recht zur freien Fahrt auf allen deutschen Eisenbahnen sowie Entschädigung nach Maßgabe eines Reichsgesetzes."[97]

Zur Ausgestaltung dieser Norm erging am 10. Juli 1920 ein Reichsgesetz, das die Entschädigung der Abgeordneten regelte.[98] Es orientierte sich in wesentlichen Teilen an seinem Vorgänger aus dem Jahre 1906. Insbesondere blieb die Entschädigung weiterhin steuerfrei.[99] Es bestand aber Einigkeit darüber, dass es sich dabei nicht um ein Gehalt handeln sollte. Dem einzelnen Abgeordneten sollte vielmehr lediglich der Aufwand ersetzt werden, der ihm bei der Ausübung seines Mandats entstand.[100] Das Gesetz erfuhr in den folgenden Jahren einige Änderungen und Korrekturen[101], galt dann aber auch in der Zeit des Nationalsozialismus weiter.[102]

8. Fazit

Die wechselhafte und uneinheitliche Entwicklung der Entschädigungsregelungen in öffentlichen Ämtern ist heute in weiten Teilen historische Reminiszenz. Jedoch zeigt die Geschichte, dass die Diskussion über die Entschädigung von Amts- und Mandatsträgern in jeder Stufe der demokratischen Entwicklung zwischen Altertum und Neuzeit stattgefunden hat. Erkennbar wird dabei als Kon-

---

95 Vgl. hierzu auch die rechtshistorischen Ausführungen in BVerfGE 118, 277 (342) – diss.op.; *Klein*, in: Maunz/Dürig, GG, Art. 48, Rdn. 38.

96 *Austermann*, Anrechnungsbestimmungen, S. 74.

97 RGBl. 1919, S. 1383 ff.

98 RGBl. 1920, S. 1437 ff.

99 Vgl. *Hospach*, Diäten, S. 251.

100 *Czepluch*, Abgeordnetenstatus, S. 22.

101 Vgl. hierzu im Einzelnen *Klein*, in: Maunz/Dürig, GG, Art. 48, Rdn. 14.

102 *Hospach*, Diäten, S. 251.

stante ein ständiges Bemühen, Freiheit und Unabhängigkeit der Mandatsträger und Amtspersonen zu sichern.

In dieser Entwicklungslinie muss auch die Aufhebung des Diätenverbots vom Mai 1906 gesehen werden: Die materielle Versorgung im und für das Mandat soll die politische Unabhängigkcit dcr Abgeordneten sicherstellen. Damit wird der Grundstein gelegt für das Aufkommen des Typus des Berufspolitikers, der im weiteren Verlaufe des 20. Jahrhunderts die politische Bühne immer mehr beherrschen sollte. Gleichwohl: Bis in die Weimarer Republik galt es als selbstverständlich, dass der Abgeordnete in einem einträglichen bürgerlichen Beruf verwurzelt ist.[103] Den vollalimentierten Parlamentarier sahen die Verfassungen des Kaiserreichs und der Weimarer Republik nicht vor.

103 BVerfGE 118, 277 (342).

D. Die Entwicklung der Abgeordnetenentschädigung unter dem Grundgesetz

I. Die Entstehungsgeschichte der Art. 38 und 48 GG

Bei den Beratungen über die Art. 38 Abs. 1 und 48 Abs. 3 GG, die Stellung und materielle Ausstattung der Abgeordneten regeln, scheint die Entschädigungsfrage keine zentrale Rolle gespielt zu haben.[104]

In Ergänzung des *Herrenchiemseer Entwurfes* wurden in Art. 48 Abs. 3 GG lediglich die Worte „...ihre Unabhängigkeit sichernde..." eingefügt.[105] Dadurch nimmt Art. 48 Abs. 3 GG nun unmittelbar auf Art. 38 Abs. 1 GG Bezug, der seinerseits das freie Mandat normiert. Erstmals wird hierdurch verfassungsrechtlich anerkannt, dass die materielle Versorgung des Abgeordneten Voraussetzung für dessen freie Mandatsausübung ist.[106] Dies anerkennt an anderer Stelle auch das Mitglied des Parlamentarischen Rates *von Mangoldt*, der jedoch gleichzeitig die Ausgestaltung des Mandats als Ehrenamt betont.[107]

Die Schöpfer der Verfassung wollten damit offenkundig im Wesentlichen an den Status der Abgeordneten der Weimarer Reichsverfassung anknüpfen.[108] Bis zum heutigen Tage sind Art. 38 Abs. 1 GG und Art. 48 Abs. 3 GG unverändert in der vom Parlamentarischen Rat verabschiedeten Fassung in Kraft.[109]

---

104 Vgl. *von Doemming/Füsslein/Matz*, JÖR N.F. 1 (1951), S. 349 ff., S. 375 ff.

105 Vgl. *von Doemming/Füsslein/Matz*, JÖR N.F. 1, S. 378.

106 So auch BVerfGE 118, 277 (328).

107 *Von Mangoldt/Klein*, Bonner GG, Art. 48 Zif. 3 – die hier zitierte zweite Auflage ist nach dem Tode des Gründungsherausgebers *Hermann von Mangoldt* (1895 -1953) im Jahre 1964 entstanden, hat die von diesem verfasste Passage zu Art. 48 GG in der Neuauflage jedoch unverändert übernommen.

108 BVerfGE 118, 277 (343); vgl. ausführlich zu den Stufen der textlichen Entwicklung von Art. 38 GG und den Diskussionen im vorgelagerten Organisationsausschuss *Cremer*, Anwendungsorientierte Verfassungsauslegung, S. 404.

109 *Klein*, in: Maunz/Dürig, GG, Art. 38, Rdn. 13, Art. 48, Rdn. 19; zu den am Ende erfolglosen Versuchen, Art. 48 GG zu ändern vgl. Teil D. III. 4. der Arbeit.

II. Die Entwicklung der Rechtsprechung des Bundesverfassungsgerichts

Eine herausgehobene Bedeutung für den Untersuchungsgegenstand kommt der Rechtsprechung des Bundesverfassungsgerichts zu. Die ohnehin vorhandene Interpretationsmacht[110] des Gerichts tritt in der hier behandelten Rechtsmaterie noch stärker hervor: Während weite Teile des Verfassungsrechts auch vor der ordentlichen (Verwaltungs-)Gerichtsbarkeit durchsetzbar sind und insbesondere die Grundrechte dort auch Beachtung finden müssen,[111] entscheidet das Bundesverfassungsgericht im Bereich des Abgeordnetenrechts nicht nur letztverbindlich, sondern meist exklusiv.[112]

Vielfach hatte das Gericht Gelegenheit, sich mit den verschiedensten Facetten des Abgeordnetenrechts zu beschäftigen.[113] Im Folgenden sollen diejenigen Entscheidungen dargestellt und untersucht werden, die das verfassungsrechtliche Leitbild des Abgeordneten im Spannungsfeld zwischen dessen Eigenschaft als Teil der Legislative und notwendiger Verwurzelung in der Gesellschaft konkretisieren.

1. BVerfGE 4, 144 ff. (Urteil vom 16. März 1955 – 2 BvK 1/54)

Erstmals hatte sich das *Bundesverfassungsgericht* hierzu in einem Fall aus Schleswig-Holstein zu äußern. Das Schleswig-Holsteinische Gesetz über die Entschädigung der Landtagsabgeordneten vom 17. Juni 1952 sah in § 2 Abs. 4 vor: „Die Aufwandsentschädigung entfällt: a) für die Dauer der Mitgliedschaft eines Abgeordneten zum Bundestag,…“.

Ein von Juni 1951 bis September 1953 sowohl dem Deutschen Bundestag als auch dem Landtag von Schleswig-Holstein angehörender Abgeordneter[114]

---

110 Vgl. *Hopfauf*, in: Schmidt-Bleibtreu/Hofmann/Hopfauf, GG, Art. 93, Rdn. 16.

111 Vgl. *Hillgruber*, in: Epping/Hillgruber, GG, Art. 1, Rdn. 65.

112 Regelmäßig handelt es sich hier um eine verfassungsrechtliche Streitigkeit, so dass eine Klage vor den Verwaltungsgerichten gem. § 40 Abs. 1 S. 1 VwGO unzulässig ist, vgl. *Detterbeck*, Allg. Verwaltungsrecht, Rdn. 1327 ff.

113 Vgl. hierzu den Überblick bei *Kimme*, Repräsentativsystem, S. 159 ff.

114 Die verfassungsrechtliche Zulässigkeit eines solchen Doppelmandates ist umstritten. Für die Zulässigkeit argumentieren mit Blick auf die ohnehin bestehenden Verbindungen zwischen den Staatsebenen *Achterberg/Schulte*, in: von Mangoldt/Klein/Starck, GG, Bd. 2, Art. 38, Rdn. 79 ff. Anders *Morlok*, in: Dreier, GG, Bd. II, Art. 38, Rdn. 140. Das *BVerfG* hat ausgeführt, dass die Zulässigkeit und Angemessenheit einer ge-

wandte sich im Wege des Organstreits gem. § 64 Abs. 1 BVerfGG analog gegen diese Regelung an das Bundesverfassungsgericht.[115] Er sah hierin einen Verstoß gegen Art. 9 Abs. 3 der Landessatzung Schleswig-Holstein, wonach die Abgeordneten des Landtags einen Anspruch auf Entschädigung haben. Des weiteren rügte er einen Verstoß gegen den Allgemeinen Gleichheitssatz.

Das *Bundesverfassungsgericht* teilte diese Auffassung nicht und wies das für zulässig erkannte Begehren des Antragstellers als in der Sache unbegründet zurück.

In der Entscheidung hebt das Gericht das Bekenntnis der Verfassung zu den Grundsätzen der liberal-repräsentativen Demokratie hervor, das in Art. 38 GG besonderen Ausdruck gefunden habe.[116] Das in Art. 21 GG vollzogene Zugeständnis an die „moderne parteienstaatliche Demokratie" führe nicht zu einer Aufhebung des repräsentativen Status des Abgeordneten.[117] Dessen Rechtsstellung habe das Grundgesetz in der Tradition des parlamentarischen Repräsentativsystems ausgestaltet. Das Gericht betont „Würde, Unabhängigkeit und personalen Eigenwert der Abgeordneten als Vertreter des ganzen Volkes".[118] Die Einführung der Entschädigungsregelung im Jahr 1906 stelle keinen Systemwechsel dar. Vielmehr habe sie jedermann ohne Rücksicht auf seine wirtschaftlichen Verhältnisse den Zugang zum Parlament eröffnen und die in einem parlamentarischen Repräsentativsystem immanente Entschließungsfreiheit der Abgeordneten sichern sollen.[119]

Wörtlich führt das *Bundesverfassungsgericht* aus:

> „Im Zuge der in einer Reihe von Staaten zu beobachtenden Entwicklung von der liberal-repräsentativen zur parteienstaatlichen Demokratie scheint in der politisch-gesellschaftlichen Wirklichkeit auch der Charakter der Aufwandsentschädigung sich allmählich zu wandeln. Je mehr nämlich die Abgeordneten von ihrem früheren repräsentativen Status einbüßen, um so weniger wird die Aufwandsentschädigung ihren ursprünglichen Sinn erfüllen können, die Unabhängigkeit des einzelnen Abgeordneten sicherzustellen. Es ist daher kein Zufall, dass die Aufwandsentschädigung

---

setzlichen Regelung, die Doppelmandate verhindern soll „auf der Hand liegt" (E 42, 312 [327]).

115 Die Konstellation einer landesverfassungsrechtlichen Streitigkeit vor dem Bundesverfassungsgericht verwundert auf den ersten Blick. Tatsächlich verfügte Schleswig-Holstein bis 2008 als einziges deutsches Bundesland über keine eigene Verfassungsgerichtsbarkeit. Bis dahin war für landesverfassungsrechtliche Streitigkeiten gem. Art. 37 a.F. der Landessatzung Schleswig-Holstein i.V. m. Art. 99 GG das Bundesverfassungsgericht zuständig.

116 BVerfGE 4, 144 (148).

117 BVerfGE 4, 144 (149).

118 BVerfGE 4, 144 (149).

119 BVerfGE 4, 144 (149 f.).

> in einigen Staaten sich mehr und mehr einem Entgelt für die im Parlament geleisteten Dienste annähert und den Charakter einer Besoldung oder eines Gehaltes annimmt.
>
> Angesichts dieser Sachlage kommt es entscheidend darauf an, aus dem anzuwendenden Verfassungsrecht selbst zu ermitteln, welches politische Prinzip – das der liberal-repräsentativen Demokratie oder des demokratischen Parteienstaates – der Abgeordnetenentschädigung das entscheidende Gepräge gibt. Wortlaut und immanenter Sinngehalt der Landessatzung für Schleswig-Holstein sind eindeutig. Die Bestimmung der Landessatzung über die Entschädigung hat bewusst auch in der äußeren Form an die alte Tradition angeknüpft, ebenso wie dies etwa bei den Immunitätsbestimmungen und den Prinzipien der Fall ist die im Bunde in Art. 38 GG niedergelegt sind. Dieser eindeutige Wille des Verfassungsgesetzgebers muß respektiert werden."[120]

Diese Deutung der einschlägigen Normen des Grundgesetzes sieht sich ganz in der historischen Tradition der oben beschriebenen, früheren deutschen Verfassungen, auf die sich das Gericht auch ausdrücklich bezieht. Und sie entspricht der politischen Realität der noch jungen Bundesrepublik, die am Neuanfang einer parlamentarischen Entwicklung stand: Erst allmählich wuchsen die Komplexität der politischen Aufgaben und damit auch die Anforderungen an die Parlamentarier. Eine leise Ahnung von der weiteren Entwicklung scheinen die Richter des zweiten Senats bereits gehabt zu haben, wenn sie ausführen, dass die „Aufwandsentschädigung zum mindesten ursprünglich nicht den Charakter eines Entgelts für geleistete Dienste hatte"[121]. Die damit aufgeworfene Frage, inwieweit sich bis dato (also 1955) der Charakter der Aufwandsentschädigung möglicherweise entscheidend gewandelt hat, bleibt jedoch am Ende unbeantwortet.

2. BVerfGE 32, 157 ff. (Beschluss vom 21. Oktober 1971 – 2 BvR 367/69)

Hier hatte das Gericht über die Verfassungsbeschwerde eines ehemaligen hessischen Landtagsabgeordneten[122] zu entscheiden. Dieser hatte sich an das *Bundesverfassungsgericht* gewandt, nachdem der Hessische Landtag die Altersversor-

---

120 BVerfGE 4, 144 (151).

121 BVerfGE 4, 144 (150).

122 Der Grundsatz, dass der Abgeordnete seinen verfassungsrechtlichen Status nur vermittels des Organstreits und nicht durch Verfassungsbeschwerde geltend machen kann (vgl. BVerfGE 6, 445 [448]), gilt hier nicht, da der Beschwerdeführer zum maßgeblichen Zeitpunkt dem Hessischen Landtag nicht mehr angehört.

gung seiner Mitglieder neu geregelt hatte.[123] Demnach sollten ehemalige Abgeordnete ein Abgeordnetenruhegeld erhalten, wenn sie dem Parlament für einen bestimmten Zeitraum angehört hatten. Ausgeschlossen von diesem Anspruch waren jedoch diejenigen Abgeordneten, die vor der sechsten Wahlperiode aus dem Landtag ausgeschieden sind. Darin sieht der Beschwerdeführer, der nach zwölfjähriger Mitgliedschaft im Landtag mit dem Ende der fünften Wahlperiode ausgeschieden ist, ein gleichheitswidriges Unterlassen des Landesgesetzgebers und damit einen Verstoß gegen Art. 3 Abs. 1 GG.

Der zweite Senat des *Bundesverfassungsgerichts* hat mit einer 4:3 Entscheidung die Verfassungsbeschwerde als unbegründet zurückgewiesen; die Richter *Leibholz*, *von Schlabrendorff* und *Rinck* begründeten in einem Sondervotum[124] ihre abweichende Haltung.

Das Gericht bezeichnet den Ruhegeldanspruch des Abgeordneten als „ein Annex seiner Besoldung“[125] und zitiert zustimmend *Eschenburg*, der darin einen „zusätzlichen, auf die nachparlamentarische Zeit projektierten Unabhängigkeitsschutz“[126] sieht. Dem liegt auch ein Wandel des Abgeordnetenbildes zu Grunde, den das Bundesverfassungsgericht folgendermaßen skizziert:

> „Im Zuge der Entwicklung von der liberalen parlamentarisch-repräsentativen Demokratie zu der mehr radikal-egalitären parteienstaatlichen Demokratie, wie sie durch Art. 21 GG auch verfassungsrechtlich geprägt ist, hat sich aber der Status des Abgeordneten und hiermit auch der Charakter der den Abgeordneten gewährten Zuwendungen in Bund und Ländern grundsätzlich gewandelt. (...) Die Tätigkeit des Abgeordneten ist im Bund zu einem den vollen Einsatz der Arbeitskraft fordernden Beruf geworden; der Abgeordnete kann daher unter diesem Aspekt heute legitimerweise ein Entgelt beanspruchen, mit dem er seinen und seiner Familie Lebensunterhalt zu bestreiten vermag.“[127]

Ausdrücklich anerkennt das Gericht, dass sich auf dieser Grundlage die „Aufwandsentschädigung“ in Wirklichkeit in eine „Bezahlung“ für die parlamentarische Tätigkeit gewandelt habe.[128]

---

123 Abermals kommt damit ein parlamentsrechtlicher Sachverhalt der Landesebene vor das BVerfG – obgleich in Hessen seit 1947 (GVBL. 1948, S. 3 ff) mit dem Staatsgerichtshof ein Landesverfassungsgericht besteht. Hier rügt der Beschwerdeführer jedoch den Verstoß eines Landesgesetzes gegen eine Norm des Grundgesetzes, weshalb er „auf einen landesrechtlichen Rechtsbehelf nicht verwiesen werden kann“ (BVerfGE 32, 157 [162]; vgl. auch die eindeutige Regelung von § 90 Abs. 3 BVerfGG.

124 BVerfGE 32, 157 (170 ff.) – diss.op.

125 BVerfGE 32, 157 (165).

126 *Eschenburg*, Sold, S. 76 f.

127 BVerfGE 32, 157 (164); zustimmend auch BVerfGE 32, 157 (172) – diss.op.

128 BVerfGE 32, 157 (164 f.); wiederum zustimmend BVerfGE 32, 157 (172) – diss.op. („Entgelt für die im Parlament geleisteten Dienste“).

Damit führt das Bundesverfassungsgericht die sich schon im Jahre 1955 andeutende Entwicklung fort: Während es fünfzehn Jahre zuvor noch den repräsentativen Charakter des Abgeordnetenmandats hervorhob, dabei aber eine „Annäherung" der Aufwandsentschädigung an eine „Besoldung" feststellte, schlägt nun das Pendel in die andere Richtung aus: Unverschleiert spricht das *Bundesverfassungsgericht* von der „radikal-egalitären parteienstaatlichen Demokratie", in der das Abgeordnetenmandat zum „den vollen Einsatz der Arbeitskraft fordernden Beruf" werde und die Aufwandsentschädigung dementsprechend so ausgestaltet sein müsse, dass der Abgeordnete daraus seinen eigenen Lebensunterhalt und den seiner Familie bestreiten könne.

3. BVerfGE 40, 296 ff. (Urteil vom 5. November 1975 – 2 BvR 193/74)

Wiederum hatte das Bundesverfassungsgericht hier über eine landesrechtliche Streitigkeit zu entscheiden. Ein leitender Angestellter mehrerer privatrechtlich organisierter Gesellschaften, an denen die Stadt Saarbrücken mit mehr als 50 von Hundert beteiligt war, erhob Verfassungsbeschwerde, weil er sich durch Bestimmungen des Saarländischen Landtagsgesetzes (SLTG)[129] an einer Bewerbung für ein Landtagsmandat gehindert sah.[130] Das Bundesverfassungsgericht erklärte diese und andere – vom Beschwerdeführer nicht direkt angegriffene Normen des SLTG[131] - wegen Verstoßes gegen Art. 48 Abs. 3 S. 1 GG und den formalisierten Gleichheitssatz für verfassungswidrig.

Das Gericht nahm dies zum Anlass, sich sehr umfassend mit Rechtsstellung und insbesondere Entschädigungsregelungen der Abgeordneten auf Bundes- und Landesebene zu beschäftigen. Grundlage dafür sollte eine rechtstatsächliche Untersuchung der Verhältnisse in den einzelnen deutschen Parlamenten sein. Voran

129 § 13 Abs. 1 Nr. 4 SLTG bestimmte: „Abgeordnete, die ihre Stellung als leitender Angestellter im Sinne des § 3 zum Zwecke der Annahme des Mandats aufgegeben haben, erhalten 60 vom Hundert des bisher bezogenen steuerpflichtigen Entgelts, höchstens jedoch 60 vom Hundert der Bes.-Gr. 3 der Besoldungsordnung B des Bundesbesoldungsgesetzes einschließlich Ortszuschlag".

130 Bei BVerfGE 40, 296 ff. handelt es sich um ein Schlussurteil. Die Sachverhaltsschilderung findet sich in der Teilentscheidung BVerfGE 38, 326 ff.

131 Die Ausweitung der verfassungsrechtlichen Prüfung über das Begehren des Antragstellers hinaus sei „unvermeidlich, wenn die angegriffene Norm durch Verweisung auf eine andere oder durch den klaren inneren Zusammenhang mit anderen Vorschriften derart von der letzteren abhängt, dass sich aus der Verfassungswidrigkeit dieser Normen die Verfassungswidrigkeit der angegriffenen Norm ergibt.", so BVerfGE 40, 296 (309 f.).

geht dem Urteil daher die Wiedergabe einer Vielzahl von Stellungnahmen verschiedener Parlamente und Institutionen.[132]

Diese Stellungnahmen beschreiben die in den einzelnen Bundesländern durchaus unterschiedliche Arbeitsbelastung der einzelnen Abgeordneten durch das Mandat und – darauf aufbauend – auch deren unterschiedliche Entschädigung.

Der *Saarländische Landtag* weist in seiner Stellungnahme auf die Unterschiede zwischen Bundes- und Landtagsabgeordneten hin. Letztere übten Mandat und Beruf typischerweise nebeneinander aus.[133] Der *Deutsche Bundestag* akzentuiert die Repräsentationsfunktion des einzelnen Abgeordneten, an der auch die verfassungsrechtliche Anerkennung der Parteien durch Art. 21 GG nichts ändere.[134] Tatsächlich wisse auch „ein großer Teil der Abgeordneten" Beruf und Mandat miteinander in Einklang zu bringen.[135] Bemerkenswert deutlich bekräftigt die Stellungnahme des Parlamentes, dass die Abgeordnetentätigkeit trotz des gestiegenen Umfangs nicht als Beruf qualifiziert werden könne und insbesondere sich die Entschädigung auch nicht zu einem Gehalt gewandelt habe.[136] Auch der *Landtag Baden-Württemberg* verneint die Entwicklung des Mandats auf Landesebene hin zu einer die volle Arbeitskraft fordernden Beschäftigung;[137] die *Bürgerschaft der Freien und Hansestadt Hamburg* weist darauf hin, dass im Parlament des norddeutschen Stadtstaates die Mandatsträger gar auf die Einkünfte aus ihrem bürgerlichen Beruf angewiesen seien, um ihren Lebensunterhalt zu bestreiten.[138] Die *Christlich-Demokratische Union* sieht die Bezüge der Abgeordneten noch immer als Aufwandsentschädigung im eigentlichen und ursprünglichen Sinne des Wortes.[139]

Diese Stellungnahmen liegen im deutlichen Gegensatz zu der bis dato bekannten Rechtsprechung des Bundesverfassungsgerichts, die eine immer weitergehende Annäherung der Abgeordnetentätigkeit an den Berufsbegriff erkennen lässt. Doch die Äußerungen nehmen nicht Wunder: Im jetzigen Verfahren sollte

132 Es äußerten sich u.a. der Saarländische Landtag, der Deutsche Bundestag, der Landtag von Baden-Württemberg (dessen Stellungnahme sich zahlreiche andere Landesparlamente anschlossen), die Bürgerschaft der Freien und Hansestadt Hamburg sowie die Christlich-Demokratische Union Deutschlands.

133 Vgl. BVerfGE 40, 296 (300).

134 Vgl. BVerfGE 40, 296 (301).

135 Vgl. BVerfGE 40, 296 (302).

136 Vgl. BVerfGE 40, 296 (302) – zur Begriffsbestimmung wird hier offenbar auf die im Rahmen von Art. 12 GG gängige Definition zurückgegriffen.

137 Vgl. BVerfGE 40, 296 (305).

138 Vgl. BVerfGE 40, 296 (307).

139 Vgl. BVerfGE 40, 296 (307).

das Gericht auch darüber entscheiden, ob und inwieweit die Einnahmen aus der Mandatstätigkeit der Steuerpflicht unterliegen. Dass Parlamente und Parteien einen beträchtlichen Argumentationsaufwand verwenden, um den Nachweis zu erbringen, dass bei „ihren" Abgeordneten die Voraussetzungen hierfür gerade nicht vorliegen, liegt auf der Hand.

Unmissverständlich kanzelt das Bundesverfassungsgericht die oben dargestellten Auffassungen als „überkommene Vorstellung über die Rechtsstellung des einzelnen Abgeordneten"[140] ab, bevor die bereits erwähnte Rechtsprechung[141] erneut ausführlich zitiert wird.[142] Der als Einzelpersönlichkeit gewählte Honoratioren-Abgeordnete, dessen wirtschaftliche Existenz durch das Mandat nicht beeinträchtigt wird, sei immer seltener geworden.[143] Wörtlich führt das Gericht aus:

> „Die parlamentarische Demokratie einer höchst komplizierten Wirtschafts- und Industriegesellschaft, in der Rechtsstaat, Freiheit und Pluralismus entscheidend mit Hilfe der politischen Parteien aufrechterhalten werden sollen, verlangt vom Abgeordneten mehr als nur eine ehrenamtliche Nebentätigkeit, verlangt den ganzen Menschen, der allenfalls unter günstigen Umständen neben seiner Abgeordnetentätigkeit noch versuchen kann, seinem Beruf nachzugehen.[144] (...) Die Gefahr einer Beeinträchtigung der Unabhängigkeit des Abgeordneten droht heute nicht mehr vom Staat, sondern eher von der politischen Partei, der er angehört, und vor allem von einflussreichen Gruppen der Gesellschaft.[145] (...) Das Ergebnis ist, dass aus der Entschädigung für einen besonderen, mit dem Mandat verbundenen Aufwand eine Alimentation des Abgeordneten und seiner Familie aus der Staatskasse geworden ist als Entgelt für die Inanspruchnahme des Abgeordneten durch sein zur Hauptbeschäftigung („full-time-job") gewordenes Mandat. Aus der Entschädigung des Inhabers eines Ehrenamtes ist die Bezahlung für die im Parlament geleistete Tätigkeit geworden".[146]

Aus diesem Blickwinkel habe auch Art. 48 Abs. 3 GG eine „neue Bedeutung" erhalten: Das Gericht entnimmt der Verfassungsbestimmung nunmehr die Notwendigkeit der Sicherung einer Existenzgrundlage des Abgeordneten und seiner Familie für die Dauer des Mandats, die der „Bedeutung des Amtes unter Be-

---

140 BVerfGE 40, 296 (311).

141 BVergGE 4, 144 ff.; 32, 157 ff.

142 Die weitgehenden Ausführungen des Gerichts zu den Privilegien von Abgeordneten aus öffentlich-rechtlichen Dienstverhältnissen sowie zur Zulässigkeit sog. Indexierungen müssen hier unberücksichtigt bleiben.

143 BVerfGE 40, 296 (312).

144 BVerfGE 40, 296 (313).

145 BVerfGE 40, 296 (313).

146 BVerfGE 40, 296 (314).

rücksichtigung der damit verbundenen Verantwortung“ entspreche.[147] Zu der Höhe der Entschädigung führt das *Bundesverfassungsgericht* aus:

> „Die Bemessung des parlamentarischen Einkommens darf die Entscheidungsfreiheit des Abgeordneten und die praktische Möglichkeit, sich seiner eigentlichen parlamentarischen Tätigkeit auch um den Preis, Berufseinkommen ganz oder teilweise zu verlieren, widmen zu können, nicht gefährden.“[148]

Diese neue Einordnung des Charakters der Entschädigung gem. Art. 48 Abs. 3 GG hat – wie oben schon angedeutet – auch steuerrechtliche Konsequenzen: Folgerichtig wird die Vollalimentation des Abgeordneten als zu versteuerndes Einkommen gewertet.[149]

Das Gericht kam mehrheitlich zu dem Ergebnis, dass das Beamtenprivileg der §§ 5, 6 SLTG ebenso verfassungswidrig sei[150] wie die die Angestellten des öffentlichen Dienstes betreffende Regelung in § 9 SLTG[151].

Das Urteil hat auch innerhalb des zweiten Senats Widerspruch hervorgerufen: Der Richter und damalige Vizepräsident des *Bundesverfassungsgerichts Walter Seuffert*[152] legte in seinem Sondervotum[153] seine abweichende Auffassung dar. Deutlich wendet er sich gegen jedweden Versuch, die Stellung des Abgeordneten und dessen Entschädigung in arbeitsrechtliche Termini einzuordnen.[154] Die in Art. 48 Abs. 3 GG verbriefte „angemessene Sicherung der Unabhängigkeit“ will er so verstanden wissen, dass die Existenz von Berufspolitikern im Parlament zwar möglich sein müsse, eine verfassungsrechtliche Verpflichtung, dem Berufslosen nunmehr im Mandat ein Vollgehalt zu gewähren, dem aber gerade nicht entnommen werden könne.[155]

Die Entscheidung der Senatsmehrheit muss als vorläufiger Abschluss einer Rechtsprechung betrachtet werden, die den vollalimentierten „full-time“-Berufspolitiker zum parlamentarischen Regelfall und Maßstab des Entschädigungsrechts erklärt.

---

147 BVerfGE 40, 296 (315).

148 BVerfGE 40, 296 (315 f.).

149 BVerfGE 40, 296 (328).

150 BVerfGE 40, 296 (321 ff.).

151 BVerfGE 40, 296 (323 ff.).

152 Dieser hatte eine besondere persönliche Verbindung zu der Thematik: *Seuffert* war von 1949 bis 1967 Mitglied des Deutschen Bundestags und gehörte der SPD-Fraktion an.

153 BVerfGE 40, 296 (330 ff.) – diss.op.

154 BVerfGE 40, 296 (334) – diss.op.

155 BVerfGE 40, 296 (339) – diss.op.

4. BVerfGE 76, 256 ff. (Beschluss vom 30. September 1987 – 2 BvR 933/82)

Eigentlicher Gegenstand dieses Verfahrens war das Verhältnis zwischen Zahlungen aus der gesetzlichen Rentenversicherung und Versorgungsbezügen aus Beamten- oder Soldatenverhältnissen. Nachdem die Beschwerdeführer für ihre Argumentation auch einen Vergleich mit dem Abgeordnetenrecht herangezogen hatten, arbeitete das Gericht im Urteil nochmals die Unterschiede zwischen Abgeordneten- und Beamtenstatus heraus und rückte damit deutlich von zuvor getätigten Aussagen ab.[156] Es sieht hier die Mandatszeit als eine vorübergehende Unterbrechung des Berufslebens. Die Garantie einer auch im Versorgungsfall greifenden, dauernden Vollalimentation könnte der Verfassung für den Abgeordneten gerade nicht entnommen werden.[157]

III. Stellung und Entschädigung der Abgeordneten des Deutschen Bundestages in der normativen Entwicklung

1. Die Entwicklung der Abgeordnetenentschädigung vor Inkrafttreten des Abgeordnetengesetzes

Am 15. Juni 1950 erließ der Deutsche Bundestag das Gesetz über die Entschädigung der Mitglieder des Bundestages.[158] Danach erhielten die Abgeordneten rückwirkend ab dem 1. November 1949 eine monatliche Aufwandsentschädigung i.H.v. 600,- DM und ein Tagegeld i.H.v. 30,- DM je Sitzungstag.[159] Hinzu kamen Kostenpauschale und Fahrtkostenerstattung. In den darauf folgenden Jahren wurden die unterschiedlichen Leistungen an Abgeordnete nach oben angepasst.[160]

156 So ausdrücklich BVerfGE 76, 256 (341). Dem erkennenden zweiten Senat gehörte zum Zeitpunkt dieser Entscheidung keiner der Richter mehr an, die am Urteil vom 5. November 1975 mitgewirkt hatten.

157 BVerfGE 76, 256 (342).

158 BGBl I 1950, S. 215.

159 *Czepluch*, Abgeordnetenstatus, S. 24.

160 Eine Übersicht zur Entwicklung der Entschädigungen nach den unmittelbaren Leistungsarten findet sich bei *Schindler*, Datenhandbuch 1949 bis 1999, Bd. III, S. 3215.

Durch das Diätengesetz aus dem Jahr 1958[161] wurde die Aufwandsentschädigung an die Beamtenbesoldung gekoppelt und damit dynamisiert. Als Grunddiät sollte der Abgeordnete monatlich fortan 22,5% (rund 1100 DM) des Amtsgehaltes eines Bundesministers erhalten. Bis 1967 stieg diese Summe auf 1590,- DM. Da die Bezüge der Bundesminister wiederum gebunden waren an die Beamtenbesoldung der Staatssekretäre, hatte die Erhöhung deren Bezüge eine automatische Erhöhung der Abgeordnetenentschädigung zur Folge.[162]

Mit dem Diätengesetz vom 3. Mai 1968[163] wurde schließlich die Abgeordnetenentschädigung auf 33,3% der Besoldung eines Bundesministers angehoben. Erstmals wurde hier auch eine eigene Altersversorgung für Abgeordnete eingeführt, deren Höhe nach der Dauer der Mitgliedschaft im Deutschen Bundestag gestaffelt war.[164]

Zu Beginn der 1970er Jahre wurde in der Öffentlichkeit vermehrt die Forderung nach einer Besteuerung der Abgeordnetenentschädigung erhoben. Die Diskussion hierüber griff in den kommenden Jahren mehr und mehr Raum. Im November 1974 beschloss der Ältestenrat des Deutschen Bundestages, einen Beirat zu schaffen, der das Parlament bei der Entscheidung über Höhe, Zusammensetzung und Gestaltung der Abgeordnetenentschädigung berät.[165] Am 17. Dezember 1974 konstituierte sich der Beirat mit zehn ehrenamtlichen Mitgliedern unter der Leitung des ehemaligen Vorsitzenden des Deutschen Gewerkschaftsbundes, *Ludwig Rosenberg*.[166] Bevor dieser Beirat seine Arbeit fertig stellen konnte, machte das *Bundesverfassungsgericht* im Diätenurteil[167] umfassende Vorgaben für die Ausgestaltung der Entschädigungsregelungen von Abgeordneten.

2. Die Entstehung des Abgeordnetengesetzes (AbgG)

Unter diesem Eindruck setzte der Deutsche Bundestag im November 1975 zusätzlich einen parlamentarischen Sonderausschuss mit dem Auftrag ein, ein Ge-

161 BGBl. I 1958, S. 379.
162 *Czepluch*, Abgeordnetenstatus, S. 25.
163 BGBl. I 1968, S. 334.
164 *Czepluch*, Abgeordnetenstatus, S. 25.
165 BT-Drs. 7/5531, S. 33 ff.
166 Vgl. hierzu *Schindler*, Datenhandbuch zur Geschichte des Deutschen Bundestages 1949 bis 1999, Bd. III, S. 3200.
167 Vgl. Teil D. II. 2. der Arbeit.

setz zu Art. 48 GG zu erarbeiten.[168] Schließlich wurden die Ergebnisse des Rosenberg-Beirates zur Grundlage der Beratungen des Sonderausschusses.[169]

Dieser brachte im Juni 1976 einen Entwurf für ein Gesetz über die Rechtsverhältnisse der Mitglieder des Deutschen Bundestages – Abgeordnetengesetz (AbgG) – ein[170]. Es wurde am 18. Februar 1977[171] beschlossen und trat am 1. April 1977 in Kraft.

Das Gesetz bestand aus insgesamt 10 Artikeln. Artikel 1 enthielt das eigentliche Abgeordnetengesetz, während die übrigen Artikel Änderungen in anderen Gesetzen vornahmen (Einkommensteuergesetz, Beamtenrechtsrahmengesetz, Bundesbeamtengesetz etc.).

Das Abgeordnetengesetz enthielt zunächst im Wesentlichen Materien, die bis dahin in den Diätengesetzen und im Gesetz über die Rechtsstellung der in den Deutschen Bundestag gewählten Angehörigen des öffentlichen Dienstes vom 4. August 1953[172] geregelt waren. Die den Abgeordneten nach dem AbgG zustehenden Leistungen bestanden aus der Entschädigung (§ 11 AbgG), der Amtsausstattung (§ 12 AbgG), den Übergangsgeldern (§ 18 AbgG) sowie den Ansprüchen auf Altersentschädigung (§§ 19 ff. AbgG). Damit wurde erstmals die Rechtsstellung des Abgeordneten umfassend in einem Gesetz geregelt.[173] Neu war insbesondere die formal-gesetzliche Feststellung, dass die Entschädigung zu einem Einkommen geworden ist und damit der Besteuerung unterliegt.[174]

Bis heute hat der Deutsche Bundestag insgesamt 26 Gesetze zur Änderung des Abgeordnetengesetzes verabschiedet, wodurch die ursprünglichen Regelungen überarbeitet, teils aber auch vollständig neue Materien eingearbeitet wurden.[175]

---

168 Stenographischer Bericht des Bundestages S. 14135/A, BT-Drs. 7/4333.

169 Vgl. *Kabel*, ZParl 1977, 3 (3).

170 BT-Drs. 7/5525.

171 BGBl. I 1977, S. 297.

172 BGBl. I 1953, S. 777.

173 Vgl. insgesamt zum Inhalt und Regelungszielen des Abgeordnetengesetzes: *Kabel*, ZParl 1977, 3 ff.

174 Art. 2 des Gesetzes ordnet die steuerpflichtigen Bezüge der Einkunftsart „sonstige Bezüge" i.S.v. § 22 Einkommensteuergesetz zu.

175 Eine Zusammenstellung der einzelnen Änderungen findet sich für die Zeit von 1949 bis 1994 (1. bis 14. Wahlperiode) in *Schindler*, Datenhandbuch 1949 bis 1999, Bd. I, S. 388 ff., noch detaillierter für die Zeit von 1994 bis 2003 (13. und 14. Wahlperiode) in *Feldkamp,* Datenhandbuch 1994 bis 2003, S. 116 ff.

3. Die Entwicklung der Verhaltensregeln für Mitglieder des Deutschen Bundestages (VR)

Bereits in Zeiten der Weimarer Republik wurde verschiedentlich die Einführung einer „Ehrenordnung" für Abgeordnete diskutiert; zu einem Beschluss kam es aber nicht.[176] Auch im Grundgesetz selbst findet sich keine Norm, die den Mandatsmissbrauch sanktioniert.[177] Nach Gründung der Bundesrepublik war die Gefahr des Mandatsmissbrauchs jedoch immer wieder Gegenstand der politischen Debatte.[178] Kurzzeitig war im Jahr 1951 sogar im Gespräch, dem *Bundesverfassungsgericht* die Möglichkeit zu geben, einem Abgeordneten, der seine Mitgliedschaft im Bundestag gewinnsüchtig missbraucht hat, das Mandat abzuerkennen.[179]

Hiernach bestand offenbar Einigkeit darüber, dass der Versuch, eine den Mandatsmissbrauch betreffende formal-gesetzliche oder sogar mit Verfassungsrang ausgestattete Regelung durchzusetzen, entweder politisch aussichtslos oder zumindest nicht opportun erschien. Stattdessen wurde fortan über innerparlamentarische Sanktionsmöglichkeiten diskutiert. Schon im Jahr 1951 konnte in dieser Hinsicht ein erster (Teil-)Erfolg verbucht werden: In der Geschäftsordnung vom 6. Dezember 1951 wurde als § 22 die Bestimmung aufgenommen: „Der Bundestag kann sich eine Ehrenordnung geben"[180]. Danach passierte jedoch lange Zeit nichts. Der Bundestag ließ die Möglichkeit, die er sich selbst geschaffen hatte, ungenutzt.

Erst im Jahr 1970, rund zwanzig Jahre später, brachte die sog. *„Affäre Geldner"*[181] wieder Bewegung in die Diskussion über eine Ehrenordnung für die Parlamentarier. Das Präsidium des Bundestages schlug dem Parlament Verhaltensregeln vor, die nach langen Beratungen[182] schließlich am 21. September 1972 –

---

176 Vgl. 2. WP, Drs. Nr. 484 WRT; 3. WP, Drs. Nr. 995 und 3452 WRT; hierzu auch: *Roll*, in: Schneider/Zeh (Hrsg.), Parlamentsrecht und Parlamentspraxis, § 19, S. 607 (607).

177 Einzelne Landesverfassungen hingegen enthalten Unvereinbarkeitsnormen, vgl. z.B. Art. 85 Bremische Verfassung („Ausschluss aus der Bürgerschaft"). Andere enthalten eine Abgeordnetenanklage vor dem Landesverfassungsgericht, so z.B. Art. 42 Baden-Württembergische Verfassung, Art. 61 Abs. 3 Verfassung des Freistaates Bayern.

178 Schon im Zuge der Abstimmung über die Hauptstadtfrage wurde einigen Abgeordneten vorgeworfen, sie seien bestochen worden. Die SPD-Fraktion verlangte daraufhin von fünf Bundestagsabgeordneten, ihre Mandate niederzulegen (BT-Drs. 1/2315).

179 So ein Antrag der SPD-Bundestagsfraktion vom 5. Juni 1951, BT-Drs. 1/2303.

180 BGBl. II 1952, S. 389 (391).

181 Der Scheinübertritt des F.D.P.-Abgeordneten *Karl Geldner* zur CSU wurde mit einem Beratervertrag über 400.000,- DM in Verbindung gebracht. Vgl. hierzu *Der Spiegel*, Heft 48/1970, S. 66.

182 Vgl. *Herbertz*, Verhaltensregeln, S 30.

einen Tag vor der Parlamentsauflösung – einmütig und ohne Aussprache im Parlament angenommen wurden.[183] Fortan waren sie als „Anlage 1" der Geschäftsordnung angefügt.

Die Verhaltensregeln legten fest, dass bestimmte Tätigkeiten und Einnahmen, die der Abgeordnete neben dem Mandat hat, gegenüber dem Präsidium des Bundestages anzuzeigen sind und teilweise im Handbuch des Deutschen Bundestages veröffentlicht werden. Anzeigepflichtig waren insbesondere auch Einnahmen aus Gutachten, Vorträgen sowie Spenden, die einen bestimmten Betrag überstiegen.[184] Bei Zweifelsfragen über die Auslegung der Verhaltensregeln war der Abgeordnete verpflichtet, sich beim Präsidenten durch Rückfrage zu versichern.

Ausgelöst durch das Diätenurteil des Bundesverfassungsgerichts[185] fand im Jahr 1980 eine erste Überarbeitung der Verhaltensregeln im Zuge der Geschäftsordnungsreform statt.[186] Das Gericht hatte in dem Urteil u.a. gefordert, *gesetzliche* Vorkehrungen dagegen zu treffen, dass Abgeordnete Bezüge aus einem Arbeitsverhältnis erhalten, das nur deshalb besteht, weil vom Vertragspartner ein bestimmtes Verhalten im Mandat erwartet wird.[187] Der Bundestag übernahm beinahe identisch den Wortlaut des Urteils in die reformierten Verhaltensregeln. Daneben wurde § 44a AbgG neu geschaffen, der nunmehr die Verhaltensregeln auf eine formal-gesetzliche Grundlage stellte.

Die öffentliche Debatte über Mandatsmissbrauch flammte Anfang der 1980er Jahre erneut durch die sog. „*Affäre Barzel*"[188] und die „*Affäre Flick*"[189] auf. Der Ältestenrat beauftragte am 25. Oktober 1984 die Rechtsstellungskommission mit einer Überprüfung der Verhaltensregeln. Auf Grundlage der Ergebnisse der Kommission brachten sowohl CDU/CSU und F.D.P. einerseits[190] wie auch die SPD andererseits[191] Gesetzentwürfe zur Änderung des Abgeordnetengesetzes ein. Beide Anträge sahen eine stärkere Einbindung der Verhaltensregeln in das Abgeordnetengesetz vor – teilweise wurde sogar diskutiert, die Verhaltensregeln vollständig in dem Gesetz aufgehen zu lassen[192]. Schließlich fan-

183 Protokolle der 6. Wahlperiode, 189. Sitzung vom 21. September 1972, S. 11698f.; *Becker*, Korruptionsbekämpfung S. 111; *Krause*, DÖV 1974, 325 (325).

184 *Becker*, Korruptionsbekämpfung S. 112.

185 BVerfGE 40, 296 ff.

186 BGBl. I 1980, S. 1725.

187 BVerfGE 40, 296 (319); *Becker*, Korruptionsbekämpfung S. 112.

188 Vgl. *Der Spiegel*, Heft 43/1984, S. 15 ff.

189 Vgl. *Der Spiegel*, Heft 48/1983, S. 25 ff.

190 BT-Drs. 10/3544.

191 BT-Drs. 10/3557.

192 Vgl. BT-Drs. 10/354, S. 4.

den beide ursprünglichen Anträge nicht die Zustimmung des Ausschusses für Wahlprüfung, Immunität und Geschäftsordnung. Dieser empfahl dem Parlament, lediglich die Grundzüge der Verhaltensregeln im Abgeordnetengesetz festzuschreiben.[193] Mit Blick auf die „Verpflichtung des Parlamentes zur Selbstregulierung des Verhaltens seiner Mitglieder“[194] sollten die Verhaltensregeln auf Ebene des Geschäftsordnungsrechts weiter bestehen bleiben. Inhaltlich empfahl der Ausschuss, die anzeigepflichtigen Tätigkeiten nochmals zu erweitern: So sollten auch unentgeltliche (Neben-)Tätigkeiten angegeben werden, ebenso Beteiligungen an Unternehmen, die eine gewisse Höhe übersteigen. Die zweite Fassung der Verhaltensregeln differenziert nun auch nach Tätigkeiten des Abgeordneten aus der Zeit vor seiner Mitgliedschaft im Parlament und solchen, die während der Mitgliedschaft im Parlament ausgeübt oder aufgenommen werden. Verstöße gegen die Pflichten aus den Verhaltensregeln sollten fortan als Bundestags-Drucksache veröffentlicht werden.

In der Sitzung vom 10. Dezember 1986 stimmte der Bundestag den Empfehlungen des Ausschusses für Wahlprüfung, Immunität und Geschäftsordnung zu.[195]

Die von § 1 Abs. 3 S. 6 VR vorgesehenen Ausführungsbestimmungen hat der Präsident des Deutschen Bundestages erstmals am 26. Juni 1987 erlassen.[196] Im gleichen Jahr bat er die Abgeordneten um die Beantwortung eines detaillierten Fragebogens über sämtliche anzeigepflichtigen Tatbestände. Danach wurden die veröffentlichungspflichtigen Angaben Anfang 1988 erstmals im Amtlichen Handbuch des Deutschen Bundestages veröffentlicht.

Eine weitere Reform haben die Verhaltensregeln im Jahr 1995 erfahren. Wiederum war es eine Entscheidung des *Bundesverfassungsgerichts*, die Anlass zu Änderungen gab: Das Gericht hatte in der Entscheidung vom 9. April 1992 festgestellt, dass als Parteispenden auch geldwerte Zuwendungen aller Art, also auch die Zurverfügungstellung von sachlichen Mitteln, Personal oder vorhandenen Organisationsstrukturen zählen.[197] Daneben bemängelte das Gericht die unterschiedliche Handhabung von Partei- und Abgeordnetenspenden: Das *Bundesverfassungsgericht* stellte fest, dass § 44a AbgG i.V.m. § 4 Abs. 2 VR dahingehend verfassungskonform auszulegen sei, dass Spenden an Abgeordnete nicht nur angezeigt, sondern auch veröffentlicht werden müssten. Diese Forderungen des Gerichts setzte der Bundestag in seinen Verhaltensregeln um.[198]

---

193 Vgl. auch Herbertz, *Verhaltensregeln*, S. 33.

194 Vgl. BT-Drs. 10/6687, S. 8 f.

195 Vgl. auch *Becker*, Korruptionsbekämpfung S. 113.

196 BGBl. I 1987, S. 1758.

197 BVerfGE 85, 264 (320).

198 Vgl. BT-Drs. 13/834, S. 5.

Wenngleich dies die vorerst letzte Reform der Verhaltensregeln war, entstand ab Mitte des Jahres 1995 eine intensive Debatte über deren Fortentwicklung. Nachdem die bisherigen Regelungen eine umfassende Anzeigepflicht der Nebeneinkünfte statuierten, rückte nun immer mehr die Forderung nach einer Veröffentlichungspflicht derselben in den Mittelpunkt der Diskussion. In der 13. Wahlperiode des Deutschen Bundestages wurden mehrere parlamentarische Initiativen ergriffen, deren Ziel die dahingehende Änderung der Verhaltensregeln war. Die in den verschiedenen Anträgen vorgeschlagenen Varianten hatten ganz unterschiedliche Zielrichtungen: Angefangen von einer auf Einnahmen aus öffentlichen Kassen beschränkten Veröffentlichung[199], über die Verpflichtung zur Offenlegung von für das Mandat bedeutsamen Interessenverknüpfungen[200] bis hin zur vollständigen Veröffentlichung aller Einnahmen i.S.v. § 2 EStG[201].

Eine noch in der 12. Wahlperiode eingesetzte unabhängige Kommission (die sog. „*Kissel-Kommission*“) hatte sich in ihrem Bericht hingegen ausdrücklich gegen den „gläsernen Abgeordneten“ gewandt und dies insbesondere mit möglichen Wettbewerbsverzerrungen bei freiberuflich tätigen Abgeordneten gegenüber deren Konkurrenten begründet.[202] Am 12. Juni 1996 fand eine öffentliche Sachverständigenanhörung statt. In deren Verlauf wurde zwar deutlich, dass eine Veröffentlichung der Nebeneinkünfte von Abgeordneten nicht von vorneherein vollständig ausgeschlossen, jedoch mit zahlreichen (verfassungs-)rechtlichen wie auch tatsächlichen Problemen behaftet ist.[203]

Letztlich fanden die oben dargestellten Vorschläge allesamt keine Mehrheit im Parlament. Der Bundestag beschloss, der Empfehlung des 1. Ausschusses zu folgen und die bis dahin geltende Rechtslage unverändert beizubehalten.[204]

Auch wenn es sich bei den Verhaltensregeln um Selbstbeschränkungen handelt, die die Parlamentarier sich durch eigenen Beschluss auferlegen, darf dieser Befund nicht die Analyse ihrer Entstehungsgeschichte beschönigen: Die mit hehren Absichten gestarteten Initiativen, eine Ehrenordnung zu erlassen, blieben so lange wirkungslos, wie äußere Zwänge fehlten. Erst Skandale, der Druck der Öffentlichkeit sowie klare Aufforderungen des Bundesverfassungsgerichts brachten die Abgeordneten dazu, die Verhaltensregeln auch tatsächlich auf den Weg zu bringen.

---

199 BT-Drs. 13/8677.

200 BT-Drs. 13/3241 und BT-Drs. 13/9616.

201 BT-Drs. 13/2343, 13/3137, 13/3241, 13/3284.

202 Vgl. den Bericht der Kommission in BT-Drs. 12/5020, S. 19 ff.

203 Vgl. Protokoll der öffentlichen Anhörung vom 12. Juni 1996.

204 BT-Drs. 13 /9517.

4. Initiativen für eine Verfassungsänderung

Mehrmals waren Status und Entschädigung der Abgeordneten auch Gegenstand von verfassungsändernden Initiativen. Augenscheinlich waren diese getragen von dem Bemühen, die für die Parlamentarier vor allem in der öffentlichen Wirkung unangenehme und regelmäßig wiederkehrende Debatte um die Anpassung der Diäten anderweitig zu delegieren.[205]

Zunächst beschäftigte sich die im Zuge der Deutschen Wiedervereinigung eingesetzte Gemeinsame Verfassungskommission von Bundstag und Bundesrat[206] hiermit. Dort wurde der Vorschlag eingebracht, die Verantwortung für „die jeweilige Anpassung der Diäten aus dem parlamentarischen Raum herauszuverlagern“[207]. Begründet wurde dies mit einem unter geltendem Verfassungsrecht bestehenden Konflikt zwischen Rechtsstaats- und Demokratieprinzip: Die Entscheidung des Parlamentes über die Höhe der Entschädigung sei zwar notwendig im Sinne einer ununterbrochenen Legitimationskette, mache die Abgeordneten jedoch zu Richtern in eigener Sache.[208] Diese Spannung wollte die Gemeinsame Verfassungskommission zu Gunsten des Rechtsstaatsprinzips auflösen.

Die zuständigen Berichterstatter schlugen vor, Art. 48 Abs. 3 GG wie folgt zu ändern:

> „Die Abgeordneten haben Anspruch auf eine angemessene, ihre Unabhängigkeit sichernde Entschädigung und auf die zur Wahrnehmung ihrer Aufgaben erforderliche Ausstattung. Sie haben das Recht zur freien Benutzung aller staatlichen Verkehrsmittel. Über die jeweilige Höhe der Entschädigung und der zur persönlichen Ausstattung gehörenden Geldleistungen entscheidet eine vom Bundespräsidenten eingesetzte unabhängige Kommission. Das Nähere regelt ein Bundesgesetz.“

Nachdem die SPD-Mitglieder der Kommission den Vorschlag der Berichterstatter zum förmlichen Antrag erhoben, erhielt dieser bei der Abstimmung am 17. Juni 1993 20 Ja-Stimmen, 4 Nein-Stimmen und 15 Enthaltungen. Die nach Nr. 10 des Einsetzungsbeschlusses erforderliche Zweidrittelmehrheit war damit nicht erreicht und der Vorschlag abgelehnt. Die Stimmenthaltungen, mehrheitlich aus Reihen der CDU/CSU, wurden mit verfassungsrechtlichen und -

---

205 Vgl. *Klein*, in: FS-Blümel, S. 225 (235).

206 Dies geschah auf Grundlage von Art. 5 des Einigungsvertrages. Die Einsetzung geschah durch Beschluss des Bundestages vom 28. November 1991 (BT-Drs. 12/1590 und 12/1670) und des Bundesrates vom 29. November 1991 (BR-Drs. 741/91).

207 Bericht der Gemeinsamen Verfassungskommission vom 5. November 1993 (BR-Drs. 800/93=BT-Drs. 12/6000, S. 88 f.).

208 Bericht der Gemeinsamen Verfassungskommission vom 5. November 1993 (BR-Drs. 800/93=BT-Drs. 12/6000, S. 88 f.).

politischen Bedenken begründet: Eine Letztentscheidung über die Diätenfrage, die außerhalb des Parlamentes liege, sei politisch verfehlt und verfassungsrechtlich nicht haltbar.[209] Dabei beriefen sie sich auf die Feststellung des *Bundesverfassungsgerichts*, der Gesetzesvorbehalt für die Abgeordnetenentschädigung gehöre zu den „Essentialien des demokratischen Prinzips“[210] und sei durch Art. 79 Abs. 3 GG einer Verfassungsänderung entzogen.[211]

Einen zweiten Versuch mit ähnlicher Zielrichtung unternahmen die Fraktionen von CDU/CSU und SPD[212] im Jahr 1995.[213]

Art. 48 Abs. 3 GG sollte folgenden Wortlaut erhalten:

> „Die Abgeordnetenentschädigung bestimmt sich nach den Jahresbezügen eines Richters an einem obersten Bundesgericht. Das Nähere, insbesondere über die Abgeordneten- und Altersentschädigung sowie die Amtsausstattung, wird durch Bundesgesetz oder aufgrund eines Bundesgesetzes geregelt.“

Begründet wurde dieser Vorstoß mit anhaltenden Schwierigkeiten bei der Ausfüllung des Begriffs der Angemessenheit in Art. 48 Abs. 3 GG.[214] Das geltende (Verfassungs-)Recht, so die Antragsteller, biete keine sichere Gewähr dafür, dass die aktuelle Entschädigung im Hinblick auf die allgemeine Einkommensentwicklung der Bevölkerung angemessen sei.[215] Die Kopplung an Bezüge von obersten Bundesrichtern sei angezeigt, da diese über eine ebenfalls grundgesetzlich abgesicherte Unabhängigkeit (Art. 97 Abs. 1 GG) verfügten.[216]

In einem zweiten, gleichzeitig eingebrachten Entwurf sollte daran anschließend das Abgeordnetengesetz (sowie das Europaabgeordnetengesetz) geändert werden, um die verfassungsrechtlichen Vorgaben des neuen Art. 48 Abs. 3 GG näher auszugestalten.[217] Das Vorhaben führte zu einem heftigen Schlagabtausch

---

209 Zusammenfassend zu dieser Diskussion auch *Klein*, in: Maunz/Dürig, GG, Art. 48, Rdn. 20.

210 BVerfGE 40, 296 (319).

211 Bericht der Gemeinsamen Verfassungskommission vom 5. November 1993 (BR-Drs. 800/93=BT-Drs. 12/6000, S. 89).

212 Das hier erfolgte Miteinander einer „Großen Koalition“ ist durchaus bemerkenswert, da zu dieser Zeit CDU/CSU und F.D.P. die Mehrheit im Parlament und damit die Bundesregierung stellten.

213 BT-Drs. 13/1824.

214 Von der Begleitung dieser Diskussion durch eine „beispiellose, vom Bund der Steuerzahler gesteuerten publizistischen Kampagne“ spricht in diesem Zusammenhang *Klein*, in: Maunz/Dürig, GG, Art. 48, Rdn. 22.

215 BT-Drs. 13/1824, S. 1.

216 BT-Drs. 13/1824, S. 4.

217 BT-Drs. 13/1825.

im Parlament und zu deutlichen Reaktionen in Öffentlichkeit und Medien.[218] Letztlich wurde das Vorhaben jedoch vom Deutschen Bundestag mit der notwendigen verfassungsändernden Zweidrittelmehrheit angenommen: 505 Abgeordnete stimmten mit Ja, 139 mit Nein, 5 enthielten sich.[219]

Doch auch nach dieser eindeutigen Parlamentsentscheidung flachte die Welle der Empörung nicht ab. Im Gegenteil: Mit einem von 86 deutschen Staatsrechtslehrern unterschriebenen Manifest fand sie einen neuen Höhepunkt.[220] Mit eindringlichen Worten warnten sie vor der Festlegung von Automatismen für Diätenerhöhungen, in der sie eine „beabsichtigte Selbstbegünstigung des amtierenden Parlamentes [und] eine ernste Gefahr für die demokratische Kultur in der Bundesrepublik Deutschland“[221] sahen. Dieser Aufruf verfehlte seine Wirkung nicht: Der Bundesrat versagte der Grundgesetzänderung die gem. Art. 79 Abs. 2 GG erforderliche Zustimmung. Es blieb somit bei der hergebrachten Fassung von Art. 48 Abs. 3 GG; nach wie vor müssen die Parlamentarier selbst über die Höhe ihrer Diäten entscheiden.

---

218 Vgl. hierzu die weiteren Nachweise bei *Klein*, in: FS-Blümel, S. 225 (237). *Klein* spricht von „Stürmen der Entrüstung“ und „bis zur Hysterie steigernde Empörung“.

219 Vgl. BT-Protokoll, 13. WP, 55. Sitzung, S. 4584 ff.

220 Abdruck bei *Schmitt Glaeser*, in: FS-Stern, S. 1183 ff., Fn. 19. Kritisch zu diesem Appell *Linck*, ZParl 1995, 683 ff.

221 Abdruck bei *Schmitt Glaeser*, in: FS-Stern, S. 1183 ff., Fn. 19.

E. Der Begriff der Repräsentation

Die dargestellte Entwicklung von Entschädigung und Rechtsstellung der Amts- und Mandatsträger findet ihre geistesgeschichtliche Parallele in der Diskussion über den Begriff der Repräsentation. Auch wenn die Einordnung der Bundesrepublik als „repräsentative Demokratie" heute in Rechtswissenschaft, Politik und Öffentlichkeit zum Allgemeingut gehört[222], hat der Terminus „Repräsentation" zahlreiche Deutungen, Ausprägungen und auch Wandlungen erfahren.[223] Der Begriff ist eng verknüpft mit dem freien Mandat[224] und Art. 38 Abs. 1 S. 2 GG gleichsam vorgelagert. Für die verfassungsrechtliche Stellung des einzelnen Abgeordneten ist er grundlegend, weshalb er einer näheren Untersuchung bedarf.

I. Begriffs- und Ideengeschichte der Repräsentation – Schlaglichter

Das Wort Repräsentation entstammt dem lateinischen *repraesentatio*.[225] In Wörterbüchern wird das Substantiv allgemein mit „Vergegenwärtigung" oder „bildlicher Darstellung" übersetzt.[226] Der Begriff umschreibt also einen Vorgang, der etwas bereits Bestehendes auf eine neue oder zumindest andere Ebene hebt. Dabei erstreckt er sich sowohl auf den Prozess wie auch auf das Ergebnis des Vorgangs.[227] Den tatsächlichen Sprachgebrauch haben insbesondere *Hofmann*[228] und *Rausch*[229] näher untersucht. *Hofmann* führt aus, dass *repraesentatio* in den Jahrhunderten um Christi Geburt nicht für die Wiedervergegenwärtigung von Vergangenem, sondern auch für die Perspektive der Zukunft und allgemein für den Akt des „Sichtbar-Machens" verwendet wurde. *Rausch* ordnet den Sprachgebrauch im antiken Rom in sieben Gruppen ein: Existenzwerden eines Seien-

222 Vgl. hierzu nur die Rechtsprechung des BVerfG, das in den unterschiedlichsten Zusammenhängen den „Grundsatz der repräsentativen Demokratie" betont. So z.B. in BVerfGE 3, 19 (26); 20, 162 (175); 41, 399 (414); 42, 312 (341); 56, 396 (405).

223 Vgl. *Hofmann/Dreier*, in: Schneider/Zeh (Hrsg.), Parlamentsrecht und Parlamentspraxis, § 5, Rdn. 1. Von einem „proteusartigen" Begriff spricht *Brunhöber* (Die Erfindung „demokratischer Repräsentation" in den Federalist Papers, S. 4).

224 Nicht selten wird daher stattdessen auch synonym vom „repräsentativen Mandat" gesprochen (Vgl. nur *Heinz*, Gesetzgebung, S. 404 ff.).

225 *Kimme*, Repräsentativsystem, S. 22.

226 *Georges*, Handwörterbuch, Sp. 2329.

227 So auch *Kimme*, Repräsentativsystem, S. 23.

228 *Hofmann*, Repräsentation, S. 39 ff.

229 *Rausch*, Repräsentation und Repräsentativverfassung, S. 39 ff.

den, Vorstellung im Geist, Darstellung, Ersetzen, plötzlich eintretendes Ereignis, Barzahlung und Eintreffen eines Ereignisses. Diese Dimensionen des Begriffs haben mit dem, was wir heute unter Repräsentation verstehen, zunächst wenig gemein. Allerdings weist *Rausch* an anderer Stelle darauf hin, dass das Verb *repraesentare* in der römischen Antike auch im Zusammenhang mit Versammlungen von Menschen verwendet wurde und sich damit der heutigen Wortbedeutung zumindest annäherte.

Im Griechischen existiert der Begriff der Repräsentation nicht.[230] Allerdings weist die Struktur namentlich der frühen athenischen Demokratie[231] mit Rat, Nomotheten und Strategen trotz der ausgeprägten unmittelbaren Elemente auch erste Repräsentativstrukturen auf.[232]

Umfassende Durchdringung erfährt der Repräsentationsbegriff jedoch erst im Mittelalter. In der katholischen Konkordanzlehre *Nikolaus von Kues`* (1401 bis 1464) stellt der Begriff *repraesentatio* die „Leitidee" dar.[233] In der Auseinandersetzung mit theologischen Fragen seiner Zeit sieht *Cusanus* im Konzil der Gesamtkirche den mystischen Leib Christi und im Papst die Einheit der Kirche repräsentiert. Nach seinem Repräsentationsverständnis ist – abstrakt gesprochen – die Gesamtheit zu einer den Einzelnen übersteigenden, mystischen Einheit verbunden, ohne dass den Repräsentierten ein Kontrollmechanismus gegenüber ihren Repräsentanten zukommt.[234] Auch wenn *Cusanus'* Theorien ihren Ursprung und Zweck in der Theologie hatten, wurden seine Überlegungen gerade im Hinblick der Unabhängigkeit der Repräsentanten heute für die Entwicklung des repräsentativen Parlamentarismus als maßgeblich und wegweisend betrachtet.[235]

Ein ganz anderes Konzept von Repräsentation entwickelt *Thomas Hobbes* (1588 bis 1679): In seinem Hauptwerk *Leviathan* beschreibt er den menschlichen Naturzustand als Krieg „aller gegen alle"[236]. Da hier kein Gemeinwille bestehe, sei eine Befriedung nur in der Übertragung der Herrschaft auf den Staat denkbar. Die vollkommenste Repräsentation sieht er in der einen Person eines absolutistischen Monarchen. Erst hier, im Repräsentanten selbst, könne die Einheit der Vertretenen entstehen. Jeder einzelne muss sich nach *Hobbes`* Kon-

230 Vgl. hierzu *Kimme*, Repräsentativsystem, S. 22 m.w.N.
231 Vgl. hierzu auch Teil C. I. 1. der Arbeit.
232 Vgl. *Kimme*, Repräsentativsystem, S. 44.
233 *Haubst*, in: Zimmermann (Hrsg.), S. 139 (148).
234 Vgl. *Kimme*, Repräsentativsystem, S. 54.
235 Vgl. *Maritain*, in: Kurz (Hrsg.), Volkssouveränität und Volksrepräsentation, S. 254.
236 *Hobbes*, Leviathan, Kap. XVII, S. 151 ff.

struktion das Handeln des Herrschers als eigenes zurechnen lassen.[237] *Kimme* weist zutreffend darauf hin, dass *Hobbes'* Ideen zwar die Legitimation von Macht erfassen, aufgrund der fehlenden rechtlichen und faktischen Rückkopplung aber kein repräsentatives System begründen können.[238]

Einen wichtigen Beitrag zur Entwicklung des Repräsentationsgedankens hat *Charles Montesquieu* (1685 bis 1755) geleistet. In seinem Buch *De l'Esprit des lois* erklärt er Repräsentation im Sinne eines freien Mandats zur Voraussetzung der von ihm begründeten Lehre von der Gewaltenteilung. Zur Machtbegrenzung schlug er eine gegenseitige Kontrolle der Repräsentanten in den verschiedenen Funktionen vor. So wichtig die pragmatischen Überlegungen von *Montesquieu* für die tatsächliche und schließlich weltweite Ausbreitung des Repräsentativsystems waren, so wenig trug er jedoch zur theoretischen Untermauerung des Begriffs bei.[239]

Jean-Jacques Rousseau (1712 bis 1778) hat zwar Bahnbrechendes für die Entwicklung der Idee der Volksherrschaft geleistet[240] – Repräsentation im Bereich der Gesetzgebung lehnte er jedoch ausdrücklich ab und sah in ihr sogar eine verkappte Form der Knechtschaft[241]. Er setzte vielmehr auf direkte, identitäre Versammlungsdemokratie. Das Recht zur Gesetzgebung sah er unteilbar und unveräußerlich beim Volk selbst. Kurioserweise hat der wesentliche Grundgedanke *Rousseaus* nach der amerikanischen und französischen Revolution eine Umsetzung dort jeweils in repräsentativen Verfassungen erfahren.[242]

Gleichwohl trägt gerade die französische Revolutionsverfassung von 1791 auch die deutliche Handschrift von *Abbé Sieyès* (1748 bis 1836), der dem Repräsentativsystem ein theoretisches Fundament gegeben hat. Er sah in der Gründung der Nation durch individuelle Willensakte die Grundlage jeder politischen Gesellschaft. Nach diesem Gründungsakt sei der Wille des Einzelnen unmaßgeblich und nur noch der Gemeinschaftswille entscheidend. Die Souveränität, also die Herrschaft über die Verfassung, verbleibt nach der Vorstellung *Sieyès* jedoch bei der Nation; den Repräsentanten wird lediglich das Recht zu deren Ausübung übertragen. *Sieyès* Verdienst ist die Durchdringung der Repräsentation als staatsrechtliches Strukturprinzip, dessen Ziel und Grundlage die Freiheit

---

237 *Hobbes*, Leviathan, Kap XVIII, S. 156 f. („Jeder von ihnen wird dadurch verpflichtet, er mag demselben seine Stimme gegeben haben oder nicht, dem zu gehorchen, den die größere Anzahl gewählt hat; und er muss von der Zeit an dessen Handlungen als eine eigenen ansehen.").

238 *Kimme*, Repräsentativsystem, S. 66.

239 *Kimme*, Repräsentativsystem, S. 71.

240 Vgl. *Dreier*, in: Dreier, GG, Bd. II, Art. 20 (Demokratie), Rdn. 10.

241 Vgl. hierzu *Rousseau*, Contrat social, 3. Buch, Kap. 15, S. 178 ff.

242 Vgl. *Dreier*, in: Dreier, GG, Bd. II, Art. 20 (Demokratie), Rdn. 11.

ist. Er sah in jedem einzelnen Abgeordneten einen Repräsentanten der gesamten Nation.[243] Durch die Arbeitsteilung verschiedener Repräsentationsorgane wollte er die Leistungsfähigkeit des politischen Systems steigern und gesellschaftlichen Fortschritt ermöglichen.[244] Insoweit kann man hier eine Weiterentwicklung und Ausdifferenzierung der Gewaltenteilungslehre von *Montesquieu* beobachten.

Grundlegend für die Organisation repräsentativ-demokratischer Herrschaft waren die US-amerikanischen *Federalist Papers* aus den Jahren 1787/1788. Die unter Pseudonym veröffentlichten Kommentare behandelten den Verfassungsentwurf der Philadelphia Convention und hatten das Ziel, die noch zögerliche Bevölkerung zur Annahme derselben zu bewegen. Die *Federalist Papers* gelten heute als eine der „bedeutsamsten Arbeiten zur politischen Theorie und ein Schlüsselwerk für das Verständnis des modernen Verfassungsstaates“[245]. Ihr besonderes Verdienst besteht darin, dass sie ein überzeugendes Konzept des Miteinanders von Volkssouveränität, Interessenpluralismus und Repräsentation im föderalen Großflächenstaat entwickelt haben.[246]

In Deutschland setzte sich die repräsentative Konstruktion eines Parlamentes erstmals im Reichstag der Paulskirchenverfassung durch.[247] Zur Weiterentwicklung des Begriffs der Repräsentation hat in Deutschland zunächst *Hans Kelsen* (1881 bis 1973) Wesentliches beigetragen. Zwar war er kein überzeugter Anhänger eines Repräsentativsystems, jedoch hielt er die Umsetzung der aus seiner Sicht eigentlichen, unmittelbaren Demokratie für unrealistisch. In der Entscheidungsfindung durch eine repräsentative Vertreterversammlung sah er den Notbehelf, um die Defizite der direkten Entscheidung durch das Volk kompensieren zu können.[248] *Kelsen* trennt dabei strikt zwischen den Staatsorganen Parlament und Staatsvolk. Entschieden lehnt er die Vorstellung ab, dass das Parlament lediglich einen vorgelagerten Volkswillen repräsentiere. Vielmehr will er den im Parlament gefassten Organwillen dem Volk zurechnen.[249]

---

243 Vgl. *Kimme*, Repräsentativsystem, S. 77 f.

244 Vgl. *Dreier*, in: Dreier, GG, Bd. II, Art. 20 (Demokratie), Rdn. 11; *Hofmann/Dreier*, in: Schneider/Zeh, Parlamentsrecht und Parlamentspraxis, § 5, Rdn. 13; *Kimme*, Repräsentativsystem, S. 77.

245 So wörtlich *Zimmermann*, NJW 2010, 3343 (3346).

246 Vgl. hierzu ausführlich *Brunhöber*, Federalist Papers.

247 Vgl. hierzu *Kimme*, Repräsentativsystem, S. 85. *Kimme* weist jedoch auch darauf hin, dass dem Reichstag eine monarchische Exekutive gegenüberstand.

248 Vgl. *Hofmann/Dreier*, in: Schneider/Zeh (Hrsg.), Parlamentsrecht und Parlamentspraxis, § 5, Rdn. 14.

249 Zur Repräsentationstheorie *Kelsens* ausführlich: *Jestaedt/Lepsius*, in: dies. (Hrsg.), Hans Kelsen, S. XX f.

In der weiteren deutschen Staatsrechtslehre hat vor allem *Carl Schmitt* (1888 bis 1985) die Diskussion um den Repräsentationsbegriff geprägt.[250] Im Repräsentieren sah er „ein unsichtbares Sein durch ein öffentlich anwesendes Sein sichtbar machen und vergegenwärtigen“[251]. Im Vorgang der Repräsentation komme „eine höhere Art des Seins zur konkreten Erscheinung“[252]. Mit diesen fast theologisch anmutenden Wendungen hat *Carl Schmitt* den Begriff der Repräsentation auf eine neue Ebene gehoben.[253] Eine zentrale Rolle nimmt auch der Begriff der Identität ein: Diese ist nach *Carl Schmitt* das Formprinzip der Demokratie.[254]

Carl Schmitt geht davon aus, dass Repräsentierte und Repräsentanten einer gehobenen Wertsphäre zuzuordnen und in dieser miteinander verwoben seien. Aus seiner Vorstellung, dass durch den Repräsentationsprozess das in seiner Einheit real nicht anwesende Volk sichtbar gemacht werden müsse, folgert er, dass Repräsentation nur in der Öffentlichkeit erfolgen könne.[255] Die Repräsentanten müssten sich daher durch eine personale Würde auszeichnen, aus der dann die persönliche Unabhängigkeit in der Wahrnehmung des Amtes folge.[256] Der parlamentarischen Demokratie steht *Carl Schmitt* indes eher skeptisch gegenüber.[257] Die absolute Repräsentation sieht er im Absolutismus.[258] Trotzdem hat seine Repräsentationstheorie die Diskussion um den Begriff bis in die heutige Zeit hinein stark beeinflusst.[259]

In besonderem Maße hat *Carl Schmitt* die Repräsentationslehre von *Gerhard Leibholz* (1901 bis 1982) geprägt. Auch dieser ordnete Repräsentation einer höheren Wertesphäre zu und forderte von den Repräsentanten ein besonderes würde- und hoheitsvolles Auftreten.[260] Ebenfalls sieht *Leibholz* das Merkmal

---

250 *Rühl*, Der Staat 89, 23 (33 f.).

251 *C. Schmitt*, Verfassungslehre, S. 209.

252 *C. Schmitt*, Verfassungslehre, S. 210.

253 Kritisch hierzu *Hofmann/Dreier* (in: Schneider/Zeh, Parlamentsrecht und Parlamentspraxis, § 5, Rdn. 10), die von einem „höchst fragwürdigen Repräsentations-Idealismus“ sprechen.

254 *C. Schmitt*, Verfassungslehre, S, 204 ff.

255 *C. Schmitt*, Verfassungslehre, S. 208, 210.

256 *C. Schmitt*, Verfassungslehre, S. 212.

257 Insbesondere mit dem Parlamentarismus der Weimarer Republik geht *C. Schmitt* hart ins Gericht: Er spricht von einer „künstlichen Maschinerie“ (Lage des Parlamentarismus, S. 23) und beklagt, dass der Fraktionszwang der Abgeordneten mit ihrer Repräsentantenstellung unvereinbar sei (Verfassungslehre, S. 219).

258 *C. Schmitt*, Verfasssungslehre, S. 205, 214.

259 *Wefelmeier*, Repräsentation, S. 55.

260 *Leibholz,* Wesen der Repräsentation, S. 32 ff.

der Öffentlichkeit als wesentlichen Bestandteil von Repräsentation. Aus deren werthaftem Charakter erwachse eine „Tendenz zur Publizität“[261].

Intensiv setzte sich *Leibholz* mit der Realität der Weimarer Republik auseinander und erkennt hier eine schwere Krise des Repräsentativsystems überhaupt. Die auffällig starke Abhängigkeit der Abgeordneten von ihrer Partei sei mit dem Wesen der Repräsentation unvereinbar.[262] Tatsächlich habe sich die Weimarer Republik zu einem „Parteienstaat“ entwickelt; später ordnete *Leibholz* an anderer Stelle die Parlamente als „plebiszitäre Hilfsorganisationen“ ohne wirklichen Repräsentationscharakter ein.[263] Bis heute ist der Name *Leibholz'* untrennbar verbunden mit der von ihm entwickelten „Parteienstaatslehre“. Diese Begrifflichkeit prägte er als Wissenschaftler und brachte sie hiernach auch als Richter am Bundesverfassungsgericht zur Wirkung[264]. Bei dem „Parteienstaat“ handelt es sich weniger um einen Rechtsbegriff als um eine Umschreibung der tatsächlichen Gegebenheiten.[265] Zutreffend hat *Leibholz* die tragende Funktion der Parteien im modernen Verfassungsstaat umschrieben und damit das „Versteckspiel des Staatsrechts gegenüber den Parteien“[266] beendet. Die heutige, vornehmlich negative Konnotation des Begriffs „Parteienstaat“ lässt sich teils mit dem weiter gestiegenen Einfluss der Parteien, teils auch mit missverständlichen Formulierungen von *Leibholz* selbst erklären.[267]

Die Ideen von *C. Schmitt* und *Leibholz* haben neben Zustimmung auch deutliche Kritik hervorgerufen.[268] Hier wird u.a. vorgebracht, dass beide ihre Vorstellung von Werterfordernis und Wesenskern der Repräsentation im Wesentlichen mit einer Begriffsauslegung[269] begründeten, die angesichts der Vielzahl der tatsächlichen Bedeutungen nicht überzeugen könne.[270]

Insgesamt fällt es schwer, eine einheitliche Entwicklungslinie in der Deutung des Repräsentationsbegriffs auszumachen. Zu unterschiedlich waren die äußeren Bedingungen der jeweiligen Zeit, aber auch die Vorfestlegungen der einzelnen Autoren. Während einige einen eher pragmatischen Ansatz verfolgten,

---

261 *Leibholz*, Wesen der Repräsentation, S. 176.

262 *Leibholz*, Wesen der Repräsentation, S. 100.

263 vgl. hierzu *van Ooyen*, JJZG 8 (2006/2007), S. 359 ff. *Leibholz* war später auch als Richter am Bundesverfassungsgericht tätig und dort u.a. für Parlaments- und Parteienrecht zuständig. Er gilt als Urheber der „Parteienstaatslehre“.

264 Deutlich in BVerfGE 1, 208 (224): „Heute ist jede Demokratie zwangsläufig ein Parteienstaat (…)“.

265 *Klein*, in: Maunz/Dürig, GG, Art. 21, Rdn. 180.

266 *Radbruch*, Anschütz/Thomas (Hrsg.), S. 289 f.

267 Vgl. hierzu *Klein*, in: Maunz/Dürig, GG, Art. 20, Rdn. 181 f.

268 Vgl. hierzu *Wefelmeier*, Repräsentation, S. 62 ff.

269 „Sprachgefühl“, vgl. *Leibholz*, Wesen der Repräsentation, S. 34.

270 *Wefelmeier*, Repräsentation, S. 62.

suchten andere den Begriff mit fast mythischen Elementen einzukleiden. Es zeigt sich jedenfalls, dass es eine allgemeingültige, systemunabhängige Definition des Repräsentationsbegriffs nicht gibt. Offensichtlich ist die Auslegung vielmehr abhängig von den gesellschaftlichen Rahmenbedingungen und dem politischen System.[271] Trotzdem weisen die Verfassungen der modernen Staaten – teils ausdrücklich, teils unbewusst – immer wieder Bezüge zu den dargestellten Repräsentationsvorstellungen auf.[272] Nach alldem ist zu klären, welches spezifische Verständnis von Repräsentation der deutschen Verfassung zu Grunde liegt.

II. Repräsentation und Grundgesetz

Das Grundgesetz selbst kennt den Begriff der Repräsentation nicht und enthält daher auch keine verbindliche Definition. Jedoch umschreiben verschiedene Artikel der Verfassung den repräsentativen Charakter der bundesrepublikanischen Demokratie. Ausgangspunkt ist zunächst die Feststellung von Art. 20 Abs. 2 S. 1 GG: „Alle Staatsgewalt geht vom Volke aus." Dieser Satz manifestiert das Bekenntnis des Grundgesetzes zum Prinzip der Volkssouveränität; er steht unter der Ewigkeitsklausel von Art. 79 Abs. 3 GG. Damit wird dem Volk das oberste Herrschaftsrecht und die Letztentscheidungskompetenz zugesprochen.[273] Es ist „Ursprung und Träger der Staatsgewalt"[274].

Konkretisiert wird dies in Art. 20 Abs. 2 S. 2 GG, wonach die Staatsgewalt „vom Volke in Wahlen und Abstimmungen und durch besondere Organe der Gesetzgebung, der vollziehenden Gewalt und der Rechtsprechung ausgeübt wird". Die hiermit beschriebene Ausgestaltung der Volkssouveränität nach dem Grundgesetz ist zugleich eine Absage an eine vollständig unmittelbare Demokratie. Auch wenn Art. 20 Abs. 2 S. 1 GG nach dem Wortlaut zunächst auch eine andere Schlussfolgerung zuließe, verdeutlicht Satz 2, dass die Verfassung eine parlamentarisch-repräsentative Demokratie mit lediglich einzelnen plebiszitären Elementen errichten will.[275]

---

271 So auch *Wefelmeier*, Repräsentation, S. 54.

272 *Butzer* (in: Epping/Hillgruber, GG, Art. 38, Rdn. 3.1) weist indes zutreffend darauf hin, dass Art. 38 GG aus dem Grundgesetz selbst heraus zu verstehen sei und demgegenüber Interpretationen anderer Verfassungen und Epochen zurückgestellt werden müssten.

273 *Wefelmeier*, Repräsentation, S. 73.

274 *Dreier*, in: Dreier, GG, Bd. II, Art. 20 (Demokratie), Rdn. 88.

275 Vgl. zu den Möglichkeiten und Grenzen direkter Demokratie unter dem Grundgesetz *Dreier*, in: Dreier, GG, Bd. II, Art. 20 (Demokratie), Rdn. 106 ff., der die direktdemokratischen Elemente als „punktuelle Ergänzung", nicht jedoch als Ersatz des Repräsentativsystems sieht (Rdn. 108).

Die demokratische Legitimation des Parlamentes findet ihre Begründung in der Wahl der Abgeordneten.[276] Dieser Wahlakt legt das Band zwischen Volk[277] und Volksvertreter einerseits sowie die innere Verbindung zwischen Art. 20 Abs. 2 GG und Art. 38 Abs. 1 GG andererseits. Art. 38 Abs. 1 GG nennt in Satz 1 zunächst die Wahlgrundsätze (allgemein, unmittelbar, frei, gleich und geheim). Bedeutender für die Untersuchung des Repräsentationsverständnisses des Grundgesetzes ist jedoch Satz 2: „Die Abgeordneten sind Vertreter des ganzen Volkes, an Aufträge und Weisungen nicht gebunden und nur ihrem Gewissen unterworfen."

Der erste Teil des Satzes bringt das Repräsentationsprinzip prägnant zum Ausdruck: Die Mitglieder des Bundestages handeln als Vertreter des Gesamtvolkes an dessen Stelle.[278] Durch diesen Vorgang wird die vorhandene Vielzahl der Bürger politisch entscheidungsfähig und dadurch dem Postulat der Volkssouveränität aus Art. 20 Abs. 2 S. 1 GG Geltung verschafft.[279] Wenn die Verfassung von den Abgeordneten als Vertretern des ganzen Volkes spricht, erinnert dies durchaus an rechtsgeschäftliche Kategorien des Zivilrechts.[280] Gem. § 164 Abs. 1 BGB wirkt hier die Willenserklärung eines Vertreters unmittelbar für und gegen den Vertretenen. Dieser Vergleich ist insoweit zutreffend, als die von den Abgeordneten vertretenen Staatsbürger an die vom Gesetzgeber beschlossenen verfassungsgemäßen Gesetze gebunden sind und insgesamt der Staatsgewalt unterstehen. Eine rechtliche Zurechnung zwischen Volk und Abgeordneten findet im staatsrechtlichen Bereich jedoch gerade nicht statt. Die Zurechnung erfolgt im Verhältnis Parlament zu Staat; die zweifellos notwendige Verbindung des Abgeordneten zum Bürger ist politischer und nicht rechtlicher Natur.[281]

---

276 BVerfGE 20, 56 (113); 29, 145 (164 f.); *Hofmann*, in: Schmidt-Bleibtreu/Hofmann/Hopfauf, GG, Art. 20, Rdn. 47.

277 Bei dem Volk, das die Staatsgewalt gem. Art. 20 Abs. 2 S. 1 GG ausübt, handelt es sich um die deutschen Staatsangehörigen und die ihnen nach Art. 116 Abs. 1 GG gleichgestellten Personen.

278 *Demmler*, Abgeordneter im Parlament der Fraktionen, S. 72.

279 *Morlok*, in: Dreier, GG, Bd. II, Art. 38, Rdn. 31.

280 *Meyer* will gar auf den „dunklen und schillernden" Begriff der Repräsentation ganz verzichten und stattdessen in diesem Zusammenhang schlicht von Vertretung sprechen. Dies sei „sehr viel realistischer und den Wortlaut des Grundgesetzes allein ernst nehmend", vgl. *Meyer*, in: Schneider/Zeh (Hrsg.), Parlamentsrecht und Parlamentspraxis, § 4, Rdn. 9.

281 *Badura*, in: Bonner Kommentar GG, Art. 38, Rdn. 31 („Ein Rechtsverhältnis [...] besteht nicht [...]).

1. Individual- oder Kollektivrepräsentation?

Beachtung verdient weiterhin die Tatsache, dass Art. 38 Abs. 2 S. 2 GG von den Abgeordneten als Vertretern des ganzen Volkes im Plural spricht („Sie sind…"). Dies wirft die Frage auf, ob schon jeder einzelne Parlamentarier oder nur der Bundestag in seiner Gesamtheit das Volk repräsentieren kann; ob mithin also das Grundgesetz von Individual- oder Kollektivrepräsentation ausgeht. Diese Weichenstellung ist durchaus entscheidend für die Beurteilung der Stellung des einzelnen Abgeordneten.

Teilweise wird auf die sehr unterschiedlichen, nicht selten sogar gegensätzlichen Interessen innerhalb der Wählerschaft hingewiesen, die ein einzelner Abgeordneter unmöglich in seiner Person vereinen und somit repräsentieren könne.[282] Auch beim Blick auf die politische Realität wird man nur schwerlich annehmen können, dass beispielsweise ein Abgeordneter aus einem ländlichen Wahlkreis im Allgäu Vertreter eines Bürgers ist, der in einem Randbezirk von Berlin seinen Lebensmittelpunkt hat. Vielmehr werden die Abgeordneten heute als Vertreter ganz spezifischer Interessen wahrgenommen: Dies kann sich bei dem parlamentarischen Einsatz für die dringend notwendige Ortsumgehung im eigenen Wahlkreis, aber auch im Engagement für die Anliegen der eigenen Partei zeigen.[283] Demnach sprechen die tatsächlichen Gegebenheiten zunächst für die Kollektivrepräsentation. So betrachtet wären die Abgeordneten lediglich Repräsentanten ihrer jeweils eigenen Wähler und Exponenten ihrer Partei.[284] Dieses Ergebnis findet eine Stütze in dem Wortlaut von Art. 38 Abs. 1 S. 2 GG, der – wie schon erwähnt – die Abgeordneten im Plural nennt.[285]

Allerdings sprechen auch gewichtige Gründe dagegen, die Formulierung der Norm dahingehend auszulegen: Immerhin kann hieraus nicht zwingend geschlossen werden, dass ausschließlich die Abgeordneten in ihrer Gesamtheit das deutsche Volk repräsentieren – es ist ebenso denkbar, dass auch das einzelne bzw. mehrere Mitglieder des Parlamentes die Wahlberechtigten repräsentieren. Auch hierfür lässt sich wiederum der tatsächliche parlamentarische Betrieb ins Feld führen: Denn in den seltensten Fällen trifft der Bundestag Entscheidungen, an denen tatsächlich alle Abgeordneten mitgewirkt haben. Vielmehr ist der Beratungsgang insbesondere durch die notwendige Arbeitsteilung innerhalb der

282 *Hofmann/Dreier*, in: Schneider/Zeh (Hrsg.), Parlamentsrecht und Parlamentspraxis, § 5, Rdn. 27; *Meyer*, VVDStRL 33 (1975), 69 (93). *Meyer* fordert hier „Nüchternheit" bei der Auslegung von Art. 38 Abs. 1 S. 2 GG („Der Abgeordnete ist Abgeordneter von Parteignaden").

283 Kritisch hierzu *Rensen*, in: Emmenegger/Wiedmann (Hrsg.), S. 493 (507).

284 So auch *Meyn*, Kontrolle als Verfassungsprinzip, S. 266.

285 Vgl. *Demmler*, Abgeordnete im Parlament der Fraktionen, S. 82

Fraktionen und die Regelungen der Geschäftsordnung so gestaltet, dass oft nur Teile des Parlamentes Sachentscheidungen treffen.[286] Diese gängige parlamentarische Praxis hat auch das *Bundesverfassungsgericht* ausdrücklich bestätigt.[287] Nach dieser Rechtsprechung genügen die Regelungen der GOBT zur Beschlussfähigkeit des Bundestages dann den Anforderungen von Art. 20 Abs. 2 GG, wenn den einzelnen Mitgliedern eine „Mitwirkung in dem von der Sache her gebotenen Umfang"[288] ermöglicht wird. Auf die tatsächlich erfolgte Mitwirkung des Abgeordneten kommt es demnach nicht an.

Zu der eigentlichen Kernfrage, ob Art. 38 Abs. 1 S. 2 GG ein System der Einzel- oder Kollektivrepräsentation vorsieht, hat sich das *Bundesverfassungsgericht* unterschiedlich geäußert[289]: Einer frühen Stellungnahme des Gerichts lässt sich deutlich die Auffassung entnehmen, schon jeder einzelne Abgeordnete sei Vertreter des ganzen Volkes.[290] Spätere Entscheidungen ergreifen ebenso klar Position für die Kollektivrepräsentation.[291] Dezidiert äußert sich das *Bundesverfassungsgericht*: „ …jeder Abgeordnete ist Vertreter des ganzen Volkes."[292] In der für diese Arbeit maßgeblichen Entscheidung spricht die Senatsmehrheit des *Bundesverfassungsgerichts* ausdrücklich von „dem Abgeordneten" (im Singular) „als Vertreter des ganzen Volkes"[293]; noch deutlicher führen die das Urteil nicht tragenden Richter aus: „Durch ihn wird das Volk im Parlament repräsentiert."[294]

Angezeigt erscheint auch ein Blick auf die Systematik von Art. 38 Abs. 1 S. 2 GG. Dort wird das Gewissen zur letztlich allein entscheidenden Instanz für das Abstimmungsverhalten des Abgeordneten erhoben. Auch hier wird der Plural verwendet („Sie sind […] nur ihrem Gewissen unterworfen"). Das Gewissen allerdings ist etwas höchstpersönlich-individuelles: Träger von Gewissen kann immer nur der einzelne Abgeordnete, niemals eine Gruppe oder gar ein staatli-

286 Dies gilt nicht nur für Beratung und Beschlussfassung in den Ausschüssen, sondern insbesondere auch für die Abstimmung im Plenum: Gem. § 45 Abs. 1 GOBT ist der Bundestag zwar nur dann beschlussfähig, wenn mehr als die Hälfte seiner Mitglieder im Sitzungssaal anwesend ist. Die Beschlussunfähigkeit tritt jedoch nicht automatisch ein, sondern muss positiv festgestellt werden. Antragsberechtigt für diese Feststellung sind die einzelnen Fraktionen, fünf Prozent der Mitglieder des Bundestages sowie der Sitzungsvorstand im Einvernehmen mit den Fraktionen (§ 45 Abs. 2 GOBT).

287 BVerfGE 44, 308 ff.

288 BVerfGE 44, 308 (316).

289 Vgl. hierzu auch *Cremer*, Anwendungsorientierte Verfassungsauslegung, S. 221.

290 BVerfGE 2, 1 (72).

291 BVerfGE 80, 188 (218); 84, 304 (321); 102, 304 (321).

292 BVerfGE 112, 118 (133).

293 BVerfGE 118, 277 (328, 330).

294 BVerfGE 118, 277 (338).

ches Organ sein.[295] Dies lässt sich so verstehen, dass die Norm in ihrer Gesamtheit letztlich doch auf den einzelnen Abgeordneten rekurriert und nur aus Gründen der sprachlichen Einheitlichkeit den in Art. 38 Abs. 1 S. 1 GG verwendeten Plural fortsetzt.[296]

Erhellend ist eine Analyse der Entstehungsgeschichte der Norm: Den historischen Vorläufern von Art. 38 Abs. 1 S. 2 GG wurde einmütig entnommen, dass schon der einzelne Abgeordnete Repräsentant des Gesamtvolkes sei.[297] In den Beratungen über das Grundgesetz lassen sich keine Anhaltspunkte dafür finden, dass der Parlamentarische Rat von dieser Tradition abrücken wollte. Im Gegenteil: Beratungsgrundlage des Ausschusses für Organisation des Bundes (Organisationsausschuss) war auf Initiative des Abgeordneten *Schwalber* (CSU) in der 2. Lesung eine Formulierung, die das Wort „ganzen“ nicht vorsah; begründet wurde dies mit der politischen Realität, in der die Abgeordneten immer nur einen bestimmten Teil des Volkes vertreten könnten.[298] Insbesondere wurde in der Debatte zum Ausdruck gebracht, dass sich die Abgeordneten ohnehin häufig bestimmten Interessengruppen in besonderem Maße verpflichtet fühlten – die Verfassung solle dem entgegenwirken. Bekanntlich rückte der Parlamentarische Rat von dieser Formulierung ab und nahm das „ganze Volk“ in den Text entwurf auf, der später zur Verfassung der Bundesrepublik wurde.[299] Die historische Auslegung lässt sich nach dieser bewussten Entscheidung der Verfassungsväter demnach eindeutig für die Individualrepräsentation ins Feld führen.

Auch das Hauptargument der Verfechter des Kollektivsystems vermag bei genauerer Betrachtung nicht zu überzeugen: Wenn der einzelne Abgeordnete lediglich seine eigenen Wähler (bzw. die Wähler seiner Partei) repräsentiert, wäre der Teil des Volkes nicht im Parlament repräsentiert, der – aus welchen Gründen auch immer – zwar wahlberechtigt ist, an der Wahl aber nicht teilgenommen hat.[300] Sofern hiergegen eingewandt wird, dass diese zumindest die Möglichkeit hatten, von ihrem Stimmrecht Gebrauch zu machen, muss Beach-

295 Den Bezug von Art. 38 GG auf den einzelnen Abgeordneten betont *Kretschmer*, in: Schmidt-Bleibtreu/Hofmann/Hopfauf, GG, Art. 38, Rdn. 62. Grundlegend zum Begriff des Gewissens und seinen geistesgeschichtlichen Grundlagen: *Mückl*, in FS-Bethge, S. 210 ff.

296 *Bruha/Möllers*, JA 1985, 13 (16).

297 *Tatarin-Tarnheyden*, in: Anschütz/Thoma, S. 413 (414).

298 Vgl. das Protokoll der 2. Sitzung des Organisationsausschusses am 16. September 1948, abgedruckt in *Büttner/Wettengel*, Parlamentarischer Rat Band 13, S. 24. Der Abgeordnete *Schwalber* stimmte übrigens gemeinsam mit fünf weiteren CSU-Abgeordneten bei der Schlussabstimmung auch gegen das Grundgesetz insgesamt.

299 Vgl. zum Fortgang der Beratungen *Badura*, in: Bonner Kommentar GG, Art. 38, „Entstehungsgeschichte“.

300 *Scheuner*, in: FS-Huber, S. 222 (244).

tung finden, dass Gleiches auch für diejenigen Wähler gilt, die an der Wahl teilgenommen haben, ohne dass deren Stimme jedoch Erfolgswert beschieden war.[301] Insgesamt sprechen demnach die besseren Gründe dafür, dass Art. 38 Abs. 1 S. 2 GG ein Modell der Individualrepräsentation vorsieht und so jeder einzelne Abgeordnete Vertreter des gesamten Volkes ist.[302] Obgleich sich keine ausdrückliche Bezugnahme in den Beratungen über die Norm finden lässt, erinnert diese positivrechtliche Gestaltung des Abgeordnetenstatus im Grundgesetz an die Ideen von *Sieyès*, der ebenfalls den einzelnen Abgeordneten als Vertreter der gesamten Nation begriff.[303]

Die Verfassung hat also zunächst den einzelnen Parlamentarier im Blick und stärkt damit auch dessen Stellung gegenüber Parlament und Fraktion.

2. Der Einfluss von Art. 21 GG

Damit ist das Repräsentationsverständnis des Grundgesetzes jedoch noch nicht abschließend beschrieben. Aus der Zusammenschau von Art. 20 Abs. 2 S. 1 GG und Art. 38 Abs. 1 S. 2 GG ergibt sich, dass die Volkssouveränität unter dem Grundgesetz durch die Abgeordneten des Bundestages als Vertreter des Volkes ihre spezifische Umsetzung gefunden hat. Hinzu tritt jedoch durch Art. 21 Abs. 1 S. 1 GG noch eine weitere Komponente: An der politischen Willensbildung des Volkes wirken hiernach (auch) die Parteien mit. Art. 21 GG erhebt die Parteien zu „verfassungsrechtlichen Institutionen“.[304] Auch wenn sie dadurch nicht zu den obersten Staatsorganen gehören[305], sondern zunächst nach ihrer Rechtsform bürgerlich-rechtliche Vereine sind[306], sollen sie als in der Gesellschaft verwurzelte Gruppe in den Bereich der institutionalisierten Staatlichkeit hinein-

---

301 *Demmler*, Abgeordneter im Parlament der Fraktionen, S. 87.

302 So auch *Demmler*, Abgeordneter im Parlament der Fraktionen, S. 89; *Detterbeck* , Öffentliches Recht, Rdn. 106; *Kimme*, Repräsentativsystem, S. 107; *Käßner*, Nebentätigkeiten und Nebeneinkünfte, S. 125; a.A. *Austermann*, Anrechungsbestimmungen, S. 45; *Rensen*, in: Emmenegger/Wiedmann, S. 493 (503). Differenzierend: *Klein*, in: Maunz/Dürig, GG, Art. 38, Rdn. 192, der zwar System der Kollektivrepräsentation annimmt, gleichzeitig aber die Verantwortung des einzelnen Abgeordneten betont. Auch die Gesetzesbegründung zur Änderung des Abgeordnetengesetzes bezeichnet den einzelnen Abgeordneten als „Repräsentanten des ganzen Volkes“ (BT-Drs. 15/5671, S. 4).

303 Vgl. hierzu Abschnitt E. I. der Arbeit.; zur Rezeption der Vorstellungen *Sieyès'* in deutschen Verfassungen vgl. auch *Austermann*, Anrechungsbestimmungen, S. 43.

304 BVerfGE 5, 85 (133); 13, 81 (81f.); 69, 92 (110); *Detterbeck*, Öffentliches Recht, Rdn. 52; *Sannwald*, in: Schmidt-Bleibtreu/Hofmann/Hopfauf, GG, Art. 21, Rdn. 31.

305 BVerfGE 1, 208 (225); 20, 56 (100 f.).

306 BGH NJW 1994, 2610 ff.; *Detterbeck*, Öffentliches Recht, Rdn. 52.

wirken.[307] Die so beschriebene Mitwirkung der Parteien an der politischen Willensbildung des Volkes vollzieht sich notwendigerweise in Parlament und Regierung.[308] Offensichtlich besteht hier ein Spannungsfeld zu Art. 38 Abs. 1 S. 2 GG[309], der dieses Hineinwirken der Parteien in den Willensbildungsprozess der Abgeordneten dem Wortlaut nach nicht nur nicht vorsieht, sondern die Parlamentarier durch ihr freies Mandat gegen Einflussnahme durch die Parteien gerade abzusichern versucht.[310]

Eine zutreffende Beurteilung des grundgesetzlichen Repräsentationssystems muss diesen Widerspruch auflösen. Dabei kann davon ausgegangen werden, dass die Schöpfer des Grundgesetzes keine sich widersprechenden Normen aneinanderreihen, sondern vielmehr eine in sich stimmige, einheitliche Ordnung schaffen wollten.[311] Hieraus ergibt sich das Erfordernis, die beiden Verfassungsbestimmungen in praktische Konkordanz zu setzen, also so auszulegen, dass beide zu optimaler Wirksamkeit gelangen können.[312] Offensichtlich war es der durch Art. 21 Abs. 1 S. 1 GG zum Ausdruck gebrachte Wille des Verfassungsgebers, den Parteien im Prozess der politischen Willensbildung eine nicht unerhebliche Rolle zukommen zu lassen. Dies vollzieht sich in der Aktivierung von bürgerschaftlichem Engagement für das demokratische Staatswesen, der Auswahl und Bereitstellung von politischem Führungspersonal und nicht zuletzt durch Einflussnahme im Parlament selbst.[313] So soll ein lebendiger Austausch zwischen Volk und Staatsorganen sichergestellt werden.

Diese Interpretation von Art. 21 Abs. 1 S. 1 GG kollidiert dann mit Art. 38 Abs. 1 S. 2 GG, wenn das freie Mandat als verfassungsrechtliches Verbot jeglicher (politischer) Bindung des einzelnen Abgeordneten verstanden wird. Eine solche Lesart geht jedoch fehl: Die Parlamentarier erringen ihren Sitz im Bundestag mit Unterstützung der Partei, der sie aufgrund ihrer persönlichen Überzeugung beigetreten sind.[314] Diese eigene Wertung prägt auch die Arbeit und

307 BVerfGE 20, 56 (101 f.); 52, 63 (92); *Morlok*, in: Dreier, GG, Bd. II, Art. 21, Rdn. 22.

308 Vgl. auch *Demmler*, Abgeordneter im Parlament der Fraktionen, S. 64.

309 *Roth*, in: Umbach/Clemens (Hrsg.), GG, Bd. II, Art. 38, Rdn. 12; „keine grundsätzliche Spannung" sieht *Morlok*, in: Dreier, GG, Bd. II, Art. 38, Rdn. 144.

310 Zur Wirkung des freien Mandats gegenüber der eigenen Partei: *Morlok*, in: Dreier, GG, Bd. II, Art. 38, Rdn. 142.

311 Vgl. zum Interpretationsprinzip der Einheit der Verfassung: BVerfGE 19, 206 (220); *Hopfauf*, in: Schmidt-Bleibtreu/Hofmann/Hopfauf, GG, Einleitung, Rdn. 98; *Pfeil*, Abgeordnete und Fraktion, S. 43.

312 *Hesse*, Grundzüge, Rdn. 72, 317 f.

313 *Klein*, in: Maunz/Dürig, GG, Art. 21, Rdn. 196; *Sannwald* in: Schmidt-Bleibtreu/Hofmann/Hopfauf, GG, Art. 21, Rdn. 23 ff.

314 Dies gilt schon auf den ersten Blick für diejenigen Bewerber, die über die Landesliste ihrer Partei in den Bundestag einziehen; aber auch in den Wahlkreisen konnten bis heu-

das Abstimmungsverhalten des Abgeordneten im Parlament. Von dieser Warte aus betrachtet ist die Ausübung des Mandats in parteipolitischer Loyalität keine Einschränkung des freien Mandats, sondern gerade Ausdruck auch der persönlichen Überzeugung.

Allerdings gibt es auch immer wieder Konfliktfälle, in denen das eigene Urteil und die Linie von Partei bzw. Fraktion auseinandergehen. Hier entfaltet das freie Mandat aus Art. 38 Abs. 1 S. 2 GG seine eigentliche Wirkung: Auch wenn es in einem solchen Fall dem Parlamentarier unbenommen ist, nach Maßgabe der Partei auch gegen seine eigene Überzeugung abzustimmen[315], garantiert ihm die Verfassung die rechtliche Möglichkeit des eigenständigen Urteils.[316] Fraktion und Partei können also das Abstimmungsverhalten „ihrer" Parlamentarier nicht rechtsverbindlich beeinflussen.

So verstanden lassen sich beide Verfassungsnormen in Einklang bringen: Art. 21 Abs. 1 S. 1 GG gesteht den Parteien eine Mitwirkung an der politischen Willensbildung des Volkes zu, die sich (auch) über die Abgeordneten im Deutschen Bundestag vollzieht. Tatsächlich geschieht diese Einflussnahme insbesondere über die Fraktionen[317] im Parlament. Hier gehen Abgeordnete Loyalitätspflichten ein, die nicht zuletzt auch ein einheitliches Auftreten der Fraktion im Parlament ermöglichen. Daher sind auch Maßnahmen der Fraktion zur Sicherung der Fraktionsdisziplin grundsätzlich nicht zu beanstanden.[318] Die Grenze zum unzulässigen Fraktionszwang wird jedoch überschritten, wenn dem einzelnen Abgeordneten die Verpflichtung zu einer bestimmten Ausübung seines Mandats auferlegt werden soll.[319] Eine solche Weisung durch die Fraktionsführung bzw. -mehrheit wäre wegen Verstoßes gegen Art. 38 Abs. 1 S. 2 GG verfassungswidrig und nichtig.[320] Im konkreten Einzelfall ist es damit der Entschei-

---

te lediglich drei formal parteiunabhängige Direktbewerber ein Mandat gewinnen. Dies waren bei der ersten Bundestagswahl am 14. August 1949 die Abgeordneten *Edert*, *Ott* und *Freudenberg*.

315 Von der „Fraktionssolidarität als Gewissensgebot" spricht *Schneider,* AK-GG, Bd. 2, Art. 38, Rdn. 41; a.A. *Klein*, in: Maunz/Dürig, GG, Art. 38, Rdn. 204, der die „auch freiwillig erbrachte, vorbehaltlose Unterwerfung unter den Mehrheitswillen der Fraktion" als mit der Mandatsfreiheit unvereinbar betrachtet.

316 *Morlok*, in: Dreier, GG, Bd. II, Art. 38, Rdn. 144; *Rühl*, Der Staat 39, 23 (44).

317 Zu den Fraktion als „Parteien im Parlament": *Jekewitz*, in: Schneider/Zeh (Hrsg.), Parlamentsrecht und Parlamentspraxis, § 37, Rdn. 51. Nach BVerfGE 10, 4 (14) sind die Parlamentsfraktionen notwendige und durch Art. 21 GG anerkannte Einrichtungen des Verfassungslebens.

318 *Badura*, in: Bonner Kommentar GG, Art. 38, Rdn. 78; *Morlok*, in : Dreier, GG, Bd. II, Art. 38, Rdn. 188.

319 *Badura*, in: Bonner Kommentar GG, Art. 38, Rdn. 77.

320 *Kretschmer,* in: Schmidt-Bleibtreu/Hofmann/Hopfauf, GG, Art. 38, Rdn. 81.

dung des Abgeordneten überlassen, wo die zulässige Einflussnahme von Partei und Fraktion ihre Grenzen findet: Wenn der Abgeordnete diesen gegenüber seine eigene Auffassung im Bemühen um ein einheitliches Auftreten der Fraktion im Parlament zurückstellt, ist dies verfassungsrechtlich ebenso wenig zu beanstanden wie ein Abstimmungsverhalten, das nicht der Linie der jeweiligen Fraktionsmehrheit entspricht.

Das freie Mandat aus Art. 38 Abs. 1 S. 2 GG eröffnet dem einzelnen Abgeordneten bei der Entscheidung über sein Abstimmungsverhalten ein Refugium, das jeglichem Zugriff durch Staat, Fraktion und Partei entzogen ist. Durch diese (zumindest vorübergehend) unantastbare Stellung des einzelnen Parlamentariers ist sichergestellt, dass auch von der Parteilinie abweichende Positionen im Diskurs Gehör und Beachtung finden.[321]

Diese Stellung des Abgeordneten entfaltet auch außerhalb des Parlamentes eine wichtige Funktion, die den Repräsentationsbegriff des Grundgesetzes abrundet: Wenn der einzelne Abgeordnete für sein Abstimmungsverhalten persönliche Letztverantwortung trägt, kann er sich gegenüber seinen Wählern schwerlich auf eventuelle Weisungen von Partei- und Fraktionsmehrheit berufen. Erst durch diese persönliche Verantwortung kann ein echter Austausch zwischen Repräsentanten und Repräsentierten gewährleistet werden. Die grundgesetzlich angelegte Beziehung zwischen Wählern und Abgeordneten beschränkt sich also nicht auf den Wahlakt, sondern soll durch die persönliche Verantwortlichkeit der Parlamentarier von dauerhaftem Austausch geprägt sein.[322]

---

321 *Demmler*, Abgeordneter im Parlament der Fraktionen, S. 67 f. sieht hierin auch eine „Sicherung innerparteilicher und innerfraktioneller Demokratie".

322 Vgl. hierzu auch *Möllers*, JURA 2008, 937 (938).

F. Abgeordnetenstatus und Grundrechte

Bevor die Neugestaltung des Abgeordnetenrechts auf ihre Vereinbarkeit mit dem Grundgesetz untersucht werden können, muss zunächst geklärt werden, welcher verfassungsrechtliche Maßstab anzulegen ist. Dass die Abgeordneten in dieser Funktion durch ihre Statusrechte, insbesondere Art. 38 und Art. 48 GG geschützt werden, steht außer Frage. Weniger klar ist, inwieweit sie sich daneben auch auf Grundrechte berufen können.

Vor dem Bundesverfassungsgericht spielt dieser Problemkreis regelmäßig keine Rolle.[323] Dies hat jedoch allein verfassungsprozessuale Gründe: Das Gericht verweist den Parlamentarier in allen Fragen, die seinen Abgeordnetenstatus betreffen, auf den Weg des Organstreits und schließt auch bei (gleichzeitiger) Berufung auf Grundrechte die Möglichkeit der Verfassungsbeschwerde kategorisch aus.[324] Im Organstreitverfahren selbst kann der Abgeordnete wiederum ausschließlich Rechte geltend machen, die sich aus seiner organschaftlichen Stellung im Sinne des Art. 38 Abs. 1 S. 2 GG ergeben.[325]

Dieser prozessuale Ausschluss sagt freilich noch nichts über das tatsächliche materielle Verhältnis von Grund- und Statusrechten der Abgeordneten aus. Dem Wortlaut der Verfassung ist hierzu wenig zu entnehmen: Zwar wird die grundrechtliche Problematik anderer Rechtsverhältnisse, die sich durch eine besondere Nähe zwischen Staat und Bürger auszeichnen, teilweise geregelt (erschöpfend für Wehr- und Ersatzdienst in Art. 17a GG, ansatzweise im Falle von Zwangsarbeit und Freiheitsentziehung in Art. 12 Abs. 3 GG sowie in Art. 7 Abs. 3 S. 3 GG im Hinblick auf das Recht des Lehrers, die Erteilung von Religionsunterricht abzulehnen). Zur Geltung der Grundrechte im parlamentarischen Bereich schweigt das Grundgesetz jedoch. Auch das Bundesverfassungsgericht hat die Frage, ob eine parlamentarische Maßnahme den Abgeordneten in beiden verfassungsrechtlichen Positionen betreffen kann, kurz angerissen, aber ausdrücklich offen gelassen.[326]

---

323 Anders aber BVerfGE 108, 251 (266 f.). Hier hatte das Gericht Art. 38 Abs. 1 S. 2 GG als individualrechtsschützende Norm eingeordnet, die von § 90 Abs. 1 BVerfGG „mitumfasst" sei. Ablehnend dazu *Detterbeck*, Öffentliches Recht, Rdn. 105.

324 BVerfGE 43, 142 (148 f.); 99, 19 (29). Vgl. hierzu auch *Cremer*, Anwendungsorientierte Verfassungsauslegung, S. 68.

325 BVerfGE 94, 351 (365).

326 BVerfGE 99, 19 (24).

Während die Geltung der Grundrechte bei Beschäftigten des öffentlichen Dienstes lange und intensiv diskutiert wurde[327], fehlt bislang eine dogmatische Durchdringung, was die Legislative betrifft. Bei aller situativen Ähnlichkeit zwischen Beamten und Abgeordneten[328], die zwar Parallelen erkennen lassen, bestehen jedoch auch gravierende Unterschiede, die eine ungeprüfte Übertragung von Kategorien des öffentlichen Dienstrechts auf Parlamentarier verbieten.

I. Ausgangspunkt: Grundrechte im Staat-Bürger-Verhältnis

Primär sind Grundrechte Abwehrrechte[329], wenngleich sie von der Anspruchs- bis zur Teilhabefunktion mehrere Dimensionen entfalten.[330] Gleichzeitig stellen sie objektive Werteentscheidungen dar, an denen sich staatliches Handeln messen lassen muss.[331] Allen Funktionen ist jedoch gemein, dass sie Situationen betreffen, in denen sich Staat und Bürger gegenüberstehen. Dieser Betrachtung liegt die notwendige Schutzbedürftigkeit des einzelnen Individuums vor der übermächtig erscheinenden Staatsgewalt zugrunde.[332] Diese sollte durch eine umfassende Grundrechtsverpflichtung gehemmt werden. So betrachtet ist am Ende die Menschenwürde selbst (Art. 1 Abs. 1 GG) „Grund aller Grundrechte“[333]. Diese klassische individualistische Betrachtung erfährt jedoch verschiedene Durchbrechungen: So legt Art. 19 Abs. 3 GG die Geltung der Grundrechte auch für inländische juristische Personen fest, soweit sie „ihrem Wesen nach“ auf diese anwendbar sind. Diese Wesensklausel hat das Bundesverfassungsgericht u.a. so interpretiert, dass die juristische Person ein „personales Substrat“ erkennen lassen muss.[334]

Da der Staat selbst nicht gleichzeitig Berechtigter und Verpflichteter der Grundrechte sein kann, finden sie auf juristische Personen des öffentlichen Rechts regelmäßig keine Anwendung (Konfusionsargument).[335] Doch auch von

---

327 Vgl. nur *Loschelder*, in: Isensee/Kirchhof (Hrsg.), HbdStR IX, § 202; *Kögl*, Religionsgeprägte Kleidung, S. 106 ff.; *Sicko*, Kopftuch-Urteil, S. 27 ff.

328 Vgl. hierzu auch *Klein,* Maunz/Dürig, GG, Art. 48, Rdn. 37.

329 Vgl. *Isensee*, in: Isensee/Kirchhof, HbdStR IX, § 191, Rdn. 1 f.

330 *Czepluch*, Abgeordnetenstatus, S. 88; *Detterbeck*, Öffentliches Recht. Rdn. 252 ff.

331 BVerfGE 73, 261 (269); 39, 1 (4); vgl. auch *Loschelder*, in: Isensee/Kirchhof (Hrsg.), HbdStR IX, § 202, Rdn. 4.

332 BVerfGE 61, 82 (100 ff.); *Schnapp*, in: Merten/Papier (Hrsg.), HGR II, § 52, Rdn. 6.

333 *Isensee*, in: Merten/Papier (Hrsg.), HGR II, § 26, Rdn. 50.

334 BVerfGE 21, 362 (369).

335 Kritisch hierzu *Schnapp*, in: Merten/Papier (Hrsg.), HGR II, § 52, Rdn. 27.

dieser Grundsatzposition bestehen Abweichungen, „wenn ausnahmsweise die betreffende Rechtsträgerin unmittelbar dem durch die Grundrechte geschützten Lebensbereich zuzuordnen ist.“[336]. Das *Bundesverfassungsgericht* hat mit dieser Begründung z.B. Universitäten in bezug auf Art. 5 Abs. 3 GG[337], öffentlich-rechtlichen Rundfunkanstalten in bezug auf Art. 5 Abs. 1 GG[338] sowie in öffentlich-rechtlichen Körperschaften organisierten Ordensgemeinschaften der katholischen Kirche in bezug auf Art. 140 GG i.V.m. Art. 137 Abs. 3 WRV[339] die Grundrechtsträgerschaft zuerkannt. Vereinzelt wird darüber hinaus gar gefordert, Grundrechte auf juristische Personen des öffentlichen Rechts immer dann anzuwenden, „wenn und soweit ihr Wesen dem Wesen der juristischen Person entspricht.“[340]. Diese Frage soll hier nicht weiter vertieft werden. Jedoch lässt sich feststellen, dass das klassische grundrechtsdogmatische Gegenüber von Individuum und Staat an einigen Stellen Durchbrechungen erfährt, Grundrechte auch auf juristische Personen des Privatrechts übertragen werden und in den geschilderten Ausnahmefällen gar Schutzwirkung für staatliche Institutionen selbst vermitteln können.

II. Grundrechte und öffentlicher Dienst

Eine besondere Relevanz erhält die Frage nach dem Gewährleistungsumfang der Grundrechte in engeren Staat-Bürger-Beziehungen, insbesondere im öffentlichen Dienst. Hier tritt der Bürger aus freier Entscheidung in den staatlichen Innenbereich ein; er stellt sich gleichsam auf die Seite des Staates, welcher selbst Grundrechtsverpflichteter ist. Nachdem die Geltung der Grundrechte im institutionellen privaten und staatlichen Bereich erörtert wurde, geht es nunmehr um Individuen im Inneren des Staatsgefüges. In der freiwilligen Begründung dieser Sonderverbindung und der hieraus folgenden anschließenden Verortung auf staatlicher Seite bestehen zwischen Beamten und Parlamentariern durchaus Ähnlichkeiten. Daher sollen zunächst die für den öffentlichen Dienst entwickelten Grundsätze dargelegt werden, bevor im Anschluss geprüft wird, ob dieses Instrumentarium auch innerhalb der Legislative Geltung beanspruchen kann.

Die engeren Beziehungen zwischen Staat und Bürger wurden ursprünglich als „besonderes Gewaltverhältnis“ bezeichnet. Geprägt wurde dieser Begriff von

336 BVerfGE 21, 362 (373).
337 BVerfGE 15, 256 (262).
338 BVerfGE 31, 314 (322).
339 BVerfGE 70, 138 (161).
340 *Roellecke*, in : Umbach/Clemens (Hrsg.), GG, Bd. II, Art. 19, Rdn. 97, 125.

Otto Mayer, der dieses als „die verschärfte Abhängigkeit, welche zu Gunsten eines bestimmten Zweckes öffentlicher Verwaltung begründet wird für alle einzelnen, die in den vorgesehenen besonderen Zusammenhang treten“[341], definierte. Diese weite Formulierung umfasste von Schülern über Soldaten und Beamte bis hin zu Strafgefangenen all jene, die in einem Unterordnungsverhältnis zum Staat stehen.[342] In diesem besonderen Gewaltverhältnis sollte staatliches Handeln nicht auf grundrechtliche Positionen der Betroffenen stoßen[343] und auch der Gesetzesvorbehalt nicht gelten.[344]

In seinem Strafgefangenenurteil[345] hatte das Bundesverfassungsgericht entschieden, dass auch die Regelung des Strafvollzuges dem Vorbehalt des Gesetzes unterliege. Eindeutig stellte das Gericht hier klar, dass eine generelle Einschränkung der Grundrechte im besonderen Gewaltverhältnis ohne Grundlage eines förmlichen Gesetzes verfassungswidrig ist und das Grundgesetz einen ipso iure verkürzten Grundrechtsschutz für bestimmte Personengruppen nicht zulässt.[346] Im Anschluss hieran setzten sich in verfassungsrechtlicher Bewertung und Terminologie dieser engen Staat-Bürger-Beziehungen Änderungen durch: Die grundsätzliche Geltung der Grundrechte auch im öffentlichen Dienst gehört seitdem zum „gesicherten Bestand deutscher Grundrechtsdogmatik“[347]. Fortan sprach man nicht länger von „besonderen Gewaltverhältnissen“, sondern von „Sonderstatusverhältnissen“[348] oder „Sonderrechtsverhältnissen“[349].

III. Die besondere Rolle des Abgeordneten zwischen Staat und Gesellschaft

Was den freiwilligen Eintritt in den Bereich der institutionalisierten Staatlichkeit angeht, ist die Situation des Parlamentariers durchaus mit der des Beamten ver-

---

341 *Mayer*, Dt. Verwaltungsrecht, S. 101 f. *Mayer* schreibt die Urheberschaft des Begriffs jedoch wiederum *Laband* zu (S. 102, Fn. 21).

342 *Sicko*, Kopftuch-Urteil, S. 28.

343 *Detterbeck* (in: FS-Bethge, S. 161 [161]) weist darauf hin, dass selbst in diesen „grundrechtsfinsteren Zeiten“ die Menschenwürde sowie das Recht auf Leben und körperliche Unversehrtheit vom Grundrechtsschutz nicht ausgenommen waren.

344 *Mayer*, Dt. Verwaltungsrecht, S. 101 f.

345 BVerfGE 33, 1 ff.

346 BVerfGE 33, 1 (12).; Vgl. hierzu auch *Staupe*, Parlamentsvorbehalt, S. 99 f.

347 *Detterbeck*, in: FS-Bethge, S. 161 (161).

348 Statt vieler: *Loschelder*, in: Isensee/Kirchhof (Hrsg.), HbdStR IX, § 202.

349 Statt vieler: *Maurer*, Allg. Verwaltungsrecht, § 8, Rdn. 30; vgl. hierzu auch *Kögl*, Religionsgeprägte Kleidung, S. 107 f.

gleichbar. Auch der Abgeordnete wirkt durch seine Mitgliedschaft im Deutschen Bundestag an der Ausübung von Staatsgewalt – in diesem Fall der Legislative – mit, wenngleich auch das besondere Näheverhältnis zum Staat nicht durch Ernennung seitens des Dienstherren, sondern durch einen Wahlakt begründet wird.[350] Der Unterschiedlichkeit der Aufgabenfelder – der Parlamentarier beschließt abstrakt-generelle Normen, die der Beamte auf Seiten der Exekutive für den Einzelfall anwendet – lässt sich für die persönliche Rechtsstellung des Betroffenen wenig entnehmen.

Vielmehr fällt der Blick auf die spezielle Situation, in der sich der Abgeordnete befindet: Zwar spricht das Grundgesetz in Art. 48 Abs. 2 S. 1 GG vom „Amt des Abgeordneten". Trotz der begrifflichen Übereinstimmung ist es jedoch nicht gleichbedeutend mit dem verwaltungsrechtlichen Amtsbegriff.[351] Der Abgeordnete ist zwar Träger eines öffentlichen Amtes[352], er übt – in der Gesamtheit der Volksvertreter – Staatsgewalt aus und wirkt an der parlamentarischen Repräsentation mit. Sein Amt ist also die Mitgliedschaft im Parlament.[353] Allerdings geht die verfassungsrechtliche Position des Abgeordneten deutlich über die hiermit beschriebene formale Stellung hinaus.[354] Den sinnfälligsten Ausdruck findet dies im freien Mandat aus Art. 38 Abs. 1 S. 2 GG: Hier werden die Abgeordneten mit der „Vertretung des gesamten Volkes" betraut; ihrer Tätigkeit wird dadurch eine eigene verfassungsrechtliche Wertigkeit verliehen.[355] So wird auch deutlich, dass sich der Aufgabenkreis des Abgeordneten nicht allein auf die Teilnahme an den Sitzungen des Parlamentes beschränkt. Es entspricht nicht nur der nachvollziehbaren Erwartung des Wahlvolkes, sondern ge-

---

350 Die eigentliche Mitgliedschaft im Deutschen Bundestag erwirbt der gewählte Bewerber nicht schon durch den Wahlakt selbst, sondern erst durch die abschließende Feststellung des Ergebnisses durch den Bundeswahlausschuss mit der Eröffnung der ersten Plenarsitzung, vgl. § 45 BWahlG. Jedoch hat das BVerfG (E 44, 125 [139]) festgestellt, dass die für die Tätigkeit als Volksvertreter erforderliche Legitimation unmittelbar durch die Bundestagswahl erworben wird.

351 Vgl. hierzu *Detterbeck*, Allg. Verwaltungsrecht, Rdn. 204ff., der auf die Trennung zwischen dem Amt selbst als Aufgabenbereich der öffentlichen Verwaltung und der natürlichen Person als Amtswalter hinweist. Eingehend zu den wesentlichen Unterschieden zwischen dem „Amt" des Abgeordneten und dem sonstiger staatlicher Funktionsträger: *Schroeder*, Grundlagen, S. 293 f.

352 *Klein*, in: Isensee/Kirchhof (Hrsg.), HbdStR III, § 51, Rdn. 1.

353 *Stern*, Staatsrecht, Bd. I, § 24 I 4.

354 *Badura*, ZSE 2005, 167 (172); *Depenheuer*, in: Isensee/Kirchhof (Hrsg.), HbdStR III, § 36, Rdn, 24 nennt das "originär politische Gestaltungsermessen" als Alleinstellungsmerkmal politischer Führungsämter.

355 *Klein*, in: Isensee/Kirchhof (Hrsg.), HbdStR III, 2005, § 51, Rdn. 2, spricht vom „repräsentativen Status des Abgeordneten, der über sich selbst hinausweist".

radezu dem Wesen von repräsentativer Demokratie, dass der Abgeordnete weiterhin in der Gesellschaft verwurzelt bleibt und er selbst als Bürger aus dieser Sicht eines Bürgers Interessen formuliert und politisch durchzusetzen vermag.[356] So verstanden sind die Arbeit im Wahlkreis, die Kontakte zu verschiedenen Vereinen und Verbänden und auch die Tätigkeit innerhalb der Partei notwendiger Bestandteil des Mandats.[357] Diese speziellen Eigenheiten der Abgeordnetentätigkeit zeigen, dass der klassische Begriff des Amtes nicht geeignet ist, um deren verfassungsrechtliche Konturierung abschließend zu umschreiben.

IV. Das Mandat als Amt sui generis

Richtigerweise steht nach alldem das in Art. 48 Abs. 2 S. 1 GG genannte „Amt eines Abgeordneten" außerhalb der gängigen verwaltungsrechtlichen Kategorien.[358] Es handelt sich um ein Amt *sui generis*.[359] Doch was bedeutet dies nun für die eigentliche Frage nach dem Gewährleistungsumfang der Grundrechte für Mitglieder des Bundestages? Es wurde festgestellt, dass für den Bereich des öffentlichen Dienstes die Geltung der Grundrechte und auch der Vorbehalt des Gesetzes nicht länger bestritten werden, auch wenn gerade die Beamten sich in einem besonderen Näheverhältnis zum Staat befinden.

Einer der ganz wesentlichen Unterschiede zwischen Abgeordneten und Beschäftigten im öffentlichen Dienst liegt gerade darin, dass der Parlamentarier nicht in einem formal-hierarchischen Unterordnungsverhältnis zu einem Dienstherrn steht, sondern seine Aufgaben in eigener Verantwortung – zunächst geschützt durch das freie Mandat aus Art. 38 Abs. 1 S. 2 GG – wahrnehmen kann.[360]

Die Autoren, die eine – wie auch immer geartete – Einschränkung der Grundrechte im Sonderstatus der Beamten bejahen, begründen dies durchweg

356 *Butzer*, in: Epping/Hillgruber, GG, Art. 38, Rdn. 79: „Der Abgeordnete ist Inhaber eines öffentlichen Amtes und, dies wegen seiner Stellung als Bindeglied zwischen Staat nicht daneben, sondern zugleich, d.h. innerhalb seines Amtes, Staatsbürger".

357 *Haug*, Parlamentarische Geschäftsordnungen, S. 98; *Kretschmer*, in: Schmidt-Bleibtreu/Hofmann/Hopauf, GG, Art. 38, Rdn. 59.

358 *Badura*, Stellungnahme, S. 6: „Der Abgeordnete, der gerade nicht ein ‚Amt' wie ein Beamter bekleidet"; *Butzer*, in: Epping/Hillgruber, GG, Art. 38, Rdn. 79: „Der Abgeordnete ist nicht Teil des öffentlichen Dienstes".

359 *Käßner*, Nebentätigkeiten und Nebeneinkünfte, S. 160, spricht vom „besonderen öffentlichen Amt des Abgeordneten".

360 So auch BVerfGE 118, 277 (326); mahnend BVerfGE 118, 277 (339) – diss.op.; *Käßner*, Nebentätigkeiten und Nebeneinkünfte, S. 160 f.

mit deren (freiwilligen) „Seitenwechsel“ im Staat-Bürger-Verhältnis auf die Seite des Grundrechtsverpflichteten und die damit verbundene besondere Nähe und Verpflichtung zur Loyalität gegenüber dem Dienstherren. Einer solchen Bindung unterliegen die Abgeordneten nicht. Die üblichen dienst- und behördenrechtlichen Termini finden hier keine Anwendung. Dem Argument der Konfusion, der Vermischung von Grundrechtsberechtigtem und -gebundenem, kommt dementsprechend hier nur geringe Wirkungskraft zu.[361] Folglich muss das, was für den Beamten zutrifft, nämlich die prinzipielle Geltung der Grundrechte, für den wesentlich stärker in der gesellschaftlichen Sphäre[362] verwurzelten Abgeordneten erst recht gelten. Somit kann sich auch der Abgeordnete prinzipiell auf Grundrechte berufen.[363]

---

361 A.A *Meyer*, Nebentätigkeiten I, S. 16 f., der die Eigenschaft des Abgeordneten als Teil eines Staatsorganes betont, einen grundrechtlichen Schutz „jenseits der Rechtssphäre des Amtes“ jedoch zumindest nicht ausdrücklich ablehnt. Dies vermag nicht recht zu überzeugen, zumal *Meyer* im gleichen Zusammenhang an anderer Stelle die Nebentätigkeiten der Abgeordneten gerade außerhalb der Mandatswahrnehmung verortet und den Schutz des „freien Mandats“ auf das Mandat selbst begrenzen will (*Meyer*, Nebentätigkeiten II, S. 3).

362 Vgl. zur grundsätzlichen Unterscheidung von Staat und Gesellschaft *Kahl*, JURA 2002, 721 ff.; *Kißler*, Öffentlichkeitsfunktion, S. 90 f; *Möllers*, JURA 2008, 937 (938).

363 So auch *Badura*, ZSE 2005, 167 (171); *Bröhmer*, Transparenz als Verfassungsprinzip, S. 92; *Groß*, ZRP 2002, 472 (474); *Häberle*, NJW 1976, 537 (540); *Herbertz*, Verhaltensregeln, S. 212; *Korioth*, in: Manssen (Hrsg.), S. 65 (82); *Kretschmer*, in: Schmidt-Bleibtreu/Hofmann/Hopauf, GG, Art. 38, Rdn. 59 spricht nicht explizit von Grundrechten, will dem Abgeordneten aber „persönliche Entfaltungsrechte“ zugestehen; *Morlok*, in: Dreier, GG, Bd. II, Art. 38, Rdn. 158; *Ritzel/Bücker/Schreiner*, Handbuch, § 18 c); *Schnapp*, NWVBl 2006, 401 (402); *Schwerin*, Bundestag als Geschäftsordnungsgeber, S. 61; *Waldhoff*, ZRP 2006, 251 (263) kommt zum gleichen Ergebnis und sieht diese Auffassung durch eine „versteckte Botschaft“ des BVerfG in E 94, 351 (366) bestätigt. Auch die Begründung des Gesetzentwurfes (BT-Drs. 15/5671, S. 4) spricht vom „mit der Veröffentlichung einhergehenden Grundrechtseingriff in die informationelle Selbstbestimmung der Abgeordneten“. A.A. offenbar *Butzer*, in: Epping/Hillgruber, GG, Art. 38, Rdn. 79, der die Berufung auf Grundrechte „im Rahmen seiner mandatsbezogenen Tätigkeit“ ablehnt; sowie *Käßner*, Nebentätigkeiten, S. 161, die die Verkürzung des grundrechtsgeschützten Lebensbereiches der Abgeordneten „im Übrigen auch durch die Abgeordnetenentschädigung kompensiert“ sieht; ebenso auch *Goerlich/Laier*, ZUM 2008, 475 (477).

V. Betroffenheit von unterschiedlichen Rechtskreisen

Wenn nun, wie dargelegt, Grundrechts- und Abgeordnetenstatus nebeneinander bestehen, muss geklärt werden, welche Position durch die hier in Rede stehenden Änderungen des Abgeordnetengesetzes betroffen ist. Der Abgeordnete bewegt sich in verschiedenen Sphären. Die Arbeit im Parlament, in den Ausschüssen und in der Fraktion bildet den Kernbereich des Mandats. Hier agieren die Abgeordneten nicht als Privatpersonen, sondern in Wahrnehmung spezifischer verfassungsrechtlicher Kompetenzen.[364] Dieser unmittelbar mandatsbezogene Bereich wird umfassend von Art. 38 Abs. 1 S. 2 GG geschützt.[365]

Selbstverständlich hat der Abgeordnete daneben auch eine grundrechtlich umhegte persönliche Rechtssphäre, die ohne jeglichen Bezug zum Mandat und damit vollständig außerhalb des Gewährleistungsumfangs von Art. 38 Abs. 1 S. 2 GG liegt.[366] Darüber hinaus kann aber auch eine im Mandat begründete staatliche Maßnahme den Abgeordneten in seinem persönlichen Rechtskreis berühren. So liegen die Dinge auch hier bei der Neugestaltung des Abgeordnetengesetzes. Jedem Mitglied des Bundestages wird zunächst auferlegt, die Ausübung des Mandats in den Mittelpunkt seiner Tätigkeit zu stellen (§ 44a AbgG). Desweiteren unterliegt jeder Parlamentarier einer umfassenden Anzeige- und Offenlegungspflicht sonstiger nicht mandatsbedingter Nebentätigkeiten und -einkünfte (§§ 44a Abs. 4, 44b AbgG sowie §§ 1 ff. VR). Damit wirkt eine durch die Annahme und Ausübung des Mandats begründete Maßnahme des Parlamentes gegenüber dem einzelnen Abgeordneten in dessen (zunächst) ausschließlich private Sphäre hinein. Die o.g. Pflichten treffen ausschließlich Abgeordnete.

Durch diesen engen Bezug zum Mandat lässt sich zwar argumentieren, dass diese lediglich am Maßstab von Art. 38 Abs. 1 S. 2 GG gemessen werden müssen.[367] Dem steht jedoch entgegen, dass sie ihre Wirkung vor allem im individu-

---

364 *Detterbeck*, Öffentliches Recht, Rdn. 104; der Sache nach auch BVerfGE 118, 277 (327 f.).

365 Vgl. *Butzer*, in: Epping/Hillgruber, GG, Art. 38, Rdn. 84 ff.

366 Vgl. hierzu auch *Peine,* in: Mertens/Papier (Hrsg.), HGR III, § 65, Rdn. 77.

367 So *Käßner*, Nebentätigkeiten, S. 160, 163. Das BVerfG hat in BVerfGE 118, 277 ff. nach verschiedenen Wegen gesucht, auch die privaten Interessen der Abgeordneten zu würdigen, wenngleich Grundrechte im Organstreitverfahren eigentlich keine Berücksichtigung finden. Die vier das Urteil tragenden Richter weisen darauf hin, dass solche Maßnahmen „in spezifischer Weise dem Hineinwirken in den persönlichen Lebensbereich des Abgeordneten Rechnung tragen" und „Individualinteressen" [...] „berücksichtigt werden" müssen, BVerfGE 118, 277 (355). Für die dissentierenden Richter ist der

ellen und persönlichen Lebensbereich des Abgeordneten entfalten. Mit anderen Worten: Die Maßnahmen wurzeln zwar im Mandat, haben auf dessen oben umrissenen Kernbereich, der Arbeit im Parlament und seinen Untergliederungen, jedoch wenig Auswirkung. Sie treffen vor allem den Abgeordneten als Privatperson. Somit dürfte es sich hierbei um einen vom *Bundesverfassungsgericht* angedeuteten „besonderen Ausnahmefall" handeln, in dem eine auf den Status des Abgeordneten zielende Maßnahme auch die grundrechtlich geschützte Privatsphäre berührt.[368] Daher sprechen die besseren Gründe dafür, dass der Abgeordnete hier auch grundrechtlichen Schutz erfährt.

„grundrechtliche Schutz der Berufsfreiheit auch bei der Auslegung des freien Mandats von Bedeutung" (BVerfGE 118, 277 [377] – diss.op.).

368 BVerfGE 99, 19 (29).

G. Vorgelagerte verfassungsrechtliche Anforderungen an die Ausgestaltung des Abgeordnetenstatus

Die formellen Anforderungen, die das Grundgesetz an verfassungsmäßige Beschränkungen der Grundrechte von Staatsbürgern stellt, können heute aufgrund umfassender Rechtsprechung und Literatur als weitgehend geklärt gelten.[369] Weniger klar ist jedoch, welche Maßstäbe an das weite Feld des Abgeordnetenrechts unterhalb der Verfassung anzulegen sind – dies gilt sowohl hinsichtlich der verfassungsrechtlichen Statusverbürgungen im Mandat selbst wie – nach dem oben Gesagten – auch für die grundrechtliche Sphäre des Parlamentariers.

I. Die Entscheidung in eigener Sache

Am Beginn steht die Frage nach der Zuständigkeit. Bei den normativen Festlegungen zur Ausgestaltung des Mandats regelt der Bundestag in seiner Gesamtheit die Rechtsstellung der einzelnen Abgeordneten. Von dieser Entscheidung ist das Parlament in seiner Eigenschaft als Verfassungsorgan betroffen; Normgeber und -adressat sind identisch. In solchen Fällen spricht man von einer Entscheidung in eigener Sache.[370] Solche Entscheidungen begegnen verfassungsrechtlichen Bedenken, weil die strukturellen Kontrollmechanismen repräsentativ-parlamentarischer Demokratie hier wirkungslos bleiben könnten.[371] Tatsächlich werden gerade solche, inhaltlich eher „unpolitischen" Entscheidungen über die Stellung der Abgeordneten meist einmütig beschlossen.[372] Die parlamentari-

---

369 Hierzu umfassend: *Lerche*, in: Isensee/Kirchhof (Hrsg.), HbdStR V, § 122.

370 *Lediger*, Entschädigung, S. 44; *Vogel*, ZG 1992, 293 (293 f.); i.E. auch *Achterberg*, AÖR 109 (1984), 505 (523); kritisch hierzu *Rupp*, ZG 1992, 283 (283 f.), der den Terminus auf die Abgeordnetenentschädigung einschränken will; *Lang* (Gesetzgebung, S. 28) ergänzt die Definition um ein Unmittelbarkeitserfordernis.

371 Vgl. *Lang*, Gesetzgebung, S. 29; *Schulze-Fielitz*, in: Dreier, GG, Bd. II, Art. 48, Rdn. 34.

372 Vgl. hierzu den Redebeitrag des Abgeordneten *Röttgen* in der Debatte über die Neugestaltung des Abgeordnetenrechts (BT-Protokoll 15. WP, 184. Sitzung vom 30. Juni 2005, S. 17399): „(…) Die Tradition dieses Hauses war nämlich, dass wir über diese Fragen des Parlamentarismus nicht danach entscheiden, wer gerade zufällig die Mehrheit im Hause hat und wer sich gegenüber der Minderheit durchsetzen kann. In der Vergangenheit war es gute Tradition, über diese Fragen betreffend das Parlament auf der Grundlage eines breiten Konsenses im Hause zu entscheiden (…)".

schen Institutionen, die sonst Einzel- und Parteiinteressen hemmen und balancieren (insbesondere die Opposition), bleiben hier wirkungslos.[373]

Augenfällig wird dieses Spannungsfeld bei der finanziellen Ausstattung der Mandatstätigkeit: Dem Selbstentscheidungsrecht über Diäten und Kostenpauschale der Abgeordneten wohnt die dauerhafte Gefahr der missbräuchlichen Selbstbedienung inne.[374] Fast reflexartig reagiert die (Medien-)Öffentlichkeit mit Empörung auf jede auch noch so maßvolle Diätenanpassung.[375] Vor diesem Hintergrund wird vereinzelt dem Rechtsstaatsprinzip (Art. 20 Abs. 1 GG) ein Grundsatz der Uneigennützigkeit jeglicher Amtsausübung entnommen.[376] Dem entsprechen die Befangenheitsregelungen im judikativen[377] und exekutiven[378] Bereich. Sie gehören dort zum „Kernbestand rechtsstaatlicher Verfasstheit"[379].

Strukturell der Exekutive zuzuordnen, wenngleich funktional einem Parlament nicht unähnlich, sind die kommunalen Vertretungskörperschaften.[380] Hier sehen die jeweiligen Ländergesetze im Wortlaut unterschiedliche, im Anliegen aber gleichläufige Regelungen zu Abstimmungsverboten bei persönlicher Be-

---

373 Vgl. auch von *Arnim*, in: Schneider/Zeh (Hrsg.), Parlamentsrecht und Parlamentspraxis, § 16, Rdn. 1, der hier von „All-Parteien-Kartellen" spricht. *Cremer* (Anwendungsorientierte Verfassungsauslegung, S. 195) sieht in diesem Fall die Gewissensbindung des Art. 38 Abs. 1 S. 2 GG „zu einem wirkungslosen moralischen Appell zusammenschrumpfen".

374 Vgl. *Rupp*, ZG 1992, 285 (288); von „Selbstversorgung" der Abgeordneten spricht BVerfG 32, 157 (172) – diss.op.

375 *Isensee*, ZParl 2000, 402 [408] ordnet dies dem „deutschen Sozialneid" und der „populären Geringschätzung der Politiker" zu.

376 So *Henke*, in: Bonner Kommentar GG, Art. 21, Rdn. 321f., der ein Verbot der Entscheidung in eigener Sache für den Bereich der Parteienfinanzierung herleitet, dieses aber ausdrücklich verallgemeinert; andere leiten diesen Grundsatz aus dem republikanischen Prinzip des Grundgesetzes ab, z.B. *Isensee,* in: Isensee/Kirchhof (Hrsg.), HbdStR IV, § 71, Rdn. 135 f.; vgl. auch *Sommermann*, in: von Mangoldt/Klein/Starck,GG, Bd. 2, Art. 20, Rdn. 14 ff.; *Detterbeck*, in: FS-Bethge, S. 176; *Gröschner*, in: in: Isensee/Kirchhof (Hrsg.), HbdStR II, § 23, Rdn. 66 f.

377 Vgl. §§ 41 ff. ZPO, §§ 22 ff. StPO, § 49 ArbGG, § 54 VwGO, § 51 FGO, § 60 SGG, §§ 18, 19 BVerfGG.

378 Vgl. §§ 20 f. VwVfG, § 82 f. AO, § 16 BNotO .

379 *Lang*, Gesetzgebung, S. 22; näher zum Grundsatz „nemo iudex in causa sua" auch *Isensee*, ZParl 2000, S. 402 ff.

380 Allerdings sind Gemeindevertretungen gerade keine Parlamente im staatsrechtlichen Vollsinne (BVerfGE 65, 283 [289]; 78, 344 [348]; 120, 82 [112]); zur „Parlamentisierung und Politisierung der Vertretungsorgane" *Schäfer,* Bürgerbeteiligung, S. 211. Umfassend zu Gemeinsamkeiten und Unterschieden von Parlament und Gemeinderat *Dolderer*, DÖV 2009, 146 ff. Missverständlich spricht VG Saarland (LKRZ 2010, 302 f.) im Zusammenhang mit Vertretungskörperschaften von „Parlamentarischen Gremien".

troffenheit vor.[381] Auch das Bundesverfassungsgericht hat für die Judikative das Distanzgebot als allgemeinen Verfassungsgrundsatz anerkannt.[382]

Dieser Befund kann unterschiedlich interpretiert werden: Zum Teil werden die verschiedenen Normen im Bereich von zumindest zwei Gewalten als Ausfluss eines dem Rechtsstaatsprinzip aus Art. 20 Abs. 1 GG zugeordneten, umfassenden Verbots der Entscheidung in eigener Sache aufgefasst.[383] Diese Lesart hätte zur Folge, dass mit der Legislative auch der dritten staatlichen Gewalt jegliche Entscheidung in eigener Sache von Verfassungs wegen verwehrt bliebe. Einer dahingehenden Interpretation stehen jedoch gewichtige Argumente entgegen: Der oben dargestellte Vergleich mit den kommunalen Vertretungskörperschaften kann jedenfalls nicht für ein verfassungsrechtliches Entscheidungsverbot in eigener Sache ins Feld geführt werden. Denn die landesrechtlichen Abstimmungsverbote regeln Fälle, in denen bei einzelnen Mitgliedern der Vertretungskörperschaft ein Widerstreit zwischen persönlichen und kommunalen Interessen vorliegt.[384] Gleichwohl sind die Mitglieder der Vertretungskörperschaft ausdrücklich landesrechtlich befugt, per Satzung z.B. eine Entschädigung für ehrenamtlich Tätige festzusetzen, die dann u.a. auch ihnen selbst zu gute kommt. Da die Gemeinden aber keine dritte staatliche Ebene bilden, sondern Teil der Bundesländer sind[385], wäre es hier dem Grunde nach zulässig, die Mitglieder der Vertretungskörperschaften von dieser Bürde der Entscheidung in eigener Sache zu befreien und „von oben" (z.B. in der jeweiligen Gemeindeordnung) eine Entschädigungsregelung vorzugeben und näher auszugestalten.[386]

---

381 Vgl. z.B.: § 18 Gemeindeordnung Baden-Württemberg; Art. 49 Gemeindeordnung Bayern; § 28 Gemeindeordnung Brandenburg; § 25 Hessische Gemeindeordnung; § 25 Kommunalverfassung Mecklenburg-Vorpommern; § 31 Abs. 1 Gemeindeordnung Nordrhein-Westfalen.

382 BVerfGE 89, 28 (36).

383 So *Henke*, in: Bonner Kommentar GG, Art. 21, Rdn. 321.

384 So § 18 Gemeindeordnung Baden-Württemberg; Art. 49 Gemeindeordnung Bayern, § 28 Gemeindeordnung Brandenburg, § 25 Hessische Gemeindeordnung, § 24 Kommunalverfassung Mecklenburg-Vorpommern, § 26 Gemeindeordnung Niedersachsen, § 31 Gemeindeordnung Nordrhein-Westfalen, § 22 Gemeindeordnung Rheinland-Pfalz, § 20 Gemeindeordnung Sachsen, § 31 Gemeindeordnung Sachsen-Anhalt, § 22 Gemeindeordnung Schleswig-Holstein. Vgl. hierzu insgesamt: *Gern*, Deutsches Kommunalrecht, Rdn. 510 ff.

385 *Henneke*, in: Schmidt-Bleibtreu/Hofmann/Hopfauf, GG, Art. 28, Rdn. 4.

386 Nicht überzeugend: VGH München (BayVBl. 2008, 664 ff.), der die Festlegung der Entschädigung handstreichartig und ohne weitere Begründung zum „Kernbereich örtlicher Angelegenheiten" zählt, der gem. Art. 28 Abs. 2 GG von jeglicher gesetzlicher Einschränkung unangetastet bleiben muss. Unerwähnt lässt das Gericht, dass auch in

Wenn derartige Entscheidungen in eigener Sache schon in Teilbereichen der Exekutive gängige und zulässige Praxis unter dem Grundgesetz sind, lässt sich ein umfassendes verfassungsrechtliches Verbot derselben schwerlich begründen. Erst recht muss dann jedenfalls der Legislative grundsätzlich zugestanden werden, auch Beschlüsse zu fassen, die sie selbst betreffen. Hierzu gibt es auch keine überzeugenden Alternativen: Wollte man hier ein Distanzgebot zur Anwendung bringen, führte dies notwendigerweise zu einem Verlust an demokratischer Legitimation und Öffentlichkeit.[387] Es darf auch nicht übersehen werden, dass bei dem Zustandekommen von Gesetzen neben dem Bundestag auch andere Verfassungsorgane, insbesondere der Bundesrat, eingebunden sind.[388] Nach alldem lässt sich das für die Iudikative und Exekutive geltende Distanzgebot auf die Legislative nicht übertragen.[389] Mithin sprechen keine durchschlagenden verfassungsrechtlichen Argumente dafür, dem Parlament Entscheidungen in eigener Sache zu versagen.[390]

II. Einordnung der Neuregelung in Rechtsnormtypen

Die Neuregelungen im Abgeordnetenrecht wurden durch das Abgeordnetengesetz selbst, die Verhaltensregeln und die Ausführungsbestimmungen in Normen auf unterschiedlichen Hierarchieebenen umgesetzt. Es muss daher geklärt werden, wie insbesondere die untergesetzlichen Verhaltensregeln und Ausführungsbestimmungen einzuordnen sind – schon terminologisch lassen sie sich keinem der üblichen Rechtsnormtypen zuordnen. Die Frage nach der Rechtsnatur der Verhaltensregeln ist keineswegs nur theoretischer Natur: Erst wenn feststeht, um

Bayern die Besoldungen der hauptamtlichen kommunalen Wahlbeamten durch den Freistaat auf Gesetz- und Verordnungsebene festgesetzt werden.

387 Auch das BVerfG betont im „Diätenurteil“, dass die Entscheidung des Parlamentes in eigener Sache wesensnotwendiger Bestandteil einer Demokratie sei. Der gesamte Willensbildungsprozess müsse für den Bürger durchschaubar sein und das Ergebnis „vor den Augen der Öffentlichkeit“ beschlossen werden, vgl. E 20, 296 (327).

388 Auf die häufig anzutreffende, allerdings fehlerhafte Gleichsetzung von Gesetzgeber und Parlament weist auch *Schlosser*, Verhaltensregeln, S. 66 hin.

389 Vgl. die Übersicht zu den Argumenten, die gegen eine Übertragung des Distanzgebotes auf das Parlament sprechen, *Isensee*, ZParl 2000, 202 (405).

390 In Fragen der Abgeordnetenentschädigung hat das BVerfG dem Bundestag die Selbstbefassung sogar ausdrücklich auferlegt, da nur so sichergestellt sei, dass die Beratung vor den Augen der Öffentlichkeit stattfinde, BVerfGE 40, 296 (327).

welche Erscheinung von Recht[391] es sich hierbei handelt, kann sodann untersucht werden, ob durch die Verhaltensregeln mögliche Status- oder Grundrechtseinschränkungen in verfassungsrechtlich zulässiger Weise vorgenommen werden können.[392]

1. Rechtsnatur der Verhaltensregeln

a) Verhaltensregeln als Geschäftsordnungsrecht?

Vorab muss jedoch untersucht werden, in welchem Verhältnis Verhaltensregeln und Geschäftsordnungsrecht des Deutschen Bundestages zueinander stehen. Das Geschäftsordnungsrecht des Parlamentes ist über Art. 40 Abs. 1 S. 2 GG auch verfassungsrechtlich abgesichert. Die Geschäftsordnung legt in § 18 GO BT fest, dass die Verhaltensregeln „Bestandteil dieser Geschäftsordnung" sind. Dieser Feststellung könnte man einerseits entnehmen, dass die Verhaltensregeln die Rechtsnatur der Geschäftsordnung teilen. Andererseits kann man die Aussage auch als schlicht formal-organisatorische Zuordnung verstehen. Dies hätte zur Folge, dass Rechtscharakter von Geschäftsordnung und Verhaltensregeln jeweils eigenständig und voneinander unabhängig zu beurteilen sind.

aa) Die Geschäftsordnung des Deutschen Bundestages als parlamentarisches Binnenrecht

Die mit 128 Paragraphen recht umfangreiche Geschäftsordnung des Deutschen Bundestages hat den Zweck, die Funktionsfähigkeit des Parlamentes im Verfassungsleben sicherzustellen.[393] Sie regelt neben der Organisation des Bundestages auch Verfahrens- und Disziplinfragen. Der Wirkungsumfang der Geschäftsordnung ist damit auf den innerparlamentarischen Bereich begrenzt.[394] Daran ändert auch die Tatsache nichts, dass einzelne Normen gegenüber dem Bürger z.B. als Zuhörer oder auch Sachverständiger im Parlament Wirkung entfalten können. Mit Hinweis darauf wird die Einordnung der GO BT als Binnenrecht zum Teil

---

391 Verschiedentlich wurde die Frage diskutiert, ob es sich bei den Verhaltensregeln überhaupt um Rechtsnormen, also um abstrakt-generelle und verbindliche Anordnungen mit Außenwirkung (zur Definition: BVerwGE 12, 87 [89 f.]), handelt, vgl. hierzu ausführlich *Herbertz*, Verhaltensregeln, S. 132 f. sowie *Schlosser*, Verhaltensregeln, S. 44 ff. Nachdem der Rechtssatzcharakter der Verhaltensregeln heute jedoch nicht mehr ernstlich bestritten wird, wird die Frage hier nicht mehr näher erörtert.

392 Vgl. hierzu grundlegend *Schneider*, Gesetzgebung, Rdn. 646.

393 BVerfGE 1, 144 (148); *Magiera*, in: Sachs, GG, Art. 40, Rdn. 21.

394 *Becker*, Korruptionsbekämpfung, S. 115.

bestritten.[395] Allerdings sind die ordnungsrechtlichen Befugnisse des Präsidenten des Deutschen Bundestages durch das Hausrecht in Art. 40 Abs. 2 GG ebenfalls verfassungsrechtlich abgesichert. Auch in allen anderen Fällen, in denen die Geschäftsordnung gegenüber Nichtparlamentariern Wirkung entfaltet, haben sich diese aus freiem Entschluss in den internen Bereich des Parlamentes begeben.[396] Bei der Geschäftsordnung des Deutschen Bundestages handelt es sich mithin um parlamentarisches Binnenrecht.[397]

bb) Die Verhaltensregeln als eigenständiger Rechtssatz

Die Verhaltensregeln richten sich ebenfalls zunächst an die Bundestagsabgeordneten: Sie haben das Ziel, rein private Interessen der Abgeordneten in der parlamentarischen Tätigkeit aufzuzeigen und daraus fernzuhalten.[398] Die Mitglieder des Bundestages müssen Einkünfte und Tätigkeiten vor und neben dem Mandat gegenüber dem Bundestagspräsidenten anzeigen (§ 1 VR), die dieser dann unter der Zuordnung zu einer von insgesamt drei Stufen veröffentlicht (§ 3 VR). Im Falle der Zuwiderhandlung kann das Präsidium gegenüber dem Parlamentarier ein Ordnungsgeld festsetzen (§ 8 VR).

Teilweise werden die Verhaltensregeln unter Bezug auf die schon erwähnte, durch § 18 GO BT vollzogene Zuordnung als einfaches „Geschäftsordnungsrecht" angesehen.[399] Vereinzelt wird auch auf die Notwendigkeit von Verhaltensregeln für die Funktionsfähigkeit des Parlamentes verwiesen; deren „Reinigungswirkung"[400] stehe in unmittelbarem Zusammenhang mit der Sicherung eines ordnungsgemäßen parlamentarischen Verfahrens.

Dies ist insoweit zutreffend, als die Verhaltensregeln den Abgeordneten betreffen, gerade *weil* er Mitglied des Parlamentes ist. Sie beziehen sich jedoch nicht auf das innerparlamentarische Verfahren, sondern stellen Anforderungen

---

395 So ausdrücklich *Schwerin*, Bundestag als Geschäftsordnungsgeber, S. 88.

396 Vgl. auch *Kretschmer*, in: Schmidt-Bleibtreu/Hofmann/Hopfauf, GG, Art. 40, Rdn. 26; *Kühnreich* (Selbstorganisationsrecht, S. 79) spricht zutreffend von der „freiwilligen Selbstbindung" der betreffenden Personen.

397 Die ähnlich strukturierte Geschäftsordnung der Bundesregierung ordnet *Detterbeck,* in: Isensee/Kirchhof (Hrsg.), HdBStR III, § 66, Rdn. 55 als „Regierungs-innenrechtsnorm" ein.

398 *Haug*, Parlamentarische Geschäftsordnungen, S. 107; *Roll*, in: Schneider/Zeh (Hrsg.), Parlamentsrecht und Parlamentspraxis, § 19, Rdn. 1.

399 *Badura*, in: Schneider/Zeh (Hrsg.), Parlamentsrecht und Parlamentspraxis, § 15, Rdn. 72; *Kretschmer*, in: Schneider/Zeh (Hrsg.), Parlamentsrecht und Parlamentspraxis, § 9, Rdn. 57.

400 *Haug*, Parlamentarische Geschäftsordnungen, S. 108.

an das Verhalten des einzelnen Abgeordneten außerhalb des Parlamentes.[401] Sie betreffen seine berufliche und private Existenz und damit seinen inneren, persönlichen Rechtskreis. Das Anliegen der Verhaltensregeln hat eine eigene Wertigkeit und besteht unabhängig von den in der Geschäftsordnung niedergelegten Formalia des parlamentarischen Ablaufs.[402] So wird deutlich, dass die Verhaltensregeln zwar organisatorisch zum Geschäftsordnungsrecht gehören, aber gleichzeitig materiell einen anderen Inhalt und eine andere Zielrichtung haben. Folglich muss ihre Rechtsnatur losgelöst von der Rechtsnatur der Geschäftsordnung beurteilt werden.[403]

b) Formelles Gesetz

Denkbar wäre zunächst, dass es sich bei den Verhaltensregeln um ein formelles Gesetz handelt. Formelle Gesetze sind die vom Bundestag unter Mitwirkung des Bundesrates beschlossenen Gesetze.[404] Das Verfahren des Zustandekommens von formellen Gesetzen ist im Grundgesetz in den Art. 76 ff. GG geregelt. Gem. Art. 77 Abs. 1 S. 2 GG sind diese nach ihrer Annahme durch den Bundestag unverzüglich dem Bundesrat zuzuleiten; das formelle Gesetz kommt gem. Art. 78 GG durch die dort beschriebene Mitwirkung des Bundesrates zustande. Am Zustandekommen der Verhaltensregeln war der Bundesrat indes gerade nicht beteiligt. Deren Beratung endete mit dem Beschluss des Bundestages vom 30. Juni 2005.[405] Damit wurde das grundgesetzlich notwendige Verfahren für die Verabschiedung von formellen Bundesgesetzen nicht durchgeführt. Es handelt sich deshalb bei den Verhaltensregeln nicht um ein formelles Gesetz.[406]

---

401 *Schwerin*, Bundestag als Geschäftsordnungsgeber, S. 55.

402 Diese Unabhängigkeit zwischen Verhaltensregeln und Geschäftsordnung bringt *Krause* (DÖV 1974, 325 [326]) folgendermaßen zugespitzt auf den Punkt: „Gesetze beschließen und Regierungsämter besetzen kann ein durch und durch korruptes Parlament möglicherweise ‚besser' als ein Parlament aus Ehrenmännern." A.A. *Klein*, in: Maunz/Dürig, GG, Art. 40, Rdn. 53 f.

403 So auch *Herbertz*, Verhaltensregeln, S. 150; *Schwerin*, Bundestag als Geschäftsordnungsgeber, S. 56; *Schlosser*, Verhaltensregeln, S. 5 f., 54; *Trossmann/Roll*, GOBT, § 18, Rdn. 2; a.A. offenbar *Becker*, Korruptionsbekämpfung S. 115.

404 *Detterbeck*, Öffentliches Recht, Rdn. 17; ausführlich dazu auch *Kirchhof*, in: Festgabe Bundesverfassungsgericht, S. 77 f. („Die gesetzliche Entscheidung genießt jedoch besondere Autorität").

405 Plenarprotokoll 15/184, Sitzung vom 30. Juni 2005, S. 17397 ff.

406 Mit diesem Ergebnis erübrigt sich auch die ohnehin fern liegende Überlegung, ob es sich bei Verhaltensregeln nicht auch um Verfassungsrecht im formellen Sinne handeln könnte. Bei diesem stellt die Verfassung an die – hier nicht erfolgte – Mitwirkung des Bundesrates (2/3-Mehrheit) in Art. 79 Abs. 2 GG noch höhere Anforderungen. Gleich-

c) Rechtsverordnung

Möglicherweise sind die Verhaltensregeln als Rechtsverordnung[407] zu klassifizieren. Das Grundgesetz kennt in Art. 80 GG den Begriff der Rechtsverordnung, wenngleich es dort keine Definition bereithält. Allgemein werden Rechtsverordnungen als in bestimmter Form hoheitlich einseitig erlassene, abstrakte und meist generelle Anordnungen von Regierungs- oder Verwaltungsorganen zur Regelung des allgemeinen staatlichen Gewaltverhältnisses mit materiellem Gesetzescharakter beschrieben.[408] Diese Definition scheint zunächst einer Subsumtion der Verhaltensregeln unter den Rechtsverordnungsbegriff nicht entgegen zu stehen. Allerdings berechtigt Art. 80 Abs. 1 S. 1 GG nach dem eindeutigen Wortlaut zum Erlass ausschließlich die Bundesregierung, die Bundesminister sowie die Landesregierungen – der Bundestag wird hier nicht genannt.

Auch die Delegationsnorm, die Art. 80 Abs. 1 S. 4 GG enthält, vermag daran nichts zu ändern. Zwar kommen als Subdeleganten grundsätzlich auch andere als die in Art. 80 Abs. 1 S. 1 GG genannten Organe in Betracht.[409] Doch spricht nichts dafür, dass die Vorschrift dazu dienen sollte, den Kreis der Ermächtigten über die Exekutive hinaus auch auf die Legislative zu erstrecken. Die Gesamtschau von Art. 80 GG zeigt deutlich, dass der Normtyp der Rechtsverordnung auf Regierung und Minister „zugeschnitten" ist; durch diese Ermächtigung der Exekutive soll die Legislative entlastet werden.[410] Würde man in Art. 80 Abs. 1 S. 4 GG nun eine Delegationsbefugnis an den Gesetzgeber selbst herauslesen, verkehrte man den Normzweck in sein Gegenteil.[411]

Indes lässt sich argumentieren, dass die Verfassung in Art. 40 Abs. 1 S. 2 GG für das Geschäftsordnungsrecht (dem die Verhaltensregeln formal zugeordnet sind, vgl. § 18 GO BT) eine gegenüber Art. 80 GG speziellere Delegationsbefugnis und damit eine Verordnungsermächtigung für den Bundestag selbst

---

wohl wurde eine derartige Zuordnung der Geschäftsordnung zum Verfassungsrecht gelegentlich angenommen, vgl. hierzu die Darstellung bei *Haug*, Parlamentarische Geschäftsordnungen, S. 175 f.

407 Grundlegend zu Begriff und Funktion der Rechtsverordnung *Kirchhof*, in: Festgabe Bundesverfassungsgericht. S. 82 f.

408 *Wolff/Bachof/Stober/Kluth*, Verwaltungsrecht I, § 25, Rdn. 40.

409 *Bauer*, in: Dreier, GG, Bd. II, Art. 80, Rdn. 38; *Pieroth*, in: Jarass/Pieroth, GG, Art. 80, Rdn. 19.

410 *Pieroth*, in: Jarass/Pieroth, GG, Art. 80, Rdn. 1.

411 Auch im (mittlerweile aufgehobenen) Gesetz über Ermächtigungen zum Erlass von Rechtsverordnungen vom 3.7.1961 (BGBl. I 1961, S. 856) kam klar zum Ausdruck, dass die Möglichkeit der generellen Subdelegation sich lediglich auf in der Verwaltungshierarchie nachgeordnete Behörden erstrecken sollte.

errichtet hat.[412] Dieser Ansatz kann jedoch nicht überzeugen: Es wurde bereits festgestellt, dass Geschäftsordnung und Verhaltensregeln nach ihrem Sinngehalt klar voneinander zu trennen sind. Außerdem nennt Art. 40 Abs. 1 S. 2 GG gerade keine Rechtsform für die Geschäftsordnung, so dass es sehr gewagt erscheint, der Norm die Ermächtigung für den Erlass einer Rechtsverordnung durch die Legislative zu entnehmen. Bei den Verhaltensregeln handelt es sich somit auch nicht um eine Rechtsverordnung.

d) Satzung

Möglicherweise sind die Verhaltensregeln als Satzung zu qualifizieren. Öffentlich-rechtliche Satzungen sind „Rechtsvorschriften, die von einer dem Staat eingeordneten juristischen Person des öffentlichen Rechts im Rahmen der ihr gesetzlich verliehenen Autonomie mit Wirkung für die ihr angehörigen und unterworfenen Personen erlassen werden".[413]

Das *Bundesverfassungsgericht* qualifiziert zumindest die Geschäftsordnung des Deutschen Bundestages als „autonome Satzung".[414] Oben wurde jedoch bereits dargelegt, dass die Rechtsqualität der Verhaltensregeln hiervon unabhängig beurteilt werden muss.[415] Jedenfalls scheint das *Bundesverfassungsgericht* aber davon auszugehen, dass der Deutsche Bundestag grundsätzlich als Satzungsgeber in Betracht komme.[416] Dieser Feststellung gegenüber sind jedoch Zweifel angebracht: Es handelt sich beim Bundestag gerade nicht um eine „dem Staat eingeordnete juristische Person des öffentliche Rechts", sondern um ein Verfassungsorgan[417]. Die gängigen Kategorien von Stiftungen, Anstalten und Körperschaften passen hier nicht: Dies gilt sowohl hinsichtlich der Rechtsfähigkeit der juristischen Personen wie auch hinsichtlich der Staatsaufsicht, die als Ausgleich

---

412 Vgl. hierzu *Haug*, Parlamentarische Geschäftsordnungen, S. 177.

413 BVerfGE 33, 125 (156); *Detterbeck*, Allg. Verwaltungsrecht, Rdn. 95.

414 BVerfGE 1, 144 (148); vgl. hierzu auch *Cremer*, Anwendungsorientierte Verfassungsauslegung, S. 122; zustimmend *Schneider*, Gesetzgebung, Rdn. 281.

415 Vgl. Abschnitt G. II. 1. a) bb) der Arbeit.

416 BVerfGE 1, 144 (148). Eine weitere Begründung für diese Einordnung liefert das Gericht jedoch nicht.

417 *Böckenförde* (Organisationsgewalt, S. 122 ff.) hat für die Geschäftsordnung der Bundesregierung den Begriff der „Verfassungssatzung" geprägt. Dies scheint grundsätzlich auf das Parlament übertragbar. Diese neue Begrifflichkeit vermag jedoch an der rechtlichen Einordnung nichts zu ändern und muss sich deshalb an dieser Stelle den gleichen Einwänden stellen wie die „Grundform" der Satzung.

der Satzungsautonomie besteht.[418] Weder die Geschäftsordnung noch die Verhaltensregeln können demnach unter den Satzungsbegriff subsumiert werden.[419]

e) Verwaltungsvorschriften

Denkbar ist schließlich noch, die Verhaltensregeln als Verwaltungsvorschriften einzuordnen. Hierbei handelt es sich um abstrakt-generelle Regelungen oder Anordnungen einer Behörde gegenüber nachgeordneten Behörden oder eines Vorgesetzten gegenüber ihm unterstellten Verwaltungsbediensteten.[420] Diese Termini aus der Verwaltungsstruktur mit Über- und Unterordnungsverhältnis sind dem Abgeordnetenmandat jedoch fremd; insbesondere ein Weisungsrecht des Präsidenten gegenüber einzelnen Abgeordneten wäre völlig fernliegend, so dass die Verhaltensregeln auch nicht als Verwaltungsvorschriften eingeordnet werden können.[421]

f) Die Verhaltensregeln als Rechtsnorm sui generis

Es wurde festgestellt, dass die Verhaltensregeln sich nicht in die gängigen Typen der Rechtsnormen einordnen lassen. Es handelt sich mithin um eine Rechtsnorm sui generis.[422]

2. Die Rechtsnatur der Ausführungsbestimmungen

Gem. § 1 Abs. 4 VR erlässt der Präsident des Deutschen Bundestages Ausführungsbestimmungen über Inhalt und Umfang der Anzeigepflichten, nachdem er dem Präsidium und den Fraktionsvorsitzenden die Möglichkeit zur Stellungnahme gegeben hat. Hier überträgt der Bundestag im Zuge einer Subdelegation die nähere Ausgestaltung der ihm vom Gesetzgeber auferlegten Verpflichtung zur Schaffung von Verhaltensregeln. Die Ausführungsbestimmungen konkretisieren den innerparlamentarischen Ablauf der den Abgeordneten durch Gesetz

418 Vgl. auch *Achterberg*, Parlamentsrecht, S. 55; *Schlosser*, Verhaltensregeln, S. 18 ff.

419 So zu den Verhaltensregeln auch *Achterberg*, Parlamentsrecht, S. 55; *Herbertz*, Verhaltensregeln, S. 140 ff.; *Schlosser*, Verhaltensregeln, S. 18; anders offenbar *Klein*, in: Maunz/Dürig, GG, Art. 40, Rdn. 50 ff., der jedenfalls eine strikte Akzessorietät der Verhaltensregeln zur GO BT bejaht und bei der Einordnung letzterer Sympathie für *Böckenfördes* Schöpfung der „Verfassungsatzung“ erkennen lässt.

420 *Detterbeck*, Öffentliches Recht, Rdn. 831.

421 Vgl. *Herbertz*, Verhaltensregeln, S. 146 f.; *Schlosser*, Verhaltensregeln, S. 21 f.

422 So auch *Herbertz*, Verhaltensregeln, S. 150 f.; *Roll*, in: Schneider/Zeh (Hrsg.), Parlamentsrecht und Parlamentspraxis, § 19, Rdn. 21.

und Verhaltensregeln auferlegten Pflichten. Sie stehen schon rein begrifflich außerhalb der gängigen Rechtsnormtypen, weshalb auch hier eine Einordnung erforderlich ist.

Dem Grunde nach gilt das zur Einordnung der Verhaltensregeln Gesagte auch sinngemäß für die Ausführungsbestimmungen – mit dem Unterschied, dass Urheber der Normen in diesem Fall nicht das Parlament, sondern lediglich der Präsident ist. Dies könnte insofern ein anderes Ergebnis rechtfertigen, als der Präsident in bestimmten Fällen auch als Verwaltungsbehörde tätig wird. Dies betrifft zum einen seine Eigenschaft als Leiter der Verwaltung des Deutschen Bundestages. Er ist hier Dienstherr der Beamten, Angestellten und Arbeiter der Bundestagsverwaltung[423]. Darüber hinaus kommen ihm weitere Verwaltungsaufgaben im parlamentarischen Umfeld zu. Insbesondere das Parteiengesetz weist ihm umfassende Aufgaben und Kompetenzen im Bereich der staatlichen Parteienfinanzierung zu.[424] Er ist hier u.a. zuständig für die Prüfung der Rechenschaftsberichte der politischen Parteien (§ 23a PartG) sowie deren Wahlkampfkostenerstattung (§§ 18 ff. PartG).[425] Hier fungiert der Bundestagspräsident als Verwaltungsbehörde (§ 21 Abs. 2 PartG: „mittelverwaltende Stelle“).

Wenn der Bundestagspräsident im so umschriebenen Aufgabenbereich als Verwaltungsbehörde tätig wird, könnte diese Einordnung auch für die Ausführungsbestimmungen zu den Verhaltensregeln relevant werden. Dies hätte dann möglicherweise (und insofern abweichend von den Verhaltensregeln selbst) eine Qualifikation der Ausführungsbestimmungen als Verwaltungsvorschriften zur Folge. Letztere erfordern jedoch zwingend, dass es sich nicht nur bei dem Normsetzer um eine Behörde handelt, sondern auch der Adressat selbst eine Behörde bzw. ein unterstellter Verwaltungsbediensteter ist.[426] Die Ausführungsbestimmungen zu den Verhaltensregeln richten sich jedoch an die Mitglieder des Deutschen Bundestages und fordern hier Informationen ein, die ggf. auch die grundrechtlich geschützte Sphäre von Dritten tangieren. Es wurde bereits gezeigt, dass die durch das freie Mandat aus Art. 38 Abs. 1 S. 2 GG und die daneben anwendbaren Grundrechte geschützten Abgeordneten dem Bundestagspräsidenten gerade nicht in einer verwaltungsähnlichen Struktur unterstehen. Weder der Behördenbegriff noch der des unterstellten Verwaltungsbediensteten können hier Anwendung finden. Somit können auch die Ausführungsbestimmungen des Präsidenten nicht unter den Begriff der Verwaltungsvorschriften subsumiert

423 Vgl. *Bücker*, in: Schneider/Zeh (Hrsg.), Parlamentsrecht und Parlamentspraxis, § 27, Rdn. 13.

424 Vgl. *Bücker*, in: Schneider/Zeh (Hrsg.), Parlamentsrecht und Parlamentspraxis, § 27, Rdn. 17

425 Vgl. hierzu *Koch*, in: Ipsen (Hrsg.), ParteinG, § 19a, Rdn. 35

426 Vgl. zur Definition *Detterbeck*, Allg. Verwaltungsrecht, Rdn. 100.

werden. Auch eine Zuordnung zu einem anderen Rechtsnormtyp kommt nicht in Frage. Bei den Ausführungsbestimmungen handelt es sich damit ebenfalls um eine Rechtsnorm sui generis.[427]

3. Zulässigkeit von Rechtsnormen sui generis

Bei Verhaltensregeln und Ausführungsbestimmungen handelt es sich also um Normtypen, die von der gängigen Rechtsquellenlehre nicht erfasst werden. Daher muss geklärt werden, ob solche Neuschöpfungen verfassungsrechtlich zulässig oder nicht vielmehr schon per se verfassungswidrig sind. Letzteres wäre dann der Fall, wenn die Verfassung von einem numerus clausus der Rechtsnormtypen ausginge und damit etwaige Neuschöpfungen einem Verfassungsvorbehalt unterlägen.

Vereinzelt wurde argumentiert, dass das Grundgesetz mit Art. 80 GG die nicht-gesetzliche Rechtsetzung abschließend regele und mithin sonstige Normtypen und weitergehende Delegationen verfassungswidrig seien.[428] Eine solche Argumentation erscheint jedoch wenig überzeugend: Allein aus dem Schweigen des Grundgesetzes lässt sich kein umfassendes Verbot von dort nicht erwähnten Rechtsnormtypen entnehmen. An anderer Stelle werden die verfassungsrechtlichen Normsetzungsformen auch als Ausfluss des Demokratie- und Rechtsstaatsprinzips eingeordnet.[429]

Tatsächlich haben sich unter Geltung des Grundgesetzes bis heute verschiedene neue Rechtsquellen entwickelt: Hier sei als Beispiel nur die normersetzende Vereinbarung in Form allgemein-verbindlicher Tarifverträge genannt. Diese hat auch das *Bundesverfassungsgericht* ausdrücklich als verfassungskonform anerkannt, an gleicher Stelle aber ebenso ausdrücklich offen gelassen, ob das Grundgesetz nicht doch von einem verfassungsrechtlichen Typenzwang ausgeht.[430] In seinen bisherigen Entscheidungen, die die Thematik berühren, hat das Gericht sorgfältig darauf geachtet, dass über den Einzelfall hinaus keine generellen Aussagen zu einem möglichen Rechtsquellenvorbehalt getroffen werden.[431] Damit lässt sich die Judikatur des *Bundesverfassungsgerichts* weder für noch

427 So auch *Herbertz*, Verhaltensregeln, S. 159.

428 So ausdrücklich: *Hamann*, Autonome Satzungen, S. 69. Die Gemeinden und kommunalen Satzungen nimmt *Hamann* jedoch wegen Art. 28 Abs. 2 GG ausdrücklich aus.

429 *Ossenbühl*, NZS 1997, 497 (499 f.).

430 Wörtlich in BVerfGE 44, 322 (347): „Ein solcher ‚Typenzwang' der Rechtsquellen gilt jedenfalls nicht in dem von Art. 9 Abs. 3 GG maßgeblich gestalteten Bereich der Regelung von Arbeitsbedingungen und Wirtschaftsbedingungen".

431 Vgl. BVerfGE 8, 274 ff.; 42, 184 ff.; 44, 322 ff.

gegen einen verfassungsrechtlichen numerus clausus der Rechtsnormtypen ins Feld führen.[432] In jüngerer Zeit hat sich der Blickwinkel des Gerichts allerdings verändert: Neue Formen von Recht wurden nicht länger hinsichtlich eines eventuellen numerus clausus begutachtet, sondern auf ihre Vereinbarkeit mit dem Demokratiegebot hin untersucht.[433] Maßstab ist dabei der Grad der demokratischen Legitimation.[434]

Auffällig ist jedoch, dass auch diejenigen, die dem einfachen Gesetzgeber die Kreation neuer Regelungsinstrumente versagen wollen, diesem gleichwohl Modifikationen der überkommenen Formen zugestehen.[435] Dabei bleibt unklar, welche Grenzen hier gezogen werden sollen und woraus sich diese ergeben. *Ossenbühl* entnimmt dem Grundgesetz einen numerus clausus für den Bereich der „formalisierten Rechtsetzung" – das Parlamentsrecht, dem Verhaltensregeln und Ausführungsbestimmungen zugehören, nimmt er ausdrücklich aus.[436]

Tatsächlich haben sich heute mannigfaltige Formen von untergesetzlichen Regelungsformen entwickelt, die allesamt außerhalb der in der Verfassung erwähnten Normtypen stehen: Das Sozialversicherungsrecht beispielsweise kennt Bedarfspläne, Normenverträge, Honorarverteilungsmaßstäbe und viele andere Formen von Recht, die sich einer Einordnung in die gängige Formentypologie völlig entziehen.[437] Eine Beschränkung auf die in der Verfassung ausdrücklich statuierten Rechtsetzungsformen würde also in der (nicht nur sozialversicherungsrechtlichen) Praxis zu ganz erheblichen Schwierigkeiten führen. Mehr als nachvollziehbar ist insofern der Einwand, dass die Formenvielfalt dem parlamentarischen Gesetzgeber auch die Möglichkeit eröffnet, flexibel auf die normativen Anforderungen einer äußerst schnelllebigen Gesellschaft zu reagieren.[438] Ein rechtliches Argument ist das allerdings noch nicht.

---

432 Vgl. auch *Ossenbühl*, in: Isensee/Kirchhof (Hrsg.), HbdStR V, § 100, Rdn. 45. Zu einzelnen Missdeutungen der Judikatur in eine gegenteilige Richtung vgl. *Axer*, Normsetzung, S. 158 f.

433 BVerfGE 107, 59 (89 ff.); 111, 191 (215 ff.).

434 Vgl. auch *Ossenbühl*, in: Isensee/Kirchhof (Hrsg.), HbdStR V, § 100, Rdn. 45.

435 *Ossenbühl*, NZS 1997, 497 (499 f.).

436 *Ossenbühl*, in: Isensee/Kirchhof (Hrsg.), HbdStR V, § 100, Rdn. 44.

437 Vgl. hierzu *Erichsen/Ehlers*, Allg. Verwaltungsrecht, S. 73 f. Im weiten Feld des Sozialversicherungsrechts kommt hinzu, dass Entwicklung und Setzung der Normen(typen) weitgehend ohne Beteiligung des Parlamentes von statten gehen. Zu diesem zusätzlichen Problemkreis ausführlich *Axer*, Normsetzung S. 52 ff; *Ossenbühl,* in: Isensee/Kirchhof (Hrsg.), HbdStR V, § 100, Rdn, 46.

438 *Herbertz*, Verhaltensregeln, S. 180; in diesem Sinne auch BVerfGE 102, 224 (236): „Auch auf die zunehmende Komplexität der Regelungsbedürfnisse muss das Parlament im Rahmen des Selbstorganisationsrechts reagieren.".

Nochmals muss sich der Blick auf den Wortlaut des Grundgesetzes richten: Soweit die Verfassung Rechtsquellen erwähnt, geschieht dies an ganz unterschiedlichen Stellen.[439] Während Verfahren, Zuständigkeit und Geltung von formellen Bundesgesetzen in den Art. 70 ff. GG sehr ausführlich geregelt sind, werden Rechtsverordnung[440] und Verwaltungsvorschrift[441] andernorts erwähnt. Den Terminus der Satzung kennt das Grundgesetz überhaupt nicht.[442] Die Verfassung enthält also gerade keine katalogartige Aufzählung möglicher Rechtsnormtypen. Nur bei Existenz einer solchen, dann möglicherweise abschließenden Regelung könnte das Schweigen des Grundgesetzes über andere Formen von Recht eine Bedeutung erhalten. Mithin errichtet die Verfassung keinen numerus clausus, der der Schöpfung von neuen Erscheinungsformen des Rechts entgegenstünde. Das Parlament ist demnach auch grundsätzlich befugt, Verhaltensregeln und Ausführungsbestimmungen durch Rechtsnormen sui generis zu regeln.

III. Verfassungsrechtliche Anforderungen an die Rechtssatzqualität bei der Einschränkung von Grund- und Statusrechten

Die grundsätzliche verfassungsrechtliche Zulässigkeit von Rechtsnormen sui generis sagt indes noch nichts darüber aus, in welchem Maße die Verhaltensregeln und Ausführungsbestimmungen von ihrer Rechtssatzqualität geeignet sind, Grund- und Statusrechte der Abgeordneten einzuschränken.

Das freie Mandat aus Art. 38 Abs. 1 S. 2 GG wird nicht schrankenlos gewährleistet. Einigkeit besteht zunächst darüber, dass es eingeschränkt werden kann durch andere Rechtsgüter von Verfassungsrang.[443] Hierzu zählen die Ver-

---

439 Zutreffend weist *Axer* (Normsetzung, S. 209, Fn. 333) darauf hin, dass hier einzig Art. 129 GG eine Ausnahme darstellt, der das Fortgelten vorkonstitutioneller Ermächtigungen regelt.

440 Art. 80, 82 Abs. 1 S. 2 GG.

441 Art. 84 Abs. 2, Art. 85 Abs. 2 S. 1, Art. 86 S. 1, Art. 87b Abs. 2 GG.

442 Die Verfassung hat die Satzung als eine der überkommenen Rechtsformen historisch vorgefunden und ihre Zulässigkeit vorausgesetzt, vgl. *Herbertz*, Verhaltensregeln, S. 178. Teilweise wird die Ermächtigung der Kommunen zum „Regeln“ ihrer örtlichen Angelegenheiten als verfassungsrechtliche Absicherung des Autonomiegedankens und (daraus folgend) als grundgesetzliche Anerkennung ihrer Satzungshoheit eingeordnet, vgl. *Stern*, Staatsrecht, Bd. I, § 20 IV 4.

443 *Butzer*, in: Epping/Hillgruber, GG, Art. 38, Rdn. 111; *Morlok*, in: Dreier, GG, Bd. II, Art. 38, Rdn. 151; *Klein*, in: Maunz/Dürig, GG, Art. 38, Rdn. 218.

trauenswürdigkeit[444] und Funktionsfähigkeit[445] des Parlamentes sowie die Statusgleichheit seiner Mitglieder[446]. Diese Rechtsgüter, auf die Einschränkungen gestützt werden können, finden in der materiellen Bewertung Berücksichtigung. Hier geht es zunächst um die Frage, in welcher Form derlei Beschränkungen rechtlich fixiert sein müssen.

Das Grundgesetz hat das Parlament in Art. 40 Abs. 1 S. 2 GG mit der Geschäftsordnungsautonomie versehen. Diese ist historisch gewachsen[447] und soll den Bundestag in die Lage versetzen, selbst über eigene Angelegenheiten zu entscheiden.[448]

Der Meinungsstand zur Reichweite der Geschäftsordnungsautonomie ist unübersichtlich. Einigkeit besteht zunächst darin, dass durch Art. 40 Abs. 1 S. 2 GG das Parlament befugt ist, seine innersten Angelegenheiten – dies sind jedenfalls solche, die weder Grundrechte der Abgeordneten noch solche von externen Dritten berühren – eigenständig und ohne Beteiligung anderer Verfassungsorgane zu regeln.[449] Darunter fallen vor allem Selbstorganisation und Geschäftsgang des Parlamentes.[450] Hier kann der Bundestag eigenständig Regelungen treffen, ohne dabei auf die Gesetzesform (und damit die Mitwirkung anderer Verfassungsorgane) angewiesen zu sein. Vereinzelt wird Art. 40 Abs. 1 S. 2 GG auch die Befugnis des Parlamentes entnommen, durch Geschäftsordnungsrecht in Grundrechte der Abgeordneten einzugreifen.[451]

Andere wiederum verstehen die Parlamentsautonomie als Wahlmöglichkeit des Bundestages zwischen den Regelungsorten „Gesetz“ und „Geschäftsordnung“.[452] Gerade dieses Verhältnis von Gesetz und Geschäftsordnung im Parlamentsrecht ist sehr umstritten. Während die einen strikt darauf beharren, dass die Verfassung mit Art. 40 Abs. 1 S. 2 GG das Parlament nicht nur ermächtigt, sondern auch verpflichtet habe, seine Angelegenheiten in der nicht-gesetzlichen

444 BVerfGE 94, 351 (367 f.); 99, 19 (32).

445 BVerfGE 80, 188 (219); 84, 304 (321 f.); 96, 264 (279).

446 BVerfGE 102, 224 (238); *Morlok*, in: Dreier, GG, Bd. II, Art. 38, Rdn. 161 f; hierzu insgesamt: *Butzer*, in: Epping/Hillgruber, GG, Art. 38, Rdn. 111 ff.

447 *Klein* (in: Maunz/Dürig, GG, Art. 40, Rdn. 6) sieht vor diesem Hintergrund das Erfordernis einer traditionsgebundenen Auslegung. Ausführlich zu den geschichtlichen Wurzeln auch *Pietzcker*, in: Schneider/Zeh (Hrsg.), Parlamentsrecht und Parlamentspraxis, § 10, Rdn. 3.

448 BVerfGE 102, 224 (235); *Brocker*, in: Epping/Hillgruber, Art. 40, Rdn. 23.

449 Vom „Kern der verfassungsrechtlich begründeten Parlamentsautonomie” spricht BVerfGE 102, 224 (236); *Brocker*, in: Epping/Hillgruber, Art. 40, Rdn. 1.

450 *Morlok*, in: Dreier, GG, Bd. II, Art. 40, Rdn. 6.

451 *Morlok*, in: Dreier, GG, Bd. II, Art. 38, Rdn. 151.

452 *Butzer*, in: Epping/Hillgruber, GG, Art. 38, Rdn. 112.

Form der Geschäftsordnung zu regeln, um „Herr im eigenen Hause“[453] zu bleiben[454], sehen andere eine Befugnis des Bundestages, sich hier auch der Gesetzesform zu bedienen[455].

Oben[456] wurde bereits dargelegt, dass Verhaltensregeln und Ausführungsbestimmungen ungeachtet der organisatorischen Zuordnung[457] in materieller Hinsicht gerade kein Geschäftsordnungsrecht darstellen.

Die Frage, welcher Regelungsform sich welcher Normsetzer bedienen darf bzw. muss, wurde im Zusammenhang mit dem rechtsstaatlichen Erfordernis der Gesetzmäßigkeit der Verwaltung bereits intensiv diskutiert.[458] Durch die Kategorien Vorrang und Vorbehalt des Gesetzes, Wesentlichkeitstheorie sowie Parlamentsvorbehalt können die verfassungsrechtlichen Anforderungen in diesem Kontext als weitgehend geklärt gelten.[459] Da der Exekutive im Bereich des Parlamentsrechts keine entscheidende Rolle zukommt, können hier weder der Vorbehalt des Gesetzes (nach dem exekutives Handeln in bestimmten Fällen eine Ermächtigung durch formelles Gesetz benötigt[460]) noch der Parlamentsvorbehalt (der für einige Angelegenheiten die konstitutive Zustimmung des Parlamentes verlangt[461]) Erkenntnisse liefern.

Mit der heute als Wesentlichkeitstheorie bezeichneten Rechtsprechung hat das *Bundesverfassungsgericht* den Vorbehalt des Gesetzes dahingehend modifiziert, dass die Entscheidung aller grundsätzlichen Fragen, die den Bürger unmittelbar betreffen, in der Form des parlamentarischen Gesetzes erfolgen muss.[462] Diese Beschränkung der Wesentlichkeitstheorie auf das Verhältnis zwischen Staat und Bürger hat das *Bundesverfassungsgericht* bestätigt.[463] Für das Parlamentsrecht kann dies nur bedeuten, dass Sachverhalte, die über den internen Bereich von Selbstorganisation und Geschäftsgang hinaus gehen und den Abge-

---

453 BVerfGE 70, 324 (377) – diss.op.

454 *Achterberg/Schulte*, in: von Mangoldt/Klein/Starck, GG, Bd. 2, Art. 40, Rdn. 43 ff.; *Schwerin*, Bundestag als Geschäftsordnungsgeber, S. 46 ff.; *Pietzcker*, in: Schneider/Zeh (Hrsg.), Parlamentsrecht und Parlamentspraxis, § 10, Rdn. 16.

455 *Morlok*, in: Dreier, GG, Bd. II, Art. 38, Rdn. 151; *Haug*, Parlamentarische Geschäftsordnungen, S. 50 f.; zu den Argumenten beider Seiten vgl. *Klein*, in: Maunz/Dürig, GG, Art. 40, Rdn. 77 ff.

456 Vgl. Abschnitt G. II. 1. a) bb) der Arbeit.

457 Die Verhaltensregeln sind gem. § 18 GO BT „Bestandteil der Geschäftsordnung“.

458 Vgl. *Detterbeck*, Öffentliches Recht, Rdn. 31 ff.

459 Wenngleich einzelne Begrifflichkeiten gelegentlich fälschlicherweise synonym verwendet werden.

460 Vgl. *Detterbeck*, Öffentliches Recht, Rdn. 33.

461 Vgl. *Detterbeck*, Öffentliches Recht, Rdn. 36.

462 So erstmals ausdrücklich BVerfGE 40, 237 (249).

463 BVerfGE 84, 212 (226); dazu *Detterbeck*, Allg. Verwaltungsrecht, Rdn. 264 ff.

ordneten als Bürger betreffen, einer formell-gesetzlichen Ausgestaltung bedürfen, soweit es sich um wesentliche Angelegenheiten handelt. Dies gilt insbesondere dann, wenn Eingriffe in Grundrechte der Abgeordneten zur Rede stehen.

Unberührt von dieser verfassungsrechtlichen Pflicht bleibt das Recht des Parlamentes, für elementare Fragen des parlamentarischen Verfahrens die Gesetzesform anzustreben, um z.B. wesentliche Minderheitenrechte auf einer Ebene zu regeln, die dem einfachen Zugriff des Parlamentes entzogen ist und nicht der Diskontinuität unterliegt.[464]

Demnach ist folgendermaßen zu differenzieren: Soweit der Abgeordnetenstatus im lediglich staatsorganisationsrechtlichen Sinne geregelt wird, bleiben Grundrechte außer Betracht[465] Hier geht es nicht um das Staat-Bürger-Verhältnis. Ob die Wesentlichkeitstheorie auch auf diesen staatsinternen Bereich ausstrahlt, kann dahinstehen, wenn die in Rede stehenden Maßnahmen des Parlamentes den Abgeordneten ohnehin in seiner grundrechtlichen Sphäre betreffen.[466] Dies ist nach hier vertretener Auffassung bei den Verhaltensregeln der Fall.

---

464 So explizit *Haug*, Parlamentarische Geschäftsordnungen, S. 51.

465 BVerfGE 118, 227 (327 f.).

466 Allerdings sprechen gute Gründe dafür, dass auch die Ausgestaltung des Abgeordnetenstatusrechts einer formell-gesetzlichen Ausgestaltung bedarf: *Häberle* (NJW 1976, 537 [540]) erkennt unter Bezugnahme auf das Diätenurteil (BVerfGE 40, 296) einen „demokratischen Gesetzesvorbehalt“, zumindest hinsichtlich der Abgeordnetenentschädigung an.

H. Die Verfassungsmäßigkeit der Regelungen zu Nebentätigkeiten und Offenlegungspflichten unter besonderer Berücksichtigung des Urteils des Bundesverfassungsgerichts vom 4. Juli 2007 (BVerfGE 118, 277 ff.)

Wie oben schon dargelegt wurde, ist die Rechtsstellung der Bundestagsabgeordneten in Normen von unterschiedlicher Rangordnung ausgestaltet. Auch die hier in Rede stehenden Vorschriften über Nebentätigkeiten und Offenlegungspflichten der Mandatsträger wurden auf mehreren normativen Ebenen festgelegt.

Nach dem Beschluss des Deutschen Bundestages vom 15. Juni 2005 wurde am 22. August 2005 das sechsundzwanzigste Gesetz zur Änderung des Abgeordnetengesetzes beschlossen.[467] Dieses regelt den Status der Abgeordneten auf formalgesetzlicher Ebene. Der neue § 44a Abs. 1 AbgG legt nun fest, dass die „Ausübung des Mandats im Mittelpunkt der Tätigkeit eines Mitgliedes des Bundestages" steht.

§ 44b AbgG verpflichtet das Parlament, sich Verhaltensregeln zu geben, die insbesondere Anzeige- und Veröffentlichungspflichten enthalten. Diese Pflicht legt der formelle Gesetzgeber dem Parlament auf.[468] Dementsprechend hat der Bundestag mit Beschluss vom 30. Juni 2005 die Verhaltensregeln für Mitglieder des Deutschen Bundestages als Anlage 1 zur GO BT neu gefasst.[469] Die Verhaltensregeln sind gem. § 18 GO BT „Bestandteil dieser Geschäftsordnung".

Die Verwaltungsabläufe von Anzeige- und Offenlegungspflicht werden schließlich in den Ausführungsbestimmungen (AB) zu den Verhaltensregeln festgelegt. Diese Ausführungsbestimmungen hat der Präsident des Deutschen Bundestages am 30. Dezember 2005 erlassen.[470]

I. Weichenstellung: Die Mittelpunktregelung gem. § 44a AbgG

Gem. § 44a Abs. 1 S. 1 AbgG soll die Ausübung des Mandats im Mittelpunkt der Tätigkeit eines Abgeordneten stehen, wenngleich „unbeschadet dieser Ver-

467 BGBl I 2005, S. 2482.

468 Vgl. *Braun/Jantsch/Klante*, AbgG, § 44a, Rdn. 7.

469 BGBl I 2005, S. 2512.

470 BGBl. I 2006 , S. 10.

pflichtung Tätigkeiten beruflicher oder anderer Art neben dem Mandat grundsätzlich zulässig bleiben." (§ 44a Abs. 1 S. 2 AbgG). Die Frage, ob diese nunmehr gesetzlich fixierte Obliegenheit insbesondere mit den statusrechtlichen Anforderungen des Grundgesetzes in Einklang steht, bildet den Ausgangspunkt aller weiteren Untersuchungen zu Anzeige- und Veröffentlichungspflichten. Allzu deutlich tritt hier – nunmehr gesetzlich fixiert – die Wandlung des Abgeordnetenbildes zu Tage.

Es wird sich zeigen, dass die tatsächlichen Auswirkungen der Mittelpunktsregelung am Ende übersichtlich sind. Trotzdem nimmt sie eine wichtige Weichenstellung vor, die letztlich eine Vorentscheidung für die Verfassungsmäßigkeit der eigentlich strittigen Transparenzregeln darstellt. Nur so lässt es sich erklären, dass § 44a AbgG zu einer intensiven Kontroverse im Gesetzgebungsverfahren und später auch vor dem *Bundesverfassungsgericht* geführt hat, die mit größtem Begründungsaufwand und teilweise scharfen Klingen[471] geführt wurde. Diese soll zum Anlass genommen werden, die verschiedenen Positionen darzustellen, die die Regelung an den statusrechtlichen Garantien des Grundgesetzes messen.

1. Die statusrechtlichen Einordnungen

a) Vereinbarkeit mit dem freien Mandat aus Art. 38 Abs. 1 S. 2 GG

Nach dem Wortlaut von Art. 38 Abs. 1 S. 2 GG sind die Abgeordneten „*Vertreter des ganzen Volkes, an Aufträge und Weisungen nicht gebunden und nur ihrem Gewissen unterworfen*". Der Wortlaut der Norm besagt zunächst, dass keine wie auch immer geartete Weisung für das Abstimmungsverhalten des Abgeordneten rechtlich verbindlich sein kann.[472] Darüber hinaus wird Art. 38 Abs. 1 S. 2 GG eine umfassende Garantie des „freien Mandats"[473] entnommen. Die

471 Anders lässt sich der im Grunde anlasslose Hinweis der Senatsmehrheit „Die Grundrechte können keine Handhabe bieten, den Honoratioren-Abgeordneten (vgl. BVerfGE 40, 296 [312]) als verfassungsrechtliches Leitbild wieder aufleben zu lassen" (BVerfGE 118, 277 [327]) kaum interpretieren. Vom intensiven „Ringen hinter den Kulissen" und von der politischen Dimension des Verfahrens berichtet *von Arnim*, DÖV 2007, 897 (901).

472 *Detterbeck*, Öffentliches Recht, Rdn. 103.

473 Recht kritisch hierzu *Wefelmeier*, Repräsentation, S. 165, der in Anbetracht der zahlreichen faktischen Bindungen der Abgeordneten den etwas sperrigen Begriff des „pluralistischen Mandats" vorzieht. *Achterberg/Schulte*, in: von Mangoldt/Klein/Starck, GG, Bd.

Verfassung selbst kennt diesen Begriff nicht.[474] Gleichwohl hat er inzwischen durch Anwendungspraxis, Rechtsprechung und Literatur erkennbare Konturen erhalten.

Hier gilt zu klären, ob die Mittelpunktsregelung gem. § 44a AbgG eine zulässige Konkretisierung der Pflichten eines Abgeordneten ist oder ob sie eine unzulässige Einschränkung des freien Mandats aus Art. 38 Abs.1 S. 2 GG darstellt.

aa) Die Auffassungen im Gesetzgebungsverfahren

Diese Frage wurde schon im Gesetzgebungsverfahren kontrovers diskutiert. Hier waren es *Meyer*[475] und *Waldhoff*[476], die in ihren jeweiligen Gutachten für die Rechtsstellungskommission des Ältestenrates des Deutschen Bundestages zu unterschiedlichen Ergebnissen kamen.

aaa) Die Begründung des Gesetzentwurfes

In der Entwurfsbegründung[477] wird die Mittelpunktregelung – unter Bezugnahme auf das Diätenurteil des Bundesverfassungsgerichts[478] – als Konsequenz des zum Beruf gewordenen Mandats dargestellt. Die Pflicht, den Schwerpunkt der Beschäftigung auf das Mandat zu legen, manifestiere die „Wertigkeit der verfassungsrechtlichen Pflicht der Abgeordneten, die in der Vertretung des gesamten Volkes besteht“[479]. Nicht im Gesetzeswortlaut, aber in der Begründung wird die Übernahme von Regierungsämtern mit der gleichzeitigen Ausübung eines Abgeordnetenmandats für weiterhin vereinbar erklärt, gleiches soll für die Wahrnehmung von parteipolitischen Aufgaben gelten.[480]

bbb) Die Ansicht Waldhoffs

Waldhoff betont zunächst die Maßstäblichkeit der Verfassung für den Abgeordnetenstatus: Einfachgesetzliche Normen könnten in diesem Bereich schwerlich sanktionierbare Pflichten festlegen. Von der Freiheit des Mandats sieht er insbe-

---

2, Art. 38, Rdn. 27 ff. verwenden mit ähnlicher Begründung den Begriff „repräsentatives Mandat“.

474 Darauf weist auch *Meyer*, VVDStRL 33, S. 94 hin.

475 Vgl. *Meyer*, Nebentätigkeiten I, sowie die anschließende Erwiderung auf die Ausführungen von *Waldhoff*: *Meyer*, Nebentätigkeiten II.

476 In ZParl 2006, 251 ff. greift *Waldhoff* weite Teile des von ihm im Gesetzgebungsverfahren erstatteten Gutachtens auf.

477 BT-Drs. 15/5671, S. 4.

478 BVerfGE 40, 296 ff.

479 BT-Drs. 15/5671, S. 4.

480 BT-Drs. 15/5671, S. 4.

sondere auch die autonome Entscheidung darüber umfasst, *wie* die im Grundgesetz angelegte Repräsentation tatsächlich verwirklicht wird.[481] *Waldhoff* bezieht sich auf das Diätenurteil des Bundesverfassungsgerichts[482] und hebt dabei die Unterschiede zwischen Abgeordnetenmandat und Beamtentätigkeit hervor. Dabei äußert er sich kritisch zu der im Diätenurteil vorgenommenen Realanalyse des Gerichts über die tatsächliche zeitliche Inanspruchnahme des einzelnen Abgeordneten durch das Mandat. Diese mündete seinerzeit in der Feststellung, dass Mandat sei zum „full-time-job“[483] geworden und erfordere „den ganzen Menschen“[484]. Auch wenn das Bundesverfassungsgericht hier die (damalige) politische Wirklichkeit zutreffend beschrieben und daraus rechtliche Schlüsse gezogen habe, könne das Ergebnis einer Tatsachenbeschreibung nicht zum Verfassungsgrundsatz erhoben werden.[485]

Auch weist *Waldhoff* auf begriffliche Schwierigkeiten hin: Der Schwerpunkt der Tätigkeit eines Abgeordneten könne anhand unterschiedlichster Parameter bestimmt werden.[486] Zur Veranschaulichung bemüht er das (fiktive) Beispiel des an der Börse spekulierenden Abgeordneten, der in kürzester Zeit hohe Gewinne erwirtschaftet – in der zeitlichen Konzentration auf sein Mandat dadurch jedoch nicht eingeschränkt wird.[487] Damit wendet sich *Waldhoff* auch gegen die mögliche Annahme, ein Abgeordneter erfülle sein parlamentarisches Amt am besten, wenn er möglichst viel Zeit im Plenum verbringe.[488] Dabei anerkennt er indes die Verfassungsmäßigkeit der in der Geschäftsordnung normierten Präsenzpflichten für Abgeordnete (§ 13 Abs. 2 GO BT i.V.m. § 14 AbgG) – diese entflössen deutscher Parlamentstradition, regelten den ordnungsgemäßen Ablauf der parlamentarischen Debatte und fänden ihre Rechtfertigung letztlich in der Funktionsfähigkeit des Parlaments selbst.[489]

Auch weist *Waldhoff* auf die in der deutschen Verfassungspraxis nicht unübliche Kumulation von Parlamentsmandat und Regierungsamt hin. Im Falle von Bundesministern und parlamentarischen Staatssekretären könne unmöglich davon ausgegangen werden, dass der Schwerpunkt der Tätigkeit weiterhin im Bundestagsmandat liege.[490]

481 *Waldhoff*, ZParl 2006, 251 (252).
482 BVerfGE 40, 296ff. – Vgl. Abschnitt D. II. 3. der Arbeit
483 Auf deutsch: „Vollzeitbeschäftigung“.
484 BVerfGE 40, 296 (313).
485 *Waldhoff*, ZParl 2006, 251 (254).
486 *Waldhoff*, ZParl 2006, 251 (254).
487 *Waldhoff*, ZParl 2006, 251 (254).
488 *Waldhoff*, ZParl 2006, 251 (255).
489 *Waldhoff*, ZParl 2006, 251 (255).

Nach alldem kommt *Waldhoff* zu dem Ergebnis, dass die Mittelpunktregelung entweder ein rein deklaratorischer Akt symbolischer Gesetzgebung oder aber verfassungswidrig sei.[491]

ccc) Die Ansicht Meyers

Anders als *Waldhoff* hält *Meyer* die Mittelpunktregelung für „unproblematisch“[492]. Jedenfalls entspreche die damit verbundene Erwartung der ohnehin bestehenden Entschädigung und auch Altersversorgung der Abgeordneten. Die Verpflichtung zur Konzentration auf das Mandat sei geradezu notwendige Grundlage von parlamentarischen Transparenzregeln.[493] Vom Mandatsbegriff sieht *Meyer* neben der eigentlichen Tätigkeit im Parlament auch die Verpflichtungen des Abgeordneten im Wahlkreis und insbesondere auch die Arbeit in den Parteien sowie ein mögliches Regierungsamt umfasst.[494] Etwas anderes ergebe sich indes bei Funktionen in Verbänden oder „genereller in Systemen organisierter Interessen“. Zwar sei es, so *Meyer* weiter, Aufgabe des Abgeordneten sich mit Interessen unterschiedlichster Gruppen auseinanderzusetzen, nicht jedoch diese als bezahlter Funktionär im Parlament zu vertreten.

Durch die Stellungnahme von *Waldhoff* sah sich *Meyer* zu einer Erwiderung veranlasst[495]: Hier führt er aus, dass die Verfassung dem Gesetzgeber einen Spielraum eröffne, innerhalb deren sich die Mittelpunktregelung bewege.[496] Die grundgesetzlichen Vorgaben aus Art. 38 Abs. 1 S. 2 GG will *Meyer* auf die Tätigkeit *im* Mandat beschränken. Nebentätigkeiten hingegen seien – schon dem Wortsinne nach – gerade kein Fall der Mandatswahrnehmung.[497] Dabei erkennt er die Unsicherheiten, die bei der Ausdeutung des Mittelpunktbegriffs notwendigerweise bestehen. Gleichwohl sei dies kein Argument, auf die Festlegung zu verzichten. Sonst, so *Meyer*, könne „der Bundestag seine Gesetzgebung insgesamt einstellen“[498]. Unter den gegebenen Umständen normiere die Mittelpunktregelung lediglich eine „Selbstverständlichkeit“[499].

---

490 *Waldhoff*, ZParl 2006, 251 (256).
491 *Waldhoff*, ZParl 2006, 251 (257).
492 *Meyer*, Nebentätigkeiten I, S. 12.
493 *Meyer*, Nebentätigkeiten I, S. 12.
494 *Meyer*, Nebentätigkeiten I, S. 13 f.
495 *Meyer*, Nebentätigkeiten II.
496 *Meyer*, Nebentätigkeiten II, S. 2.
497 *Meyer*, Nebentätigkeiten II, S. 3.
498 *Meyer*, Nebentätigkeiten II, S. 4.
499 *Meyer*, Nebentätigkeiten II, S. 5.

bb) Das Verfahren vor dem Bundesverfassungsgericht

Im Organstreitverfahren vor dem Bundesverfassungsgericht griffen die Antragsteller auch die Mittelpunktregelung an: Diese verletze den Kernbereich der Selbstdefinition parlamentarischer Tätigkeit[500] und stelle den Abgeordneten in ein beamtenrechtsähnliches Disziplinarverhältnis gegenüber Präsidium und Präsident[501]. Die zwischen *Waldhoff* und *Meyer* entstandene Kontroverse zur Verfassungsmäßigkeit der Mittelpunktregelung setzte sich in dem Verfahren vor dem Bundesverfassungsgericht fort: Wenngleich sowohl die das Urteil tragenden Richter als auch die dissentierenden Mitglieder des zweiten Senats die Mittelpunktregelung im Ergebnis für verfassungskonform halten, sind die Begründungen völlig unterschiedlich und teilweise sogar gegenläufig.

aaa) Die Ansicht der das Urteil tragenden Richter

Die das Urteil tragenden Richter des zweiten Senats (*Broß, Osterloh, Lübbe-Wolff* und *Gerhardt*) betrachten die Mittelpunktregelung als verfassungsgemäß. Grundsätzlich führen sie aus, dass die Freiheit des Mandats nicht schrankenlos gewährleistet sei, sondern durch Rechtsgüter von Verfassungsrang, insbesondere die Repräsentations- und Funktionsfähigkeit des Parlamentes, begrenzt werden könne.[502] Das Volk werde durch die Abgeordneten in ihrer Gesamtheit repräsentiert. Mithin liege es im konkreten Interesse des Wählers, dass jeder einzelne Abgeordnete möglichst intensiv am parlamentarischen Betrieb teilnehme.[503] Sie erinnern an die Feststellung des Bundesverfassungsgerichts im Jahre 1971, wonach das Mandat zum (Vollzeit-)Beruf geworden sei. Seitdem seien die (zeitlichen) Anforderungen an Abgeordnete eher noch weiter angestiegen, jedenfalls aber nicht soweit gesunken, dass eine andere Beurteilung zu rechtfertigen wäre.[504]

Die Mittelpunktregelung sehen sie als notwendiges Korrelat zur Vollalimentation der Mitglieder des Bundestages: Die Bereitstellung der Lebensunterhaltskosten der Abgeordneten aus Steuermitteln sehen die vier Richter nur dadurch gerechtfertigt, dass nennenswerte anderweitige Einkünfte wegen der Belastung durch das Mandat regelmäßig nicht erzielt werden können.[505] Deshalb erstrecke

500 Vgl. die wiedergegebenen Argumente der Antragsteller in *BVerfGE* 118, 277 (299).
501 Vgl. die wiedergegebenen Argumente der Antragsteller in *BVerfGE* 118, 277 (300).
502 BVerfGE 118, 277 (324).
503 BVerfGE 118, 277 (324).
504 BVerfGE 118, 277 (325).
505 BVerfGE 118, 277 (326).

sich das aus der Freiheit des Mandats fließende freie Ermessen des Abgeordneten lediglich auf das „Wie“, nicht jedoch auf das „Ob“ der Repräsentation.[506]

Gleichwohl erkennen die vier Richter an, dass der Pflichtenkatalog des Abgeordneten – anders als in beamten- oder arbeitsrechtlichen Verhältnissen – sich oft einer unbedingten Durchsetzbarkeit entzieht.[507] Wenn das Grundgesetz in Art. 48 Abs. 3 GG von einer „die Unabhängigkeit sichernde Entschädigung“ spreche, mache gerade diese Verknüpfung der beiden Begriffe deutlich, dass die Verfassung den freien Abgeordneten vor wirtschaftlichen Zwängen schützen, ihm aber gerade nicht eine wirtschaftliche Betätigung ermöglichen wolle.[508]

Sofern dadurch, wie von den Antragstellern befürchtet, eine besondere Abhängigkeit von den Parteien entstehe, entspreche dies nicht nur der Aussage von Art. 21 GG, sondern auch der „Doppelstellung des Abgeordneten als Vertreter des gesamten Volkes und zugleich als Exponenten einer konkreten Parteiorganisation“[509]. Daher könne schlechterdings nicht verlangt werden, die parlamentarischen Rahmenbedingungen nach der größtmöglichen Unabhängigkeit der Abgeordneten gegenüber Partei und Fraktion auszurichten.[510] Vielmehr müssten Vorkehrungen dagegen getroffen werden, dass das finanzielle Eigeninteresse der Abgeordneten angesprochen und genutzt werde, um Sonderinteressen im Parlament durchzusetzen.[511] Einwirkungen aus dieser Richtung fehle – anders als bei Bindungen gegenüber Fraktion und Partei – jegliche Verbindung zu einem Wählervotum.[512]

Eine besondere Attraktivität vermuten die vier Richter in der nicht seltenen Kombination von Mandat und freiem Beruf: Gerade hier entstünden zahlreiche Gelegenheiten, die politischen Möglichkeiten einer Mitgliedschaft im Deutschen Bundestag und die ausgeübte Berufstätigkeit wechselseitig nutzbar zu machen.[513]

Der Argumentation der Antragsteller, wonach Freiberufler und Selbständige durch die Mittelpunktregelung am Zugang zum Mandat gehindert würden, könne nicht überzeugen, da diese Gruppe im Parlament nicht erkennbar unterrepräsentiert sei.[514] Vielmehr habe der Gesetzgeber durch die Mittelpunktregelung das ohnehin in Art. 38 Abs. 1 S. 2 GG enthaltene Leitbild des Abgeordneten zu-

506 BVerfGE 118, 277 (326).
507 BVerfGE 118, 277 (326).
508 BVerfGE 118, 277 (328).
509 BVerfGE 118, 277 (329).
510 BVerfGE 118, 277 (329).
511 BVerfGE 118, 277 (330).
512 BVerfGE 118, 277 (331).
513 BVerfGE 118, 277 (331).
514 BVerfGE 118, 277 (334).

treffend nachgezeichnet und dadurch dem Vorrang der Repräsentationsfunktion vor mandatsfremden Interessen einzelner Abgeordneter Ausdruck verliehen.[515] Die letztlich sanktionslose Rechtspflicht, das Mandat in den Mittelpunkt der Tätigkeit eines Abgeordneten zu stellen, stehe der Übernahme von arbeitsintensiven Regierungs- oder Parteiämtern durch einzelne Abgeordnete nicht entgegen – solche Aufgaben stünden innerhalb des vom Grundgesetz vorgezeichneten Prozesses demokratischer Willensbildung.[516]

bbb) Die Ansicht der dissentierenden Richter

Ein ganz anderes Bild vom Abgeordneten zeichnen die vier Richter *Hassemer*, *Di Fabio*, *Mellinghoff* und *Landau*. Sie betonen die einem repräsentativen System wesensnotwendige Verwurzelung der Mitglieder des Deutschen Bundestages in der Gesellschaft, die das Mandat des Abgeordneten von jedem anderen öffentlichen Amt unterscheide und daher nicht behindert, sondern gefördert werden müsse.[517] Dem lebendigen Parlamentarismus drohe nicht Gefahr durch begrenzte außerparlamentarische Versuche der Interessenlenkung, sondern vielmehr durch innerparlamentarische Zwänge.[518] Gerade deshalb sei es Aufgabe des *Bundesverfassungsgerichts*, darüber zu wachen, dass die notwendige einfachgesetzliche Ausgestaltung des freien Mandats nicht zu einer unzulässigen beamten- und dienstrechtlichen Struktur führe.[519]

Das freie Mandat aus Art. 38 Abs. 1 S. 2 GG erstrecke sich demgemäß gerade auch auf die grundsätzliche Möglichkeit der Berufsausübung neben dem Mandat. Dies entspreche auch der ursprünglichen Erwartung an unabhängige Abgeordnete, denen der bürgerliche Beruf als „Rückversicherung" für den Fall des Mandatsverlustes dienen solle.[520] Ausführlich beschreiben die vier Richter in ihrem Sondervotum die Entwicklung des Mandats vom Kaiserreich bis zur Entstehung des Grundgesetzes.[521] Der historische Verfassungsgeber sei davon ausgegangen, dass der Abgeordnete seinen Lebensunterhalt grundsätzlich außerhalb des Parlamentes erwirtschafte und die ihm zustehende Entschädigung lediglich entstandene Nachteile ausgleichen solle.[522] Auch die Beratungen im parlamentarischen Rat deuteten darauf hin, dass die Schöpfer des Grundgesetzes

515 BVerfGE 118, 277 (334, 336).
516 BVerfGE 118, 277 (337).
517 BVerfGE 118, 277 (338, 340) – diss.op.
518 BVerfGE 118, 277 (339) – diss.op.
519 BVerfGE 118, 277 (338) – diss.op.
520 BVerfGE 118, 277 (341) – diss.op.
521 BVerfGE 118, 277 (341 ff.) – diss.op. Vgl. hierzu auch Abschnitt C. II. der Arbeit.
522 BVerfGE 118, 277 (343) – diss.op.

die Unabhängigkeit des Abgeordneten vor allem gegenüber dem jeweiligen Parteiapparat zu sichern suchten.[523]

Keinesfalls, so die vier Richter, könne die Mittelpunktregelung mit den Aussagen des Diätenurteils[524] begründet werden: Das Bundesverfassungsgericht habe hier seinerzeit den Realbefund der tatsächlichen zeitlichen Inanspruchnahme durch das Mandat für die Berechnung der Abgeordnetenentschädigung herangezogen – jedoch ausdrücklich nicht den Schluss gezogen, dass das Mandat von Verfassungs wegen den Schwerpunkt der Tätigkeit eines Abgeordneten bilden müsse. Vielmehr sichere die durch den Beruf neben dem Mandat gewährleistete Unabhängigkeit des Abgeordneten gerade die Funktionsfähigkeit des Parlamentes insgesamt.[525]

Auch das Behinderungsverbot aus Art. 48 Abs. 2 GG ziele darauf ab, dem Abgeordneten ein Miteinander von Beruf und Mandat zu ermöglichen.[526] Folglich könne die Mittelpunktregelung den Anforderungen aus Art. 38 Abs. 1 S. 2 GG und Art. 48 Abs. 2 Satz 1 GG nur durch eine verfassungskonforme Auslegung gerecht werden.[527] So sehr es dem Gesetzgeber frei stehe, Erwartungen an die Mitglieder des Deutschen Bundestages (auch gesetzlich) zu formulieren, so sehr stehe es dem einzelnen Abgeordneten frei, darüber zu entscheiden, wie viel Zeit und Engagement er in Mandat und Beruf zu investieren bereit sei.[528] Eine sanktionsbewehrte Kontrolle über die „richtige" Ausübung des Mandats eröffne jedoch den Weg zum „Mandatsbediensteten"[529], der mit dem Mandatsverständnis des Grundgesetzes unvereinbar sei.[530] In der Gesamtbetrachtung laufe die Neuregelung Gefahr, Grundlage zu werden für einen Systemwechsel weg von der (richtigen) Verfolgung des Mandatsmissbrauchs Einzelner, hin zu einem „Ambiente des Misstrauens" und einer „lückenlosen Kontrolle des redlich Arbeitenden".[531] Ein solches Verständnis entspreche auch den Erwartungen des Wählers, für den nicht die zeitliche Intensität der Mandatswahrnehmung, sondern vielmehr die politische Durchsetzungsfähigkeit von Interesse sei.[532]

Danach kommen die vier Richter zu dem Ergebnis, dass es sich bei der Mittelpunktregelung nicht um eine sanktionsbewehrte Vorgabe, sondern vielmehr

523 BVerfGE 118, 277 (345) – diss.op.
524 BVerfGE 40, 296 ff.
525 BVerfGE 118, 277 (344) – diss.op.
526 BVerfGE 118, 277 (347 f.) – diss.op.
527 BVerfGE 118, 277 (348) – diss.op.
528 BVerfGE 118, 277 (348) – diss.op.
529 BVerfGE 118, 277 (349) – diss.op.
530 BVerfGE 118, 277 (348) – diss.op.
531 BVerfGE 118, 277 (349) – diss.op.
532 BVerfGE 118, 277 (349) – diss.op.

um eine „interne Selbstvergewisserung und Selbstrechtfertigung des einzelnen Abgeordneten“, einen „politischen Programmsatz“ handele.[533]

cc) Stellungnahmen in der Literatur

Das Urteil des Bundesverfassungsgerichts sowie die ihm zugrundeliegenden Änderungen im Bereich des Abgeordnetenrechts selbst haben in der Rechtswissenschaft unterschiedliche Stellungnahmen hervorgerufen.[534]

Eine sehr umfassende Analyse der Neuregelungen hat *Käßner* in ihrer Heidelberger Dissertation[535] vorgenommen. Die Vorschriften über Nebentätigkeiten und Nebeneinkünfte der Abgeordneten im Deutschen Bundestag stellt sie insgesamt den Regelungsinstrumenten in den Bereichen von Exekutive und Judikative gegenüber. Die Mittelpunktregelung gem. § 44a AbgG hält *Käßner* für verfassungskonform und sieht in ihr eine zulässige Konkretisierung der ohnehin vorhandenen grundgesetzlichen Abgeordnetenpflichten. Obgleich die Mittelpunktregelung keiner sanktionierten Überprüfung unterliege, stelle sie ein wichtiges „Leitprinzip“ dar, an Hand dessen die Öffentlichkeit, wie auch die Abgeordneten selbst, ihr Verhalten messen könnten.[536] Zwar sei es dem einfachen Gesetzgeber verwehrt, dem Abgeordneten vorzuschreiben, welche Schwerpunkte er *im* Mandat setze. Gleichwohl sei es zulässig, dem Abgeordneten vorzuschreiben, dass das Mandat als Ganzes *überhaupt* im Mittelpunkt seiner Tätigkeit stehe.[537]

Käßner tritt der Vermutung entgegen, die Mittelpunktregelung bewirke eine verfassungswidrige Annäherung des Abgeordnetenmandats an das Beamtenverhältnis. Geradezu kennzeichnend für Letzteres sei die hierarchische Einbindung in ein weisungsunterworfenes System, während der Abgeordnete selbst über die Einteilung seiner Arbeitskraft entscheide.[538] Die Mittelpunktregelung statuiere lediglich den Vorrang des Mandats vor privaten Interessen und sei so verstanden essentiell für ein funktionierendes Parlament.[539] Das Leitbild eines Abgeordneten, der die komplexe und umfangreiche Arbeit im Parlament als „Nebentätigkeit“ zu einem die volle Arbeitskraft erfordernden bürgerlichen Beruf ausübe,

533 BVerfGE 118, 277 (351) – diss.op.

534 Vgl. nur *van Aaken/Voigt*, MIP 2007, 5 ff.; *von Arnim*, DÖV 2007, 897 ff.; *ders.*, NVwZ 2007, 1246 ff.; *Janz/Latozky*, NWVBl. 2007, 385 ff; *Korioth*, in: Manssen (Hrsg.), S. 63 ff.; *Lange/Thiele*, JuS 2008, 518 ff.; *Linck*, NJW 2008, 24 ff.; *Möllers*, Jura 2008, 837 ff.; *Roßner*, MIP 2007, 55 ff.; *Weiss*, JA 2010, 349 ff.

535 *Käßner*, Nebentätigkeiten und Nebeneinkünfte.

536 *Käßner*, Nebentätigkeiten und Nebeneinkünfte, S. 151.

537 *Käßner*, Nebentätigkeiten und Nebeneinkünfte, S. 147 f.

538 *Käßner*, Nebentätigkeiten und Nebeneinkünfte, S. 148 f.

539 *Käßner*, Nebentätigkeiten und Nebeneinkünfte, S. 149.

sei ohnehin überholt. Auch sei Art. 48 Abs. 2 GG lediglich die grundsätzliche Zulässigkeit von privaten Tätigkeiten neben dem Mandat zu entnehmen, an der § 44a I AbgG gerade nichts ändere, sondern sogar ausdrücklich ermögliche.[540]

Dezidiert setzt sich *Käßner* mit der Argumentation der dissentierenden vier Richter auseinander, die in ihrem Sondervotum die Gefahr für die Unabhängigkeit der Abgeordneten durch Partei und Fraktion betonen. Hier arbeitet *Käßner* heraus, dass die Teilhabe der Parteien an der politischen Willensbildung und die Bedeutung der Fraktionen für einen reibungslosen Ablauf parlamentarischer Arbeit im Grundgesetz vorgezeichnet und demnach auch verfassungsrechtlich nicht zu beanstanden sei.[541] Die hier vorhandene demokratische Verwurzelung stelle den entscheidenden Unterschied gegenüber dem Einfluss wirtschaftlicher Interessen dar – zumal sich bei diesen typischerweise die besonders finanzstarken Akteure durchzusetzen wüssten.[542]

dd) Eigene Bewertung

In einer Gesamtschau der Reform des Abgeordnetenrechts stellt die Mittelpunktregelung in § 44a Abs. 1 S. 1 AbgG für sich betrachtet eine Maßnahme von geringerer Eingriffsintensität dar – gleichsam bildet sie aber die notwendige Voraussetzung für die erweiterten Anzeige- und Offenlegungspflichten. Eine Letztbegründung können diese Regelungen nur dann erfahren, wenn es zunächst verfassungsrechtlich zulässig ist, dem Abgeordneten die Pflicht aufzuerlegen, das Mandat in den Mittelpunkt seines Wirkens zu stellen, neben dem alle anderen Tätigkeiten in den Hintergrund rücken.

Der Wortlaut derjenigen Grundgesetzbestimmungen, die sich mit der verfassungsrechtlichen Stellung des Abgeordneten beschäftigen, ist auf den ersten Blick nur wenig aufschlussreich. Art. 38 Abs. 1 S. 2 GG räumt dem Abgeordneten zunächst Rechte ein. Erst in Verbindung mit Art. 20 Abs. 2 GG wird auch die Pflichtenstellung deutlich: Die repräsentative Demokratie des Grundgesetzes verlangt, dass die Möglichkeit der Mitwirkung an Entscheidungen allen Mitgliedern des Bundestages eröffnet wird. Es entspricht daher dem verfassungsrechtlichen Leitbild des Abgeordneten, dass dieser sein Amt auch tatsächlich ausübt.[543] Eine darüber hinaus gehende Erwartung kann Art. 38 Abs. 1 S. 2 GG jedoch auch in Verbindung mit Art. 20 Abs. 2 S. 2 GG nicht entnommen werden. Insbesondere lässt sich aus der Verpflichtung zur grundsätzlichen Wahrnehmung

540 *Käßner*, Nebentätigkeiten und Nebeneinkünfte, S. 149 f.
541 *Käßner*, Nebentätigkeiten und Nebeneinkünfte, S. 150.
542 *Käßner*, Nebentätigkeiten und Nebeneinkünfte, S. 150.
543 Vgl. *Lange/Thiele*, JuS 2008, 518 (522).

des Mandats nicht ableiten, ob dies „hauptamtlich" zu geschehen hat oder möglicherweise auch in Nebenbeschäftigung zulässig ist.

Art. 48 Abs. 3 S. 1 GG bestimmt, dass die Abgeordneten einen Anspruch auf eine „angemessene, ihre Unabhängigkeit sichernde Entschädigung" haben. Diese Vorschrift macht deutlich, dass von den Mitgliedern des Bundestages ein Engagement im Mandat gefordert wird, das andere Erwerbstätigkeiten zumindest in einem solchen Maße erschwert, dass ein Ausgleich in Form einer Entschädigung notwendig ist. Teilweise wird argumentiert, die Mittelpunktregelung sei lediglich die Konsequenz aus der in Art. 48 Abs. 3 S. 1 GG normierten Pflicht zur Vollalimentation der Abgeordneten. Wer ein volles Gehalt aus Steuermitteln beziehe, müsse auch seine volle Arbeitsleistung dem Parlament zur Verfügung stellen.[544]

Dabei wird jedoch übersehen, dass Art. 48 Abs. 3 S. 1 GG die Vollalimentation zwar als einfachgesetzliche Ausgestaltungsmöglichkeit zulässt, indes aber keineswegs anordnet, dass jeder einzelne Abgeordnete von Verfassungs wegen gehalten ist, die Mandatstätigkeit in den Mittelpunkt seiner Tätigkeit zu stellen. Tatsächlich hatte das Bundesverfassungsgericht im Diätenurteil[545] seinerzeit anhand einer umfassenden Datenerhebung rein faktische Feststellungen über die tatsächliche Arbeitsbelastung von Abgeordneten in Bundestag und Landesparlamenten getroffen.[546] Sofern diese zu einer Hauptbeschäftigung geworden sei, müsse eine solche Entwicklung auch im Entschädigungsrecht nachvollzogen werden.[547] Die damals beschriebene parlamentarische Wirklichkeit kann zwar, muss aber kein dauerhafter Zustand sein.[548] Jedenfalls verbietet es sich, das Ergebnis einer Realanalyse zum Verfassungspostulat zu erheben.[549] Auch wenn Art. 48 Abs. 3 S. 1 GG eine angemessene Entschädigung vorsieht, die unter den gegebenen Bedingungen auch eine Vollalimentation bedeuten kann, lässt sich hiermit kein verfassungsrechtlicher Pflichtenkatalog für Parlamentarier begründen.

---

544 So auch *Lange/Thiele*, JuS 2008, 518 (522).

545 BVerfGE 40, 296 ff.

546 Darauf weist auch *Waldhoff*, ZParl 2006, 251 (254) hin.

547 BVerfGE 40, 296 (314).

548 Von der „Mär des Landtagsmandates als Fulltimejob" spricht *von Arnim*, ZRP 2005, 77.

549 Auch der ehemalige Verfassungsrichter *Willi Geiger* spricht von „gründlichen Missverständnissen", die das Diätenurteil hervorgerufen habe. Vgl. dessen Ausführungen („Blamabel") in der Wochenzeitschrift „Die Zeit" vom 12. Mai 1978 (www.zeit.de) sowie in ZParl 1978, 522 ff.; ebenfalls kritisch äußert sich *Schneider* (AK-GG, Bd. 2, Art. 38, Rdn. 38), der hier einen „erheblichen Mangel an Unterscheidungsvermögen" und eine „bedingungslose Anerkennung der normativen Kraft des Faktischen" sieht.

Anders ist die Situation im Beamtenrecht: Dem Beamten ist aufgetragen, seine ganze Arbeitskraft, seine ganze Persönlichkeit dem Dienstherrn zur Verfügung zu stellen.[550] Dieser Verpflichtung des Beamten steht – abgesichert durch Art. 33 Abs. 5 GG – die Alimentationsverpflichtung des Dienstherrn gegenüber.[551] In den Bereich der Legislative gehören diese beamtenrechtlichen Kategorien jedoch gerade nicht.[552] Der Abgeordnete nimmt in Unabhängigkeit sein Mandat wahr, erhält hierfür eine Entschädigung, ohne jedoch gleichsam „Dienste" zu schulden.[553]

Zwar setzt das Grundgesetz in Art. 38 Abs. 1 S. 2 GG voraus, dass der Abgeordnete sein Mandat auch tatsächlich wahrnimmt – eine Verpflichtung, hierfür seine gesamte Energie aufzuwenden, entwächst dem jedoch gerade nicht.[554] Unmissverständlich hat das *Bundesverfassungsgericht* im Diätenurteil[555] festgestellt, dass der Abgeordnete theoretisch die Freiheit hat, seine Aktivitäten im Mandat nach eigenem Ermessen bis über die Grenze der Vernachlässigung hinaus einzuschränken.[556] Somit steht zunächst fest, dass die Mittelpunktregelung jedenfalls keine einfachrechtliche Konkretisierung einer vorgelagerten verfassungsrechtlichen Verpflichtung der Abgeordneten ist.

Damit ist freilich noch nichts darüber gesagt, ob sie verfassungsrechtlich zulässig ist. Es sticht ins Auge, dass der Wortlaut der Mittelpunktregelung verschiedenste Auslegungen zulässt.[557] Hierin könnte ein Verstoß gegen den im Rechtsstaatsprinzip wurzelenden Bestimmtheitsgrundsatz liegen. Aus diesem ergibt sich, dass ein Gesetz nicht unklar und vage formuliert sein darf – wenn-

---

550 Vgl. BVerfGE 21, 329 (345); *Detterbeck*, in: FS-Bethge, 161 (162).

551 Vgl. BVerfGE 8, 1 (16); 61, 43 (57 f.); *Pieper*, in: Schmidt-Bleibtreu/Hofmann/Hopfauf, GG, Art. 33, Rdn. 133.

552 Zu den elementaren Unterschieden zwischen Abgeordnetem und Beamten vgl. BVerfGE 76, 256 (341).

553 So auch *Waldhoff*, ZParl 2006, 251 (253) unter Bezugnahme auf BVerfGE 40, 296 (316).

554 Vgl. *Lange/Thiele,* JuS 2008, 518 (522).

555 BVerfGE 40, 296 ff.

556 BVerfGE 40, 296 (312); recht kritisch hierzu *Klein* (in: Maunz/Dürig, GG, Art. 48, Rdn. 34), der in der tatsächlichen Ausübung dieser theoretischen Freiheit eine Verletzung derjenigen Pflichten sieht, die das „Amt" dem Abgeordneten mit rechtlicher Bindungswirkung auferlegt; ähnlich *Czepluch*, Abgeordnetenstatus, S. 103; zustimmend hingegen *Rensen*, in: Emmenegger/Wiedmann, S. 493 (505 f.).

557 Zu den verschiedenen, denkbaren Anknüpfungspunkten auch *Rensen*, in: Emmenegger/Wiedmann, S. 493 (512).

gleich die Verwendung unbestimmter Rechtsbegriffe grundsätzlich zulässig ist.[558]

§ 44a Abs. 1 S. 1 AbgG legt abstrakt fest, dass die „Ausübung des Mandats" im „Mittelpunkt" der Tätigkeit eines Mitgliedes des Bundestages steht. Ein allgemeingültiger Indikator für die Festlegung des Schwerpunktes der Tätigkeit eines Abgeordneten existiert nicht. Vielmehr kann man sich dem Begriff des Mittelpunkts aus ganz unterschiedlichen Richtungen nähern.[559] Denkbar ist zunächst, die Höhe der Einkünfte zum Maßstab zu nehmen. Hierfür spricht insbesondere die Systematik der Neuregelungen im Abgeordnetengesetz, die allesamt (vgl. insbesondere § 44 Abs. 4 S. 1, 2 sowie § 44b Nr. 2 AbgG) hierauf rekurrieren. Nach dieser Lesart würde ein Abgeordneter jedenfalls dann gegen § 44a Abs. 1 S. 1 AbgG verstoßen, wenn die monatlichen Einkünfte aus den gem. § 44a Abs. 1 S. 2 AbgG grundsätzlich zulässigen Nebentätigkeiten diejenigen aus dem Mandat übersteigen würden. Hiergegen hat *Waldhoff*[560] anschaulich und überzeugend das fiktive Beispiel eines Abgeordneten bemüht, der mit wenig zeitlichem Einsatz hohe Einkünfte durch Börsenspekulationen erzielt – ohne dadurch seine Konzentration auf das Mandat einzuschränken.

Man kann jedoch auch das andere Extrem anführen: Nicht wenige Abgeordnete sind neben ihrer Abgeordnetentätigkeit auch ehrenamtlich stark eingebunden und bekleiden teilweise Spitzenpositionen im bundesweit organisierten Vereinswesen. Der Vorsitz einer großen Hilfs- oder Sportorganisation wird beispielsweise in erheblichem Maße Kräfte binden und die von § 44a Abs. 1 S. 1 AbgG geforderte Konzentration auf das Mandat zumindest erheblich einschränken, wenn nicht ganz unmöglich machen.[561] Die Tatsache, dass bei einem solchen ehrenamtlichen Engagement in der Regel nur eine Aufwandsentschädigung, aber kein Gehalt gezahlt wird, mag dieses moralisch höherstehend erscheinen lassen – die Arbeitskraft für das Mandat wird dadurch aber in gleichem Maße reduziert. Es zeigt sich also, dass (allein) die Höhe der erzielten Einkünfte aus einer Tätigkeit neben dem Mandat noch nichts darüber auszusagen vermag, wo der Abgeordnete den Schwerpunkt seiner Tätigkeit setzt.

---

558 *Detterbeck*, Öffentliches Recht, Rdn. 37; zum Grundsatz der Normklarheit: *Grefrath*, JA 2008, 710 ff.

559 Von der Schwierigkeit, den Umfang von beruflichen Aktivitäten der Abgeordneten zu kontrollieren, berichtet *Schneider* (AK-GG, Bd. 2, Art. 38, Rdn. 38) schon in seiner Bewertung des Diätenurteils (BVerfGE 40, 296 ff.).

560 *Waldhoff*, ZParl 2006, 251 (254).

561 Zugespitzt formuliert der Abgeordnete *Fricke* in der Bundestagsdebatte über die Neuregelungen (BT-Protokoll 15. WP, 184. Sitzung vom 30. Juni 2005, S. 17401) die Frage, wie die Abgeordnetentätigkeit von zeitlich in der Kindererziehung stark beanspruchten Eltern zu bewerten sei.

Schaut man näher auf die parlamentarische Praxis der Bundesrepublik, entdeckt man weitere Problemfelder der Mittelpunktregelung. Die nicht seltene Kumulation von Abgeordnetenmandat und Regierungsamt (im Falle von Bundeskanzler, Ministern und Parlamentarischen Staatssekretären) wird allgemein für verfassungsrechtlich zulässig erachtet.[562] Hier liegt auf der Hand, dass bei einem Ressortchef der Schwerpunkt seiner Tätigkeit nicht auf dem Abgeordnetenmandat, sondern vielmehr auf den vielfältigen Anforderungen des Regierungsamtes liegt. Gleichwohl sieht der Wortlaut von § 44a Abs. 1 S. 1 AbgG auch in einem solchen Fall keine Ausnahmen vor. Stattdessen verweisen auch die das Urteil tragenden vier Richter darauf, dass der „Normzweck in der Gesetzesbegründung ausdrücklich klargestellt“[563] werde und demnach die Mittelpunktregelung der Übernahme von Regierungsämtern nicht entgegenstehe.

Bei hohen Ämtern innerhalb des Parlaments- bzw. Fraktionsbetriebes (Fraktionsvorsitzender, Parlamentarische Geschäftsführer[564], Ausschussvorsitzender etc.) wird sich eine ähnliche Verlagerung des Arbeitsschwerpunktes weg jedenfalls vom eigentlichen Kern des Mandats ergeben – hier wird man jedoch zu dem Ergebnis kommen müssen, dass diese im parlamentarischen Binnenbetrieb notwendigen Funktionen auch für die Mandatswahrnehmung der Abgeordneten zwingend erforderlich sind und damit nicht gegen die Mittelpunktregelung verstoßen.

Ähnlich argumentieren die das Urteil tragenden Richter im Falle von durch Abgeordnete wahrgenommenen Parteiämtern (Parteivorsitzender, Generalsekretär, Bundesgeschäftsführer) und begründen dies im wesentlichen mit der im Grundgesetz (Art. 21 Abs. 1 S. 1 GG) verankerten Aufgabe der Parteien, an der demokratischen Willensbildung des Volkes mitzuwirken.[565] Diese knappe Begründung kann so nicht überzeugen. Zwar ragen die Parteien in den Bereich der institutionalisierten Staatlichkeit hinein.[566] Gleichzeitig fordert die Verfassung aber, dass die Parteien ihren Charakter als frei gebildete, im gesellschaftlich-

---

562 So zumindest die ganz herrschende Meinung: *Detterbeck*, Öffentliches Recht, Rdn. 50; *Herzog*, in: Maunz/Dürig, GG, Art. 20 V, Rdn. 47; *Kretschmer*, in: Schmidt-Bleibtreu/Hofmann/Hopfauf, GG, Art. 38, Rdn. 6. Die Inkompatibilität von Abgeordnetenmandat und Regierungsamt vertritt *Meyer*, in: Schneider/Zeh (Hrsg.), Parlamentsrecht und Parlamentspraxis, § 4, Rdn. 30 ff., der darin einen Verstoß gegen Art. 20 Abs. 2 S. 2 GG sieht.

563 BVerfGE 118, 277 (337).

564 Zur zentralen Rolle der Parlamentarischen Geschäftsführer im Parlamentsbetrieb vgl. *Austermann*, Anrechungsbestimmungen, S. 108.

565 BVerfGE 118, 277 (337).

566 BVerfGE 20, 56 (101); ebenso BVerfGE 121, 30 (54); 69, 92 (110).

politischen Bereich verwurzelte Gruppe bewahren.[567] Diese Staatsfreiheit soll die Unabhängigkeit der Parteien vom Staat gewährleisten[568] und verbietet jedenfalls ihre vollständige Einfügung in die organisierte Staatlichkeit.[569] Durch den Zusammenschluss der einer Partei angehörenden Abgeordneten zu einer Fraktion hat auch die Partei – zumindest mittelbar – einen erkennbaren Einfluss im Parlament. Mit der parlamentarischen Vollalimentation von Abgeordneten in hohen Parteiämtern wird jedoch einer institutionellen Verfestigung des Parteiensystems Vorschub geleistet, die so im Grundgesetz nicht angelegt ist. Für die hier relevante Frage der Mittelpunktregelung kann die Verfassungsmäßigkeit dieser Praxis dahinstehen. Jedenfalls ist sie mit dem Wortlaut von § 44a Abs. 1 S. 1 AbgG unvereinbar, wenngleich das Gegenteil offenbar in der Gesetzesbegründung und anschließend von den vier das Urteil tragenden Richtern des *Bundesverfassungsgerichts* stillschweigend vorausgesetzt wird.

Das freie Mandat aus Art. 38 Abs. 1 S. 2 GG schützt den Abgeordneten auch vor überzogenen gesetzlichen Einschränkungen seiner Tätigkeit. Aus dem Rechtsgedanken von Art. 46 Abs. 1 GG ergibt sich, dass die Verantwortlichkeit des Abgeordneten zunächst keine rechtliche, sondern vielmehr eine politische Dimension hat.[570] In dieser Sphäre wird seine Tätigkeit nicht an Arbeitszeiten, sondern an politischer Durchsetzungsfähigkeit gemessen und in Wahlen belohnt oder auch sanktioniert.

Insgesamt handelt es sich bei der Mittelpunktregelung des § 44a Abs. 1 S. 1 AbgG um eine sprachlich und verfassungspolitisch sehr verunglückte Regelung, die in der Praxis zu zahlreichen Problemen führt. Nur wenn man diese nicht als sanktionsbewehrte Vorgabe, sondern als Ausdruck des parlamentarischen Selbstverständnisses begreift, kann sie den Anforderungen aus Art. 38 Abs. 1 S. 2 GG standhalten.

2. Die grundrechtliche Beurteilung

a) Verstoß gegen Art. 12 Abs. 1 GG

Die Mittelpunktregelung aus § 44a AbgG könnte jedoch gegen das Grundrecht auf Berufsfreiheit der Abgeordneten aus Art. 12 Abs. 1 GG verstoßen.

567 BVerfGE 20, 56 (101).
568 Dazu BVerfGE 44, 125 (138 ff.).
569 Vgl. *Sannwald*, in: Schmidt-Bleibtreu/Hofmann/Hopfauf, GG, Art. 21, Rdn. 33.
570 Vgl. auch BVerfGE 118, 277 (345 f.) – diss.op.

aa) Eröffnung des Schutzbereichs

Art. 12 Abs. 1 GG wird ein einheitliches Grundrecht der Berufsfreiheit entnommen, das verschiedene Schutzwirkungen entfaltet.[571] Beruf ist jede auf Dauer angelegte Tätigkeit, die der Schaffung und Aufrechterhaltung einer Lebensgrundlage dient oder dazu beiträgt.[572] Art. 12 Abs. 1 GG umfasst den Schutz, eine konkrete Beschäftigungsmöglichkeit in dem gewählten Beruf zu ergreifen, beizubehalten und aufzugeben.[573] Das Abgeordnetenmandat selbst unterfällt dem Schutzbereich von Art. 12 Abs. 1 GG nicht.[574] Hier geht es deshalb allein um die Frage, ob die aus der Mittelpunktregelung resultierende Einschränkung des bürgerlichen (Neben-)Berufs von Abgeordneten mit Art. 12 Abs. 1 GG vereinbar ist. Auch der Zweit- bzw. Nebenberuf genießt den Schutz von Art. 12 Abs. 1 GG.[575] Soweit gesagt wird, die Nebentätigkeiten von Beamten fielen nicht unter Art. 12 Abs. 1 GG [576], liegt dies in den speziellen Charakteristika des Beamtenverhältnisses begründet, die sich gerade nicht auf das Abgeordnetenmandat übertragen lassen[577].

Berücksichtigt werden muss jedoch, dass nach der Rechtsprechung des Bundesverfassungsgerichts[578] das Mandat selbst zu einem vollwertigen Beruf geworden ist und die Diäten demnach so berechnet sein müssen, dass sie als Lebensgrundlage für den Abgeordneten und seine Familie zumindest ausreichen müssen und „der Bedeutung des Amtes angemessen“[579] sind. Wenn also demnach die Entschädigung im Abgeordnetenmandat die Lebensgrundlage der Parlamentarier schon vollständig gewährleistet, fragt es sich, ob eine zusätzlich ausgeübte Nebentätigkeit überhaupt als Beruf i.S.v. Art. 12 Abs. 1 GG gewertet werden kann. Dafür sprechen die besonderen Eigenheiten der Berufspolitik:

571 *Detterbeck*, Öffentliches Recht, Rdn. 460 f., nennt hier die Berufswahl, die Arbeitsplatzwahl und die Wahl der Ausbildungsstätte.

572 BVerfGE 7, 377 (397); 50, 290 (362); 54, 301 (313); 105, 252 (265); BVerwGE 1, 92 (93); 22, 286 (287); *Detterbeck*, Öffentliches Recht, Rdn. 463; *Jarass*, in: Jarass/Pieroth, GG, Art. 12, Rdn. 4; *Mann*, in: Sachs, GG, Art. 12, Rdn. 45; *Ruffert*, in: Epping/Hillgruber, GG, Art. 12, Rdn. 40.

573 BVerfGE 58, 358 (364).

574 *Klein*, in: Maunz/Dürig, GG, Art. 48, Rdn. 39.

575 So eindeutig: BVerfGE 110, 141 (156); *Detterbeck*, Öffentliches Recht, Rdn. 463; *Ruffert*, in: Epping/Hillgruber, GG, Art. 12, Rdn. 42. Anders jedoch BVerwGE 63, 99 (101); 67, 287 (294 f.).

576 So andeutungsweise BVerfGE 33, 44 (48). A.A. hierzu und h.M.: *Jarass*, in: Jarass/Pieroth, GG, Art. 12, Rdn. 5; *Ruffert*, in: Epping/Hillgruber, GG, Art. 12, Rdn. 42.1.

577 Vgl. Abschnitt F. IV. der Arbeit.

578 BVerfGE 40, 296 (311, 314).

579 BVerfGE 40, 296 (316).

Auch wenn für die Zeit des Mandats der Lebensunterhalt des Abgeordneten gesichert ist, ist sein „Beruf" doch durch die Dauer der Legislaturperiode auf jeweils vier Jahre[580] begrenzt. Der Abgeordnete sieht sich den Unwägbarkeiten des politischen Betriebes ausgesetzt, ohne den in anderen Berufen üblichen Schutzmechanismen des Arbeitsrechts zu unterstehen. Durch diese Situation erhält die hier so bezeichnete Nebentätigkeit des Abgeordneten, als dessen dauerhafter bürgerlicher Beruf im eigentlichen Sinne[581], eine besondere Bedeutung und auch grundrechtliche Relevanz.[582] Der Schutzbereich von Art. 12 Abs. 1 GG ist somit eröffnet.

bb) Eingriff in den Schutzbereich

Weiterhin müsste ein Eingriff in den Schutzbereich vorliegen. Einen Eingriff in Art. 12 Abs. 1 GG stellt jede verbindliche Vorgabe für das „ob" oder „wie" einer bestimmten beruflichen Tätigkeit dar.[583] Hier regelt der Gesetzgeber durch § 44a AbgG, dass die Wahrnehmung des Mandats im Mittelpunkt der Tätigkeit eines Abgeordneten stehen muss. Diese Vorgabe ist ebenso sanktionslos, wie sie sich jeder tatsächlichen Durchsetzbarkeit entzieht. Deshalb könnte man bezweifeln, dass es sich hierbei tatsächlich um einen Eingriff in Art. 12 Abs. 1 GG handelt – zumal § 44a Abs. 1 S. 2 AbgG „Tätigkeiten beruflicher oder anderer Art neben dem Mandat" für „grundsätzlich zulässig" erklärt.

Es darf aber nicht übersehen werden, dass durch die Mittelpunktregelung eine Erwartungshaltung der Öffentlichkeit zu der Frage aufgebaut und gefördert wird, wie der einzelne Abgeordnete seine Zeit einzuteilen und sein Mandat wahrzunehmen hat – bis hin zu einer medialen Verurteilung derjenigen, die ihren eigenen Schwerpunkt eher im bürgerlichen Beruf als im Mandat setzen.[584] Das *Bundesverfassungsgericht* hat anerkannt, dass eine grundrechtliche Beeinträchtigung auch faktisch-mittelbar entstehen kann.[585] Ein Eingriff liegt dem-

---

580 Art. 39 Abs. 1 S. 1 GG.

581 *Badura*, ZSE 2005, 167 (176) weist aus diesem Grund darauf hin, dass der Begriff der „Nebentätigkeit" in diesem Zusammenhang „schief" sei.

582 Teilweise wird auch darauf hingewiesen, dass es für die Zuordnung einer Tätigkeit zum Schutzbereich von Art. 12 Abs. 1 GG lediglich auf die Gewinnerzielungsabsicht, nicht aber auf die tatsächliche Sicherung einer Lebensgrundlage durch gerade diese (Neben-)Tätigkeit ankommt, vgl. *Ruffert*, in: Epping/Hillgruber, GG, Art. 12, Rdn. 42.

583 *Detterbeck*, Öffentliches Recht, Rdn. 466; *Jarass*, in: Jarass/Pieroth, GG, Art. 12, Rdn. 11.

584 Darauf weist auch BVerfGE 118, 277 (337) hin: „(...) die wertende Beurteilung soll vielmehr gerade der öffentlichen Diskussion und letztlich dem Wähler anheim gegeben werden." Ähnlich *Linck*, NJW 2008, 24 (26).

585 BVerfGE 105, 279 (304).

nach erst recht dann vor, wenn die in Rede stehende Beeinträchtigung sich nicht nur faktisch-mittelbar auswirkt, sondern darüber hinaus auch noch – wie im Falle von § 44a AbgG – formal-gesetzlich normiert ist.

cc) Qualifizierung des Eingriffs

Im Rahmen von Art. 12 Abs. 1 GG unterscheidet das Bundesverfassungsgericht drei verschiedene Stufen von Eingriffen, die unterschiedliche Zulässigkeitsvoraussetzungen auf der Ebene der Verhältnismäßigkeit nach sich ziehen.[586] Zunächst wird demnach zwischen Berufsausübungsregelungen und Berufswahlregelungen unterschieden; letztere unterteilt man in subjektive und objektive Eingriffe. § 44a Abs. 1 AbgG regelt Umfang und Inhalt der Mandatsausübung und damit auch der in Rede stehenden Nebentätigkeit. Es handelt sich damit um eine Berufsausübungsregelung.

dd) Verfassungsrechtliche Rechtfertigung

aaa) Vernünftige Erwägungen des Gemeinwohls

Berufsausübungsregelungen müssen durch vernünftige Erwägungen des Gemeinwohls gerechtfertigt sein.[587] In der Gesetzesbegründung wird auf die besondere verfassungsrechtliche Wertigkeit des Abgeordnetenmandats und die in ihm gestiegenen zeitlichen Anforderungen hingewiesen, die es zum einem – wenn auch zeitlich begrenzten – Beruf haben werden lassen.[588] Hierbei handelt es sich um eine vernünftige Erwägung des Gemeinwohls, die eine Beschränkung der nebenberuflichen Tätigkeit der Abgeordneten rechtfertigt.

bbb) Verhältnismäßigkeit

Es wurde bereits festgestellt, dass die Mittelpunktregelung unter statusrechtlichen Gesichtspunkten nicht unproblematisch ist und entweder gegen Art. 38 Abs. 1 GG verstößt oder eine lediglich im politischen Bereich zu verortende Erwartung dokumentiert.

Die grundrechtliche Betrachtung ist jedoch hiervon zunächst unabhängig: Sie muss – sozusagen aus der gegenüberliegenden Perspektive – klären, ob dem Bürger, der nun Mandatsträger geworden ist, eine solche Einschränkung seines eigentlichen Berufes (der nunmehrigen Nebentätigkeit) zugemutet werden darf.

586 Erstmals in BVerfGE 7, 377 ff., seitdem ständige Rechtsprechung. Vgl. auch *Detterbeck*, Öffentliches Recht, Rdn. 469; *Jarass*, in: Jarass/Pieroth, GG, Art. 12, Rdn. 25.

587 BVerfGE 46, 246 (256 f.); 68, 193 (218); 70, 1 (28); *Detterbeck*, Öffentliches Recht, Rdn. 477.

588 BT-Drs. 15/5671, S. 4 unter ausdrücklicher Bezugnahme auf das Diätenurteil des Bundesverfassungsgerichts (E 40, 296 ff.).

Sowohl die Äußerungen des Bundesverfassungsgerichts wie auch die Stellungnahmen in der Literatur nehmen zwar meist ausführlich zu den grundrechtlichen Aspekten der Anzeige- und Offenlegungspflicht, nicht aber zu der Mittelpunktregelung selbst Stellung. Diese selbst muss verhältnismäßig sein, damit der Eingriff in die Ausübung der Nebentätigkeit der Abgeordneten auch im Übrigen mit Art. 12 Abs. 1 S. 1 GG vereinbar ist.

(1) Geeignetheit

Eine Maßnahme ist geeignet, wenn mit ihrer Hilfe der gewünschte Erfolg gefördert werden kann.[589] Ziel des Gesetzgebers war es, den verfassungsrechtlichen Vorrang des Mandats vor sonstigen (privaten) Tätigkeiten zu fördern.[590] Dieser Zweck kann mit § 44a Abs. 1 S. 1 AbgG erreicht werden.

(2) Erforderlichkeit

Erforderlich ist ein bestimmtes Mittel, wenn keine eindeutig mildere und eindeutig ebenso effektive Maßnahme zur Verfügung steht, um das gewählte Ziel zu erreichen.[591] Hier schlägt die schon erwähnte Sanktionslosigkeit der Mittelpunktregelung zu Buche. Ein Verstoß lediglich gegen die Mittelpunktregelung bleibt für den betroffenen Abgeordneten rechtlich folgenlos; ein milderes, ebenso effektives Mittel ist nicht ersichtlich.

(3) Angemessenheit

Schließlich müssen der mit dem Eingriff verfolgte Zweck und die individuelle Beeinträchtigung in einem recht gewichteten und wohl abgewogenen Verhältnis zueinander stehen.[592] Hier streitet die vom Gesetzgeber durch § 44a Abs. 1 S. 1 AbgG verfolgte Aufwertung des parlamentarischen Mandats gegen die Berufsfreiheit gem. Art. 12 Abs. 1 GG des Abgeordneten. Auf den ersten Blick enthält die Mittelpunktregelung eine sehr weitgehende Einschränkung für die ihr Unterworfenen: Der bürgerliche Beruf als eigentliches Standbein wird zur Nebentätigkeit gleichsam degradiert. Die vage Formulierung der Norm lässt dabei offen, wie der „Mittelpunkt der Tätigkeit“ bestimmt werden soll. Auch der Gesetzesbegründung lässt sich zu dieser Frage nichts entnehmen.

Dies darf jedoch nicht darüber hinwegtäuschen, dass die mit der Mittelpunktregelung bezweckte Einschränkung – zumindest derzeit – ohnehin eine

589 BVerfGE 30, 292 (315 f.); 68, 193 (218).

590 BT-Drs. 15/5671, S. 4.

591 BVerfGE 100, 313 (375); 110, 141 (164); 115, 276 (309); 116, 202 (225); 117, 163 (189); *Detterbeck*, Öffentliches Recht, Rdn. 305.

592 BVerfGE 30, 292 (316); 70, 26 (30); 85, 248 (261).

schon tatsächliche Folge der Mandatsausübung ist. Einen Verstoß gegen Art. 12 Abs. 1 GG würde jedenfalls eine Regelung darstellen, die keine Tätigkeiten neben dem Mandat erlaubt. So liegen die Dinge hier aber gerade nicht: Ausdrücklich stellt § 44a Abs. 1 S. 2 AbgG klar, dass Tätigkeiten neben dem Mandat weiterhin zulässig bleiben. Verstößt der Abgeordnete nur gegen die Mittelpunktregelung (und nicht auch gleichzeitig gegen Anzeige- und Offenlegungspflichten), bleibt dies rechtlich folgenlos. Die tatsächliche Eingriffsintensität ist also relativ gering. Hinzu tritt, dass die Entschädigung im Mandat selbst so ausgestaltet ist, dass ein Parlamentarier zumindest materiell nicht auf eine weitere Tätigkeit angewiesen ist. Zwar nimmt ihm das Mandat nicht das Recht zur Persönlichkeitsentfaltung in beruflicher Hinsicht; jedoch entfällt die zwingende Notwendigkeit weiterer Einkünfte.

Stellt man in einer wertenden Gesamtbetrachtung die sanktionslose, eher politische Erwartungshaltung der Mittelpunktregelung, die damit die verfassungsrechtliche Wertigkeit des Parlamentsmandats auszudrücken versucht, der Berufsfreiheit des Art. 12 Abs. 1 GG gegenüber, erweist sich der Eingriff in das Grundrecht der Abgeordneten auf Ausübung einer Nebentätigkeit als zumutbar.

§ 44 Abs. 1 S. 1 AbgG verstößt damit nicht gegen die Berufsfreiheit aus Art. 12 Abs. 1 GG.

II. Die Anzeigepflichten gem. §§ 44a Abs. 4, 44b AbgG i.V. m. § 1 VR

1. Inhalt der Anzeigepflichten

Die §§ 44a Abs. 4, 44b AbgG legen nunmehr fest, dass „Tätigkeiten vor Übernahme des Mandats sowie Tätigkeiten und Einkünfte neben dem Mandat, die auf für die Ausübung des Mandats bedeutsame Interessenverknüpfungen hinweisen können" (§ 44a Abs. 4 S. 1 AbgG), anzuzeigen und zu veröffentlichen sind. Dies geschieht „nach Maßgabe der Verhaltensregeln" (§ 44a Abs. 4 S. 1 AbgG). Diese finden in § 44b AbgG nochmals eine gesetzliche Grundlage und konkretisieren die Anzeigepflichten. Die Verhaltensregeln werden nach § 44b AbgG vom Deutschen Bundestag beschlossen.[593] Noch detaillierter sind schließ-

593 Vgl. zur Rechtsnatur der Verhaltensregeln Teil G. II. 1. der Arbeit

lich die vom Präsidenten gem. § 1 Abs. 4 VR erlassenen Ausführungsbestimmungen zu den Verhaltensregeln.[594]

Der Abgeordnete ist zunächst gem. § 1 Abs. 1 VR verpflichtet, dem Präsidenten die zuletzt ausgeübte Berufstätigkeit *vor* seiner Mitgliedschaft im Bundestag anzuzeigen. Ausgenommen davon sind gem. Nr. 5 AB lediglich Tätigkeiten, die seit mindestens zwei Jahren nicht mehr ausgeübt werden. Darüber hinaus umfasst die Anzeigepflicht auch vor der Mitgliedschaft im Parlament ausgeübte Tätigkeiten als Mitglied eines Vorstandes, Aufsichtsrates, Verwaltungsrates, Beirates oder sonstigen Gremiums eines Unternehmens (§ 1 Abs. 2 VR) bzw. einer Körperschaft oder Anstalt des öffentlichen Rechts (§ 1 Abs. 3 VR). Gem. Nr. 1, 2 AB umfasst die Anzeigepflicht auch Angaben (Name, Sitz, Art der Tätigkeit bzw. des Gewerbes) über den Arbeitgeber, den Vertragspartner oder die jeweilige Organisation.

Die Anzeigepflichten *während* des Mandats regelt § 1 Abs. 2 VR.

Gem. Nr. 1 AB sind anzuzeigen entgeltliche, selbstständige und unselbstständige Tätigkeiten, insbesondere auch die Fortsetzung der vor der Mitgliedschaft im Bundestag ausgeübten Tätigkeit sowie insbesondere auch Vertretungs-, Gutachter-, Publikations- oder Vortragstätigkeiten. Gutachten, sowie publizistische und Vortragstätigkeiten müssen nicht angezeigt werden, soweit die jeweils vereinbarten Einkünfte den Betrag von 1000 Euro im Monat bzw. 10.000 Euro pro Jahr nicht übersteigen. Konkretisiert werden diese Pflichten durch Nr. 4 AB[595]: Hiernach müssen Name und Sitz der jeweiligen Gesellschaft sowie Name und Sitz des Vertragspartners angezeigt werden, wenn das Mitglied des Bundestages persönlich an der Vertragserfüllung mitwirkt. Einkünfte i.S.v. § 1 Abs. 3 VR sind die ausgekehrten Anteile am Gesellschaftsgewinn.

Gem. Nr. 2, 3 AB sind anzuzeigen Tätigkeiten in Gremien von privaten Unternehmen bzw. Körperschaften oder Anstalten des öffentlichen Rechts.

Gem. Nr. 4 AB sind anzuzeigen Tätigkeiten in Gremien von Vereinen, Verbänden, Stiftungen und sonstigen Organisationen mit nicht ausschließlich lokaler Bedeutung.

Gem. Nr. 5 AB sind anzuzeigen das Bestehen bzw. der Abschluss von Vereinbarungen, wonach dem Abgeordneten während oder nach seiner Mitgliedschaft im Bundestag bestimmte Tätigkeiten übertragen oder Vermögensvorteile

---

594 Vgl. zu den Ausführungsbestimmungen auch die *Hinweise zur Veröffentlichung der Angaben gemäß Verhaltensregeln im Amtlichen Handbuch und auf den Internetseiten des Deutschen Bundestages* (www.bundestag.de; Anlage X).

595 Wegen anhaltender Unklarheiten bei der Beurteilung der Einkünfte von Rechtsanwälten in partnerschaftlich organisierten Sozietäten wurde Nr. 4 AB am 12. November 2010 mit Wirkung zum 1. Januar 2011 durch den Bundestagspräsidenten neu gefasst (BGBl. I 2010, S. 1614).

zugewendet werden sollen. Nr. 6 AB erweitert diese Pflicht dahingehend, dass dem Präsidenten auch den wesentliche Inhalt der Vereinbarung mitgeteilt werden muss;

Gem. Nr. 6 AB sind anzuzeigen Beteiligungen an Kapital- oder Personengesellschaften, sofern dadurch ein wesentlicher wirtschaftlicher Einfluss auf ein Unternehmen begründet wird. Anzeigepflichtig soll diese Beteiligung gem. Nr. 7 AB allerdings nur dann sein, wenn der Gesellschaftszweck der Betrieb eines Unternehmens ist (Nr. 7 S. 1 AB). Der „wesentliche wirtschaftliche Einfluss" besteht nach Nr. 7 S. 3 AB, wenn die Beteiligung an einer Kapital- oder Personengesellschaft mehr als 25 % der Stimmrechte beträgt.

Ausgenommen von der Mitteilungspflicht sind Tatsachen über Dritte, bei denen sich der Abgeordnete auf gesetzliche Zeugnisverweigerungs- oder Verschwiegenheitsrechte berufen kann (§ 1 Abs. 5 VR). Nr. 8 AB präzisiert diese Einschränkung dahingehend, dass in einem solchen Fall lediglich Angaben über die Art der Tätigkeit erforderlich sind.

Eine Anzeigepflicht wird nach § 2 VR[596] auch dann ausgelöst, wenn ein Mitglied des Bundestages gerichtlich oder außergerichtlich für (Abs. 1) oder gegen (Abs. 2) die Bundesrepublik Deutschland bzw. eine bundesunmittelbare Körperschaft, Anstalt oder Stiftung des öffentlichen Rechts auftritt (Abs. 3). Gem. Nr. 9 AB entfällt die Pflicht zur Anzeige, wenn die Vertretung nicht persönlich übernommen wird oder das Honorar den Betrag von 1000 Euro nicht übersteigt. Diese Normen fallen aus dem Rahmen der üblichen Anzeigepflichten: Hier sollen nicht die „gängigen" Interessenkonflikte offen gelegt werden. Vielmehr geht es darum, die Konfliktsituation offen zu legen, die entsteht, wenn ein Abgeordneter als Mitglied eines Verfassungsorgans für oder gegen Staat tätig wird.[597] Ähnliche Regelungen sind auch den Gemeindeordnungen der Bundesländer bekannt.[598]

---

596 § 2 der Verhaltensregeln trägt die etwas unglückliche Überschrift „Rechtsanwälte". Dabei wird übersehen, dass die Prozessvertretung in der Regel z.B. auch von Rechtslehrern an deutschen Hochschulen übernommen werden kann (vgl. zur Kritik an der Überschrift *Herbertz*, Verhaltensregeln, S. 99; *Käßner*, Nebentätigkeiten und Nebeneinkünfte, S. 33).

597 *Käßner* (Nebentätigkeiten und Nebeneinkünfte, S. 33) spricht hier anschaulich vom sinnbildlichen „Biss der Katze in den Schwanz".

598 Eine allgemeine Treuepflicht der Ehrenbeamten gegenüber der Gemeinde statuiert z.B. § 26 HGO; § 25 Abs. 1 S. 3 HGO schließt solche Gemeindevertreter von der Mitwirkung an einem Beschluss der Vertretungskörperschaft aus, die eine natürliche oder juristische Person vertreten, die von der Angelegenheit betroffen ist.

Der einzelne Anzeigevorgang wird in Nr. 1 AB umschrieben: Die Anzeige hat demnach innerhalb einer Frist von drei Monaten nach Erwerb der Mitgliedschaft im Bundestag auf einem hierfür vorgesehen Formblatt zu geschehen. Evtl. Änderungen und Ergänzungen innerhalb der Wahlperiode müssen ebenfalls spätestens innerhalb von drei Monaten nach ihrem Eintritt schriftlich mitgeteilt werden, wobei spätest möglicher Zeitpunkt für den Fristbeginn der tatsächliche Zufluss der Einkünfte ist.

Die gesamte Neuregelung hat den Umfang der Anzeigepflicht im Gegensatz zur alten Rechtslage deutlich erweitert: Insbesondere erstreckt sich die Meldepflicht nun auf sämtliche Tätigkeiten neben dem Mandat.[599] Bei der Anzeige von Tätigkeiten und Einkünften durch die einzelnen Abgeordneten gegenüber dem Präsidenten und der Veröffentlichung der Angaben durch letzteren handelt es sich um zwei unterschiedliche Vorgänge. Daher sollen hier zunächst die Anzeigepflichten separat auf ihre Verfassungsmäßigkeit hin untersucht werden.

2. Erfordernis einer formal-gesetzlichen Grundlage

Die Einschränkung sowohl von Grund- wie auch von Statusrechten der Abgeordneten erfordert zwingend eine formal-gesetzliche Grundlage.[600] Die Anzeigepflichten indes werden nicht nur im Abgeordnetengesetz selbst, sondern auch in Verhaltensregeln und Ausführungsbestimmungen geregelt, die wiederum (jedenfalls untergesetzliche) Normen *sui generis* darstellen[601]. Daher gilt zu klären, ob der formelle Gesetzgeber die Anzeigepflichten ausreichend detailliert im Abgeordnetengesetz niedergelegt hat oder vielmehr die Grenzen der grundsätzlich zulässigen[602] Delegation durch Verhaltensregeln und Ausführungsbestimmungen überschritten wurden.

§ 44b AbgG beauftragt und ermächtigt den Bundestag, sich Verhaltensregeln zu geben, und verpflichtet ihn, die in § 44b Nr. 1 bis 5 AbgG genannten Anforderungen zu erfüllen. Durch diesen Delegationsakt des formellen Gesetzgebers an den Bundestag werden die sonst gem. Art. 76 ff. GG am Gesetzgebungsverfahren beteiligten Staatsorgane vom Beschluss der Verhaltensregeln ausgeschlossen. Trotzdem gewährleistet der Gang der parlamentarischen Beratungen, dass auch die Verhaltensregeln in einem öffentlichen und transparenten Verfahren zu Stande kommen. Dessen ungeachtet muss der verfassungsrechtli-

---

599 Vgl. hierzu *Käßner*, Nebentätigkeiten und Nebeneinkünfte, S. 32; *Meyer*, Nebentätigkeiten I, S. 26.

600 Vgl. Abschnitt G. III. der Arbeit.

601 Vgl. Abschnitt G. II. 2. der Arbeit.

602 Vgl. *Groß*, ZRP 2002, 472 (473).

chen Anforderung genügt werden, nach der wesentliche Fragen vom Gesetz selbst geregelt werden müssen. Wie bereits dargelegt wurde, folgt dieser Grundsatz aus der Wesentlichkeitstheorie – jedenfalls soweit grundrechtliche Positionen der Abgeordneten betroffen sind.[603]

Hier legt § 44a Abs. 4 S. 1 AbgG zunächst die Anzeigepflicht von Tätigkeiten vor dem Mandat sowie Tätigkeiten und Einkünften während des Mandats fest, die auf bedeutsame Interessenverknüpfungen des Abgeordneten hinweisen können. § 44a Abs. 2 S. 2, 3 AbgG geben sodann dem Präsidenten die Möglichkeit, im Falle von Zuwiderhandlungen Ordnungsmaßnahmen zu ergreifen. Gem. S. 5 soll „das Nähere“ in den Verhaltensregeln nach § 44b AbgG bestimmt werden. Dieser legt in fünf Ziffern diejenigen Tatbestände fest, die der Bundestag in den Verhaltensregeln auszugestalten hat.

Den oben umrissenen verfassungsrechtlichen Anforderungen kann die Neugestaltung der Anzeigepflichten nur dann standhalten, wenn mit den so beschriebenen, formell-gesetzlichen Normen diejenigen Festlegungen getroffen wurden, die insbesondere im Lichte der Grundrechte wesentlich erscheinen. Das *Bundesverfassungsgericht* hat den Wesentlichkeitsbegriff meist einzelfallbezogen ausgelegt und fordert daher einen „Blick auf den jeweiligen Sachbereich und auf die Eigenart des betroffenen Regelungsgegenstandes“[604]. Die besondere Charakteristik der hier in Rede stehenden Delegation besteht zunächst darin, dass nicht – wie sonst üblich – eine Rechtsetzungsbefugnis aus dem öffentlichen Bereich des Gesetzgebers in den internen Bereich der Exekutive delegiert wird. Vielmehr verbleibt sie im Falle der Verhaltensregeln im Parlament selbst, wodurch ein transparentes Beschlussverfahren sichergestellt ist.

Ebenfalls ungewöhnlich ist die Tatsache, dass die Verhaltensregeln sich zwar auch auf die nicht-mandatsbezogene Sphäre des Abgeordneten erstrecken, ihr direkter Adressatenkreis jedoch lediglich aus den Parlamentariern selbst besteht. Inhaltlich muss man feststellen, dass die Verhaltensregeln den schon in den §§ 44a Abs. 4, 44b AbgG detailliert niedergelegten Pflichtenkatalog der Abgeordneten zur Anzeige von Tätigkeiten und Einkünften neben dem Mandat lediglich konkretisieren, ohne ihn jedoch zu erweitern. Damit hat der formelle Gesetzgeber die Essentialia der Anzeigepflichten selbst bestimmt. Von der verfassungsrechtlichen Warte der Wesentlichkeitstheorie ist daher an der Regelungstechnik der Anzeigepflichten in Abgeordnetengesetz und Verhaltensregeln nichts auszusetzen.

Eine dritte Regelungsebene stellen nun die Ausführungsbestimmungen dar. Diese erlässt der Präsident gem. § 1 Abs. 4 VR und legt darin Inhalt und Um-

603 Vgl. Abschnitt G. III. der Arbeit.

604 BVerfGE 98, 218 (251).

fang der Anzeigepflichten fest. In dem Erlassverfahren ist er gehalten, „dem Präsidium und den Fraktionsvorsitzenden Gelegenheit zur Stellungnahme" zu geben. Dadurch verbleibt auch hier ein Minimum an demokratischer Mitwirkung – allerdings beschränkt sich diese auf die Abgabe von Stellungnahmen. Auch wenn der Präsident schlecht beraten wäre, sich über Einwände und Anregungen der Fraktionen gänzlich hinwegzusetzen – theoretisch kann er alleine im Bereich der Ausführungsbestimmungen die Letztentscheidung treffen, ohne auf die Zustimmung von Fraktionsvertretern und Präsidium angewiesen zu sein. Das gesamte Zustandekommen der Ausführungsbestimmungen geschieht nicht-öffentlich.[605]

Dieses Verfahren steht in bemerkenswertem Widerspruch zu der Festlegung in § 34 Abs. 1 AbgG: Unter der Überschrift „Ausführungsbestimmungen" im achten Abschnitt der „Gemeinsamen Vorschriften" wird hier festgelegt, dass Ausführungsbestimmungen zur Rechtsstellung der Mitglieder des Bundestages durch den Ältestenrat in seiner Gesamtheit[606] zu fassen sind. Darüber hinaus ist gem. § 34 Abs. 1 S. 1 AbgG eine explizite Ermächtigung durch Bundesgesetz notwendig. Auch diese ist im Falle der Ausführungsbestimmungen zu den Verhaltensregeln nicht vorhanden – § 44b AbgG ermächtigt nur den Bundestag zur näheren Regelung der Anzeigepflichten, enthält aber keine darüber hinaus gehende, weitere Subdelegation. Folglich hat der Bundestag mit der in § 1 Abs. 4 VR enthaltenen Delegation die Grenzen überschritten, die ihm der formelle Gesetzgeber in § 44b AbgG eingeräumt hat.[607] Umso schwerer wiegt es, dass erst auf Ebene der Ausführungsbestimmungen die Anzeigepflicht der Abgeordneten auf grundrechtssensible Angaben ihrer Arbeitgeber[608] bzw. sogar Vertragspartner[609] ausgedehnt wird.

Nach alldem können die Ausführungsbestimmungen zu den Verhaltensregeln den Anforderungen an eine formal-gesetzliche Regelung aus der Wesentlichkeitstheorie nicht Stand halten. Sie sind aus diesem Grund verfassungswidrig und nichtig; die in den Verhaltensregeln enthaltene Delegation an den Bundestagspräsidenten ist unzulässig. Um eine verfassungskonforme Regelung zu er-

605 Vgl. hierzu auch VerfGH NRW, NVWZ 1996, 164 (165). Das Gericht führt hier aus, dass gerade bei Entscheidungen des Parlamentes in eigener Sache ein transparentes Verfahren gewährleistet sein muss, dass sich an keiner Stelle der – in diesem Fall einzigen – Kontrolle durch die Öffentlichkeit entziehen darf.

606 Dieser besteht gem. § 6 Abs. 1 S. 1 GO BT aus dem Präsidenten, seinen Stellvertretern und 23 weiteren, von den Fraktionen zu benennenden Mitgliedern.

607 Vgl. hierzu auch *Groß*, ZRP 2002, 472 (473).

608 Vgl. z.B. Nr. 2 AB (Name, Sitz und Art der Tätigkeit des Arbeitgebers).

609 Vgl. z.B. Nr. 3 AB (Name, Sitz und Art der Tätigkeit des Vertragspartners).

reichen, sollten der Inhalt der Ausführungsbestimmungen in die Verhaltensregeln selbst aufgenommen werden.[610]

3. Status- und grundrechtliche Beurteilung

Desweiteren müssen die Anzeigepflichten gem. §§ 44a Abs. 4, 44b AbgG i.V.m. § 1 VR den Anforderungen sowohl der einschlägigen Grund- wie auch der Statusrechte standhalten.

a) Statusrechtliche Beurteilung

aa) Vereinbarkeit mit dem freien Mandat aus Art. 38 Abs. 1. S. 2 GG

Im Zentrum der statusrechtlichen Beurteilung steht auch hier das freie Mandat gem. Art. 38 Abs. 1 S. 2 GG. Dies schützt in seinem Nukleus zunächst das (Abstimmungs-)verhalten des Abgeordneten im Parlament.[611] Inwiefern die Anzeigepflichten einen Eingriff in Art. 38 Abs. 1 S. 2 GG darstellen, hängt zunächst davon ab, welchen Schutzumfang man über diesen unstrittig geschützten inneren Kernbereich der grundgesetzlichen Mandatsverbürgung hinaus entnimmt. Soweit teilweise die Pflicht zur Anzeige von Nebentätigkeiten und -einkünften der persönlichen Sphäre der Parlamentarier außerhalb des Mandats zugeordnet wird, wird umgekehrt der Gewährleistungsgehalt von Art. 38 Abs. 1 S. 2 GG auf die „Individualinteressen" der Abgeordneten ausgedehnt.[612] Vereinzelt wird auch vertreten, die Anzeigepflichten hätten überhaupt keine beschränkende Wirkung für die in Art. 38 Abs. 1 S. 2 GG garantierten Freiheiten.[613]

Überzeugender ist indes die Auffassung, die dem freien Mandat selbst einen umfassenden Schutz des Abgeordneten entnimmt.[614] Die Tätigkeit in einem bürgerlichen Beruf bereichert nicht nur den Erfahrungsschatz und damit die politisch-parlamentarische Arbeit des Abgeordneten – sie sichert darüber hinaus

---

610 So auch *Groß*, ZRP 2002, 472 (473).

611 Vgl. nur *Kretschmer*, Schmidt-Bleibtreu/Hofmann/Hopfauf, GG, Art. 38, Rdn. 61 sowie Abschnitt E. II. der Arbeit.

612 So ausdrücklich die das Urteil tragenden Richter in BVerfGE 118, 277 (355).

613 So *Käßner*, Nebentätigkeiten und Nebeneinkünfte, S. 163; *Groß*, ZRP 2002, 472 (473).

614 BVerfGE 118, 277 (377 f.) – diss.op. Dessen ungeachtet sehen auch die dissentierenden Richter die Notwendigkeit, „grundrechtliche Aspekte" bei der Auslegung von Art. 38 Abs. 1 S. 2 GG zu berücksichtigen.

auch seine faktische Unabhängigkeit in der Mandatswahrnehmung selbst.[615] Ein Abgeordneter, der gerade auf die hierdurch vermittelte Freiheit Wert legt, kann sich den sanktionsbewehrten Anzeigepflichten nur durch Aufgabe des Mandats bzw. seines beruflichen Standbeins entziehen. Daher stellen die Anzeigepflichten einen Eingriff in Art. 38 Abs. 1 S. 2 GG dar. Eine Anreicherung des freien Mandats mit zusätzlichen grundrechtlichen Aspekten ist dafür nicht notwendig. Eine solche wenig überzeugende Konstruktion entspringt dem – im Ergebnis verständlichen – Bemühen, dem Abgeordneten nicht den grundrechtlichen Schutz vor dem *Bundesverfassungsgericht* zu versagen. Die dogmatische Schwäche dieses Ansatzes, der die Parallelität von Grund- und Statusrechten verneint, offenbart sich jedoch spätestens in der – dann insoweit konsequenten – Folgerung, den statusrechtlichen Schutz aus Art. 38 Abs. 1 S. 2 GG auch auf die grundrechtlichen Belange Dritter auszudehnen.[616] Nachdem oben gezeigt wurde, dass auch den Mitgliedern des Bundestages die Schutzwirkungen aus den Grundrechten selbst zustehen[617], bedarf es einer solchen Vermengung jedoch nicht.

Der durch die Anzeigepflichten gem. §§ 44a Abs. 4, 44b AbgG i.V. m. § 1 VR vollzogene Eingriff in das freie Mandat kann durch andere Belange von Verfassungsrang gerechtfertigt werden.[618] Die Anzeigepflichten sollen insbesondere die Repräsentations- und Funktionsfähigkeit des Deutschen Bundestages als Verfassungsorgan sicherstellen.[619] Hierbei handelt es sich um einen verfassungsrechtlichen Belang. Zu klären gilt, ob bei den Anzeigepflichten die kollidierenden Verfassungsrechtsgüter einem angemessenen Ausgleich zugeführt wurden.[620] Dies anhand der Diskussionen innerhalb des Gesetzgebungsprozesses

615 So auch BVerfGE 118, 277 (378) – diss.op. Wörtlich: „Wer für sich über das eigene Mandat hinaus sorgen kann, wird weniger leicht seine eigene Meinung einer parteipolitisch vorgegebenen Räson opfern.“

616 So aber BVerfGE 118, 277 (355).

617 Vgl. Abschnitt F. der Arbeit.

618 BVerfGE 99, 19 (32); vgl. auch Abschnitt XXX der Arbeit.

619 BVerfGE 118, 277 (355); 80, 188 (219); 84, 304 (321). Gelegentlich werden darüber hinaus auch bei den Anzeigepflichten die Begriffe „Transparenz“ bzw. „Öffentlichkeit“ bemüht. Dabei wird übersehen, dass die Anzeige von Nebentätigkeiten und -einkünften zwar notwendige Voraussetzung für die darauf folgende Veröffentlichung ist, es sich aber trotzdem um einen nicht nur an sich eigenständigen, sondern vor allem rein innerparlamentarischen Vorgang zwischen Abgeordneten und Präsidenten handelt, an dem die Öffentlichkeit (zunächst) unbeteiligt ist.

620 Die das Urteil tragenden Richter gehen an anderer Stelle (BVerfGE 118, 277 [328]) von einem „prinzipiellen Vorrang parlamentsrechtlich-funktioneller vor individualrechtlichen Gesichtspunkten“ aus. Damit sollte die Verfassungsmäßigkeit der Mittelpunktregelung (§ 44a Abs. 1 AbgG) begründet werden. Eine ähnliche, wenngleich abge-

zu ermitteln, fällt nicht ganz einfach: In den jeweiligen Begründungen zu den Entwürfen[621] wird kaum die für eine verfassungsrechtliche Beurteilung notwendige Trennung zwischen Anzeigepflicht und Veröffentlichungsvorgang vollzogen.[622]

Als „äußerste Grenze" aller statusbezogenen Regelungen führt *Waldhoff* die „vom Grundgesetz vorausgesetzte, pluralistische Zusammensetzung und damit Handlungsfähigkeit"[623] des Parlamentes an. Eine diesen „schwer zu konkretisierenden Maßstab"[624] verletzende Regelung wäre demnach sicher verfassungswidrig. Eine solche Wirkung hat die Anzeigeverpflichtung aber gerade nicht: Weder normiert sie per se Inkompatibilitätsvorschriften für Parlamentarier, noch gelangen durch sie Informationen an die Öffentlichkeit, die geeignet sein könnten, bestimmte Personen von der Bewerbung um ein Mandat abzuhalten. Vielmehr wird in § 44a Abs. 1 S. 2 GG die Ausübung eines Berufs oder anderer Tätigkeiten neben Mandat für (weiterhin) ausdrücklich zulässig erklärt.

Auffällig ist zunächst, dass die Anzeigepflichten auf den unterschiedlichen Normebenen jeweils einzig auf das Zuflussprinzip abstellen. Diese Pflicht, jeweils die gesamten Bruttoeinkünfte melden zu müssen, mag die Handhabung für die damit befasste Bundestagsverwaltung wesentlich vereinfachen – wirkliche Aussagekraft über die tatsächlichen Einnahmen der Abgeordneten kommt diesen Angaben aber kaum zu. Insbesondere das (Einkommen-)Steuerrecht hat Möglichkeiten und Verfahren entwickelt, um diejenigen Ausgaben aufzuzeigen (und steuerrechtlich geltend zu machen), die die Erzielung von Einnahmen erst möglich gemacht haben.[625] Es steht die Frage im Raum, ob „Einkünfte" ganz grundsätzlich geeignet sind, auf Abhängigkeiten hinzuweisen und sie aufzudecken. Eine Erbschaft oder ein Lottogewinn beispielsweise würden demnach eine Anzeigepflicht auslösen, obgleich sie keinerlei Rückschluss auf eine wie auch immer geartete Abhängigkeit zulassen.[626] Ebenso unterfallen nach der konkreten

---

schwächte Formulierung findet sich direkt bezogen auf die Anzeigepflichten in BVerfGE 118, 277 (355 f.). Ein solcher, absoluter Vorrang ist jedoch ungeeignet, die hier in Rede stehenden Verfassungswerte miteinander in Einklang zu bringen.

621 Bt-Drs. 15/5671 sowie 15/5698.

622 Lediglich der Abgeordnete *Schmidt* (BT-Protokoll 15. WP, 184. Sitzung vom 30. Juni 2005, S. 1739) weist in der Schlussdebatte über die Neuregelungen auf die von der Veröffentlichung unabhängige Meldepflicht gegenüber dem Bundestagspräsidenten hin.

623 *Waldhoff*, ZParl 2006, 251 (257).

624 *Waldhoff*, ZParl, 2006, 251 (257).

625 Im Steuerrecht geht man vom sog. „Nettoprinzip" aus. Das Nettoeinkommen entspricht den Erwerbseinnahmen abzüglich Werbungskosten und Betriebsausgaben (vgl. *Weber-Grellet*, Steuern, S. 176). Erst so kann aufgezeigt werden, welche Einnahmen letzten Endes tatsächlich zur Befriedigung privater Bedürfnisse zur Verfügung stehen.

626 Darauf weist auch *Waldhoff*, ZParl 2006, 251 (264) hin.

Ausgestaltung der Regeln Treuhandgelder und durchlaufende Posten der Meldepflicht gegenüber dem Präsidenten.[627] Damit entsteht ein Zerrbild, das die das Urteil nicht tragenden Richter pointiert beschrieben haben: „Es findet eine Gleichsetzung von Mittelzufluss und Einkommen statt, die mit den tatsächlichen Gegebenheiten zumeist nicht übereinstimmt.“[628]

Auch durch die mit der Neuregelung vollzogene Erweiterung der Anzeigepflichten auf Tätigkeiten vor dem Mandat wird verfassungsrechtliches Neuland betreten. Im Zusammenhang mit der Abgeordnetenüberprüfung auf Tätigkeit oder politische Verantwortung für das Ministerium für Staatssicherheit (heutiger § 44c AbgG) hatte das *Bundesverfassungsgericht* noch in bemerkenswerter Deutlichkeit ausgeführt: „Die Überprüfung von Abgeordneten auf ein der Wahl vorausliegendes Verhalten gehört grundsätzlich nicht zu den parlamentarischen Aufgaben.“[629] Gleichzeitig hob es die Bedeutung des Wahlaktes selbst für die Legitimation der Abgeordneten hervor. Erst auf den Wahlakt seiner Mitglieder gründe die Legitimation des Gesamtparlamentes, die insoweit daraus abgeleitet sei.[630]

So gesehen kann man mit guten Gründen die Befugnis des Parlamentes in Zweifel ziehen, ein vor der Wahl liegendes Verhalten von Abgeordneten zum Gegenstand eines Pflichtenkataloges zu machen. Im Übrigen lässt sich auch der Gesetzesbegründung[631] nicht entnehmen, warum Tätigkeiten vor dem Mandat in die Anzeigepflicht mit einbezogen werden sollen.

Diese offensichtlichen Unebenheiten sprechen zunächst dagegen, dass dem Gesetzgeber hier ein angemessener Ausgleich gelungen ist. Allerdings darf nicht darüber hinweg gesehen werden, dass die Anzeigepflichten eine differenzierte Gestaltung erfahren haben: Dies betrifft zunächst die in § 1 Abs. 5 VR niedergelegten Ausnahmen für den Fall, dass der Abgeordnete gesetzliche Zeugnisverweigerungs- oder Verschwiegenheitspflichten geltend machen kann. Daneben sind diejenigen Einnahmen von der Anzeigepflicht ausgeschlossen, die eine gewisse Summe im Monat bzw. im Jahr nicht übersteigen (vgl. § 1 Abs. 2 Nr. 1, Abs. 3 VR).

Entscheidend wirkt sich am Ende aus, dass es sich bei den Anzeigepflichten gem. §§ 44a Abs. 4, 44b AbgG i.V.m. § 1 VR um eine Obliegenheit handelt, die zwar die berufliche Sphäre des Abgeordneten außerhalb des Parlamentes berührt, gleichsam aber in ihren Wirkungen einen lediglich innerparlamentarischen Vorgang zwischen Abgeordneten und Präsidenten darstellt. Durch die bloße

---

627 Vgl. hierzu auch BVerfGE 118, 277 (392) – diss.op.

628 BVerfGE 118, 277 (391) – diss.op.

629 BVerfGE 99, 19 (34).

630 BVerfGE 99, 19 (34).

631 BT-Drs. 15/5671.

Pflicht zur Anzeige von Tätigkeiten und Einkünften gegenüber dem Präsidenten wird kein Abgeordneter in seinem freien Mandat verletzt.[632] Ein Verstoß gegen Art. 38 Abs. 1 S. 2 GG liegt hier nicht vor.

bb) Vereinbarkeit mit Art. 48 Abs. 2 S. 1 GG

Die Anzeigepflichten könnten allerdings gegen das sog. Behinderungsverbot aus Art. 48 Abs. 2 S. 1 GG verstoßen, wonach niemand gehindert werden darf, das Amt eines Abgeordneten zu übernehmen oder auszuüben. Diese Vorschrift wird unterschiedlich interpretiert. Der Bundesgerichtshof ging in einer Entscheidung aus dem Jahre 1965 ursprünglich von einer umfassenden Schutzwirkung des Art. 48 Abs. 2 S. 1 GG aus, die sich auf „jedes Androhen oder Inaussichtstellen irgendwelcher Nachteile, seien sie wirtschaftlicher, beruflicher oder gesellschaftlicher Natur“[633], erstreckte.

Rund zehn Jahre später, im sog. „Bremer Mandatsprozess“[634], nahm das *Bundesverfassungsgericht* dann aber eine deutlich einschränkende Position ein, in der es für die Eröffnung des sachlichen Geltungsbereichs von Art. 48 Abs. 2 S. 1 GG eine zielgerichtete Absicht forderte.[635] Mittelbare Auswirkungen seien demnach nicht geschützt.[636] Unterstützung fand diese Rechtsprechung bei Stimmen, die die Entwicklung des Mandats zur Hauptbeschäftigung (und die daraus folgende Vollalimentation) ins Zentrum ihrer Argumentation rückten: Hiernach sei ein umfassender Schutz des beruflich-privaten Wirkungskreises nicht länger angezeigt.[637]

Diese „Absichtsformel“ des *Bundesverfassungsgerichts* hat in der Literatur aber auch deutlichen Widerspruch erfahren: Hierdurch werde insbesondere der Schutz freiberuflich tätiger Abgeordneter verkürzt[638], es entstünden Schutzlücken bei der Kündigung von Gesellschaftsverträgen[639] und nicht zuletzt Beweisschwierigkeiten über die subjektive Absicht der Behinderung[640]. Demgemäß

632 So auch *Schulze-Fielitz*, in: Dreier, GG, Bd. II, Art. 48, Rdn. 30.

633 BGHZ 43, 384 (387).

634 BVerfGE 42, 312 ff.

635 Dies war vor allem Ergebnis einer am Wortlaut orientierten Auslegung, nach der nur das „transitive Hindern, Verhindern, Erschweren der Übernahme und Ausübung des Mandats verboten sei.“ (BVerfGE 42, 312 [329]). Insoweit zustimmend: BVerfGE 118, 277 (346) – diss.op.

636 BVerfGE 42, 312 (329).

637 So inbesondere *von Arnim*, in: Bonner Kommentar GG, Art. 48, Rdn. 34.

638 *Braun/Jantsch/Klante*, AbgG, § 2, Rdn. 17.

639 *Magiera*, in: Sachs, GG, Art. 48, Rdn. 11; *Schneider*, in: AK-GG, Bd. 2, Art. 48, Rdn. 6.

640 *Klein*, in: Maunz/Dürig, GG, Art. 48, Rdn. 85.

wurde in der Literatur eine vermittelnde Ansicht formuliert, die die Funktion von Art. 48 Abs. 2 S. 1 als speziellen Gleichheitssatz betont und die Norm als Diskriminierungsverbot versteht.[641] Eine Behinderung i.S.v. Art. 48 Abs. 2 S. 1 GG läge demnach dann vor, wenn vernünftige Gründe für eine entsprechende Maßnahme fehlten.

Die genaue Einordnung der Norm muss vor allem im grundgesetzlichen Gesamtkontext erfolgen: Zum Teil wird argumentiert, dass der Schutzbereich von Art. 48 Abs. 2 S. 1 GG im Falle von gesetzlichen Ausgestaltungen des Abgeordnetenstatus eröffnet sein müsse, um dort den fehlenden Grundrechtsschutz der Parlamentarier zu kompensieren.[642] Hier wurde jedoch gezeigt, dass diese Schutzlücke gerade nicht besteht: Soweit der Abgeordnete in seiner persönlichen Rechtsstellung betroffen ist, steht er auch unter den grundrechtlichen Garantien – in diesem Falle insbesondere von Art. 12 GG. Die Ausweitung von Art. 48 Abs. 2 S. 1 GG in diese Richtung ist also insoweit nicht notwendig.

Die historische Auslegung bestätigt dies: Ursprüngliche Intention des Verfassungsgesetzgebers war es offensichtlich, etwaige Einwirkungen von außen auf den freien Entschluss von Mandatsbewerbern zu verhindern[643] und so auch eine nach Bevölkerungsgruppen ausgewogene Zusammensetzung des Parlamentes zu ermöglichen[644]. Die grundsätzliche Chance auf den Einzug in das Parlament des einzelnen Bewerbers sollte weder zur Disposition eines öffentlichen Dienstherrn, noch eines privaten Arbeitgebers stehen.[645] Nur mit dieser Ratio lässt sich Art. 48 Abs. 2 S. 1 GG überzeugend in das Miteinander von Grund- und Statusrechten einfügen. Zutreffend hat das Bundesverfassungsgericht[646] für die Eröffnung des Geltungsbereichs der Norm daher eine intentionale Beeinträchtigung (von öffentlicher oder privater Seite) gefordert, in der sich gerade die oben beschriebene Gefahr absichtsvoll realisieren kann.[647]

Eine solche Intention lässt sich bei den Anzeigepflichten gem. §§ 44a Abs. 4, 44b AbgG i.V.m. § 1 VR jedoch nicht ausmachen. Sie wirken zwar in den

---

641 *Klein*, in: Maunz/Dürig, GG, Art. 48, Rdn. 88; *Trute*, in: von Münch/Kunig (Hrsg.), GG, Bd. 2, Art. 48, Rdn. 12.

642 So *Butzer*, in: Epping/Hillgruber, GG, Art. 48, Rdn. 10.1.

643 Die „Schikane-Politik" von Regierungen gegenüber Beamten in früheren Parlamenten schildert *Klein*, in: Maunz/Dürig, GG, Art. 48, Rdn. 9.

644 BVerfGE 118, 277 (333).

645 Vgl. hierzu auch *Rensen*, in: Emmenegger/Wiedmann (Hrsg.), S. 493 (508), der dieses Postulat zutreffend in den Zusammenhang mit der Einführung des allgemeinen Wahlrechts und dem Aufkommen linker Parteien stellt.

646 Vgl. nur BVerfGE 42, 312 (329).

647 So auch *Achterberg/Schulte*, in: von Mangoldt/Klein/Starck, GG, Bd. 2, Art. 48, Rdn 28; *Austermann*, Anrechungsbestimmungen, S. 115; *Groß*, ZRP 2002, 472 (474); *Schultze-Fielitz*, in: Dreier, GG, Bd. II, Art. 48, Rdn. 15.

beruflichen und privaten Bereich des Abgeordneten hinein, sind aber nicht von der Absicht getragen, die Tätigkeit des Parlamentariers zu erschweren oder gar bestimmte Personen- oder Berufsgruppen von der Übernahme eines Mandats abzuhalten. Es handelt sich hierbei um eine Regelung, die – ebenso wie zahlreiche andere konkrete Statusausgestaltungen – auch nachteilige Folgen für den Betroffenen nach sich ziehen kann.[648] Ein Verstoß der Anzeigepflichten gegen das Behinderungsverbot aus Art. 48 Abs. 2 S. 1 GG scheidet damit aus.[649]

b) Vereinbarkeit mit Grundrechten von Abgeordneten

Die Anzeigepflichten gem. §§ 44a Abs. 4, 44b AbgG i.V.m. § 1 VR könnten jedoch gegen Grundrechte der Abgeordneten verstoßen.

aa) Vereinbarkeit mit dem Grundrecht auf informationelle Selbstbestimmung aus Art. 2 Abs. 1 i.V.m. Art. 1 Abs. 1 GG

Im sog. „Volkszählungsurteil“[650] aus dem Jahre 1983 hat das *Bundesverfassungsgericht* das eigenständige Grundrecht auf informationelle Selbstbestimmung entwickelt.[651] Es wurzelt im Grundrecht auf Menschenwürde aus Art. 1 Abs. 1 GG und dem Allgemeinen Persönlichkeitsrecht gem. Art. 2 Abs. 1 GG.[652] Das Recht auf informationelle Selbstbestimmung soll dem Bürger ermöglichen, über Preisgabe und Verwendung seiner Daten grundsätzlich selbst zu bestimmen und ihm selbst die Entscheidung darüber zu belassen „wer was wann bei welcher Gelegenheit“[653] über ihn weiß. Nicht zu übersehen ist der enge Zusammenhang der Entstehung dieses „neuen“ Grundrechts mit dem Aufkommen der

648 In der die „Absichtsformel“ begründenden Entscheidung nennt das BVerfG als Beispiele „unzureichende Entschädigungsregelung für den Abgeordneten, ungeregelte Lebensweise, die mit dem Abgeordnetenberuf verbunden ist, anstrengende Reisetätigkeit, aufreibende politische Auseinandersetzungen, auch Verzicht auf Hobby, Verzicht auf liebgewonnene menschliche Beziehungen, Verzicht auf Engagement in anderen Organisationen, faktisches Ausgeschlossenbleiben von Ämtern und Positionen, die sonst zugänglich wären, usw.“, BVerfGE 42, 312 (329).

649 So auch *Groß*, ZRP 2002, 472 (474); im Ergebnis auch *Käßner*, Nebentätigkeiten und Nebeneinkünfte, S. 176; a.A. *Butzer*, in: Epping/Hillgruber, GG, Art. 48, Rdn. 10.1.

650 BVerfGE 65, 1 ff.

651 Vgl. hierzu umfassend *Pöttgen*, Medizinische Forschung und Datenschutz, S. 32 ff.

652 Vgl. *Hofmann*, in: Hofmann/Schmidt-Bleibtreu/Hopfauf, GG, Art. 2, Rdn. 26.

653 BVerfGE 65, 1 (43).

elektronischen Datenverarbeitung[654] und den damit einhergehenden, bislang grundrechtlich nicht abgeschirmten Gefahren für den Einzelnen.

aaa) Eingriff in den Schutzbereich

Das Recht auf informationelle Selbstbestimmung schützt den Bürger gegen unbegrenzte Erhebung, Speicherung, Verwendung und Weitergabe seiner persönlichen Daten.[655] Die hier in Rede stehenden Meldepflichten betreffen Daten und Angaben aus dem persönlichen Lebensbereich des Abgeordneten; diese werden durch den Bundestagspräsidenten (bzw. die nachgeordnete Parlamentsverwaltung) gespeichert und als Grundlage für die daran anknüpfende Veröffentlichung verwandt. Die Pflicht zur Offenlegung stellt demnach auch einen Eingriff in das Recht auf informationelle Selbstbestimmung dar.

bbb) Verfassungsrechtliche Rechtfertigung

Das Recht auf informationelle Selbstbestimmung gem. Art. 2 Abs. 1 i.V.m. Art. 1 Abs. 1 GG ist nicht schrankenlos gewährleistet. Allerdings muss jede verfassungsfeste Einschränkung zunächst gesetzlich fixiert sein.[656] Dies ist durch § 44a Abs. 4 AbgG geschehen. Auch hinsichtlich der Regelungsdichte sind die wesentlichen Festlegungen hier in ein formelles Gesetz gegossen worden; die weitere Konkretisierung durch die untergesetzlichen Verhaltensregeln ist insofern unschädlich. Nach den – insoweit überzeugenden – Maßstäben des *Bundesverfassungsgerichts* aus dem Volkszählungsurteil muss darüber hinaus die Datenerhebung aus überwiegenden Gründen des Allgemeinwohls geboten, die Verwendung bereichsspezifisch präzise bestimmt und ein Schutz gegen Zweckentfremdung gewährleistet sein.[657] Daneben muss auch die Verhältnismäßigkeit gewahrt bleiben. [658]

Das Allgemeininteresse an der Datensammlung besteht hier wiederum in der Sicherstellung der Repräsentations- und Funktionsfähigkeit des Deutschen Bundestages als Verfassungsorgan.[659] Die Datenverwendung ist (in diesem Stadium

---

654 Gleichwohl geht sein Schutzumfang darüber hinaus, vgl. *Murswiek*, in: Sachs, GG, Art. 2, Rdn. 73.

655 *Murswiek*, in: Sachs, GG, Art. 2, Rdn. 72.

656 BVerfGE 65, 1 (44); *Pöttgen*, Medizinische Forschung und Datenschutz, S. 40 f.

657 BVerfGE 65, 1 (44 ff.); *Pöttgen*, Medizinische Forschung und Datenschutz, S. 40; *Waldhoff*, ZParl 2006, 251 (264).

658 BVerfGE 65, 1 (44ff.); *Pöttgen*, Medizinische Forschung und Datenschutz, S. 40; *Waldhoff*, ZParl 2006, 251 (264).

659 In der Gesetzesbegründung selbst wird der mit der (später folgenden) Veröffentlichung einhergehende Eingriff in die informationelle Selbstbestimmung der Abgeordneten in

noch) bereichsspezifisch und präzise bestimmt: Die Auskünfte über das außerparlamentarische Verhalten verbleiben beim Parlamentspräsidenten. In seinem Zuständigkeitsbereich wird durch dienstrechtliche Regelungen (letztlich durch § 353b StGB auch strafbewehrt) Sorge dafür getragen, dass eine Zweckentfremdung der Daten (zunächst) nicht stattfinden kann. Einen näheren Blick verdient an dieser Stelle die für die Prüfung der Verhältnismäßigkeit mitentscheidende Intensität des Grundrechtseingriffs: Zwar werden hier streng personenbezogene Daten ohne jegliches Anonymisierungsverfahren erhoben und gespeichert – in puncto Detailtiefe liegen die in den Anzeigepflichten erforderlichen Angaben jedoch noch hinter denen, die jeder Einkommensteuerpflichtige (auch der Abgeordnete) gegenüber dem zuständigen Finanzamt zu erbringen hat. Insbesondere vor diesem Hintergrund bleibt die Verhältnismäßigkeit hier gewahrt.

Die Anzeigepflichten gem. §§ 44a Abs. 4, 44b AbgG i.V.m. § 1 VR verletzen die Abgeordneten damit nicht in ihrem Grundrecht auf informationelle Selbstbestimmung.

bb) Vereinbarkeit mit dem Grundrecht auf Berufsfreiheit aus Art. 12 Abs. 1 GG

Die Anzeigepflichten gem. §§ 44a Abs. 4, 44b AbgG i.V.m. § 1 VR könnten jedoch gegen das Grundrecht auf Berufsfreiheit der Abgeordneten aus Art. 12 Abs. 1 GG verstoßen.

aaa) Eröffnung des Schutzbereichs

Beruf ist jede auf Dauer angelegte Tätigkeit, die der Schaffung und Aufrechterhaltung einer Lebensgrundlage dient oder dazu beiträgt.[660] Wenngleich das Bundesverfassungsgericht die Entwicklung des Abgeordnetenmandats zur „Hauptbeschäftigung" der Abgeordneten betont hat,[661] steht dieses selbstverständlich nicht unter dem Schutz von Art. 12 Abs. 1 GG.[662] Anders verhält es sich jedoch grundsätzlich mit Zweit- bzw. Nebenberufen.[663] Diese werden durch

---

einem Halbsatz mit der „Sicherung der Unabhängigkeit des Mandates" und der „Stärkung des Ansehens des Parlamentes" gerechtfertigt, vgl. BT-Drs. 15/5671, S. 4.

660 BVerfGE 7, 377 (397); 50, 290 (362); 54, 301 (313); 105, 252 (265); BVerwGE 1, 92 (93); 22, 286 (287); *Detterbeck*, Öffentliches Recht, Rdn. 463; *Jarass*, in: Jarass/Pieroth, GG, Art. 12, Rdn. 4; *Mann*, in: Sachs, GG, Art. 12, Rdn. 45; *Ruffert*, in: Epping/Hillgruber, GG, Art. 12, Rdn. 40.

661 BVerfGE 40, 296 (314).

662 *Waldhoff*, ZParl 2006, 251 (265).

663 So eindeutig: BVerfGE 110, 141 (156); *Detterbeck*, Öffentliches Recht, Rdn. 463; *Ruffert*, in: Epping/Hillgruber, GG, Art. 12, Rdn. 42. Anders jedoch BVerwGE 63, 99 (101); 67, 287 (294 f.).

die Anzeigepflichten berührt, der Schutzbereich von Art. 12 Abs. 1 GG ist somit eröffnet.

bbb) Eingriff in den Schutzbereich

Einen Eingriff in Art. 12 Abs. 1 GG stellt jede verbindliche Vorgabe für das „ob" oder „wie" einer bestimmten beruflichen Tätigkeit dar[664]; dieser kann auch faktisch-mittelbarer Art sein.[665] Allerdings besteht dann das Erfordernis einer objektiv berufsregelnden Tendenz.[666] Zum Teil wird darauf hingewiesen, dass die Neuregelung des Abgeordnetenrechts insgesamt dazu führe, dass weniger Selbstständige sich zu einer Bewerbung um ein Mandat entschlössen.[667] Dieser vermutete Effekt (falls er denn tatsächlich zutrifft) kann jedoch erst durch die Offenlegung der erfolgten Angaben eintreten. Der bloße, insoweit rein innerparlamentarische Anzeigevorgang vermag hier wenig beizutragen. Auch der Vergleich mit dem bei der Mittelpunktregelung festgestellten Eingriff in Art. 12 Abs. 1 GG ändert daran nichts. Die Anzeigepflichten gem. §§ 44a Abs. 4, 44b AbgG i.V.m. § 1 VR stellen – bildlich gesprochen – eine notwendige Brücke zwischen Mittelpunktregelung und Veröffentlichung dar. Für sich betrachtet kommt ihnen jedoch keine objektiv berufsregelnde Tendenz zu.[668] Sie stellen damit keinen Eingriff in Art. 12 Abs. 1 GG dar.

Die Anzeigepflichten gem. §§ 44a Abs. 4, 44b AbgG i.V.m. § 1 VR verletzen damit das Grundrecht auf Berufsfreiheit der Abgeordneten nicht.

cc) Vereinbarkeit mit dem Grundrecht auf Eigentumsfreiheit aus Art. 14 Abs. 1 S. 1 GG

Die Eigentumsgarantie aus Art. 14 Abs. 1 S. 1 GG umfasst jedes vermögenswerte Recht jedenfalls des Privatrechts und schützt vor jeder ungerechtfertigten Einwirkung hierauf.[669] Zum geschützten Bestand gehören zunächst dingliche Rechte (Hypotheken, Grundschulden sowie Pfandrechte)[670], aber auch Urheber-

664 *Detterbeck*, Öffentliches Recht, Rdn. 466; *Jarass*, in: Jarass/Pieroth, GG, Art. 12, Rdn. 11.

665 BVerfGE 105, 279 (304).

666 Siehe nur BVerfGE 13, 181 (186).

667 So der wiedergegebene Vortrag der Antragsteller in BVerfGE 118, 277 (303).

668 Anders wohl die gewerberechtlichen Anzeigepflichten (z.B. § 14 GewO). Vgl. hierzu *Ruffert*, in: Epping/Hillgruber, GG, Art. 12, Rdn. 106.1; *Manssen*, in: von Mangoldt/Klein/Starck, GG, Bd. 1, Art. 12, Rdn. 157.

669 *Detterbeck*, Öffentliches Recht, Rdn. 496; *Hofmann*, in: Schmidt-Bleibtreu/Hofmann/Hofpauf, GG, Art. 14, Rdn. 2.

670 *Detterbeck*, Öffentliches Recht, Rdn. 496.

und Patentrechte sowie Forderungen des Privatrechts.[671] Nach der Rechtsprechung des *Bundesgerichtshofs* sowie des *Bundesverwaltungsgerichts* umfasst das Grundrecht auf Eigentum auch das Recht am eingerichteten und ausgeübten Gewerbebetrieb.[672] Einen solchen stellt jedes wirtschaftliche Unternehmen dar.[673] Dieser Auffassung hat sich die Literatur in weiten Teilen angeschlossen.[674] Demnach umfasst der grundrechtliche Schutz von Art. 14 Abs. 1 S. 1 GG auch häufig nicht exakt bezifferbare Wertfaktoren wie Geschäftsverbindungen, Kundenstamm etc. Das *Bundesverfassungsgericht* hat sich hierzu bislang eher zurückhaltend geäußert und die o.g. Faktoren lediglich als bloße Gewinnchancen und tatsächliche Gegebenheiten eingeordnet.[675] Es sieht vom Schutz der Eigentumsgarantie zunächst nur den konkreten Bestand an Rechten und Gütern umfasst[676] – der Grundrechtsschutz könne „nicht weiter gehen als der Schutz, den seine wirtschaftliche Grundlage genießt“[677].

Selbst wenn man den eingerichteten und ausgeübten Gewerbebetrieb in den Schutzumfang von Art. 14 Abs. 1 S. 1 GG einbezieht, müsste doch zumindest ein faktischer Eingriff[678] in das Grundrecht vorliegen. Hier könnte man argumentieren, dass etwaige Vertragspartner – gerade von selbstständig tätigen – Abgeordneten vor künftigen Abschlüssen zurückschreckten, um einer eventuellen Veröffentlichung (aus welchen Gründen auch immer) zu entgehen. Mitbewerber des Abgeordneten in dessen bürgerlichem (Neben-)Beruf könnten zudem Kenntnisse über Geschäftstätigkeit und Betriebsergebnisse erlangen, die möglicherweise nachteilige Rückschlüsse auf den Betrieb selbst zuließen. Derlei (gemutmaßte) Folgen können jedoch ebenfalls nicht durch die Anzeigepflichten gegenüber dem Präsidenten, sondern höchstens durch die Veröffentlichung selbst entstehen. Die Anzeigepflichten stellen somit keinen Eingriff dar.

Eine Verletzung des Grundrechts auf Eigentumsfreiheit aus Art. 14 Abs. 1 S. 1 GG scheidet damit aus.

---

671 *Detterbeck*, Öffentliches Recht, Rdn. 496; *Herbertz*, Verhaltensregeln, S. 258.

672 BGHZ 92, 34 (37); 67, 190 (192); BVerwGE 62, 224 (226).

673 *Detterbeck*, Öffentliches Recht, Rdn. 502.

674 Vgl. nur *Jarass*, in: Jarass/Pieroth, Art. 14, Rdn. 10; *Hofmann*, in: Schmidt-Bleibtreu/Hofmann/Hopfauf, GG, Art. 14, Rdn. 14; *Depenheuer*, in: von Mangoldt/Klein/Starck, GG, Bd. 1, Art. 14, Rdn. 132.

675 BVerfGE 77, 84 (118), vgl. dazu auch *Detterbeck*, Öffentliches Recht, Rdn. 504 mit weiteren Nachweisen in Fn. 322.

676 BVerfGE 68, 193 (223).

677 BVerfGE 58, 300 (353).

678 Vgl. zum faktischen Eingriff in Art. 14 Abs. 1 S. 1 GG: *Detterbeck*, Öffentliches Recht, Rdn. 514.

c) Vereinbarkeit mit Grundrechten von Dritten

Bislang wurde die persönliche Rechtssphäre der Abgeordneten selbst untersucht. Allerdings sehen die Anzeigepflichten gem. §§ 44a Abs. 4, 44b AbgG i.V.m. § 1 VR Angaben vor, die auch den grundrechtlichen Bereich von Dritten tangieren. Davon betroffen sein können insbesondere eventuelle Vertragspartner und Mitgesellschafter in ihren Grundrechten aus Art. 2 Abs. 1 i.V.m. Art. 1 Abs. 1 GG, Art. 12 Abs. 1 GG sowie Art. 14 Abs. 1 S. 1 GG.

Allerdings sieht in diesem Fall § 1 Abs. 5 i.V.m. Nr. 8 AB Ausnahmen für diejenigen Fälle vor, in denen dem Abgeordneten ein Zeugnisverweigerungsrecht bzw. eine Verschwiegenheitspflicht zukommt. In einem solchen Fall sind – abweichend von den sonstigen Anforderungen – lediglich Angaben über die Art der Tätigkeit in dem einzelnen Vertrags- oder Mandatsverhältnis zu machen. Durch diese Ausnahmeregelungen werden die Vertraulichkeitsinteressen der betroffenen Dritten ausreichend gewahrt und sensible persönliche Angaben vermieden. Dies mindert von vornherein die Eingriffsintensität erheblich ab.[679] In diesem Stadium – der Anzeige gegenüber dem Präsidenten – scheidet eine Grundrechtsverletzung der betroffenen Dritten damit ebenso aus, wie die Abgeordneten selbst dadurch nicht in ihren Rechten verletzt werden.

III. Der Veröffentlichungsvorgang gem. §§ 44a Abs. 4, 44b Nr. 4 AbgG i.V.m. § 3 VR

Die soeben untersuchten Anzeigepflichten bilden nunmehr die Grundlage für die nächste Ebene des geänderten Abgeordnetenrechts: Die Veröffentlichung der Angaben durch den Präsidenten des Deutschen Bundestages. Diese ist zunächst in § 44a Abs. 4 S. 1 sowie in § 44b Nr. 4 AbgG in Grundzügen gesetzlich festgeschrieben; durch § 3 VR erfährt sie eine detaillierte Ausgestaltung. Danach werden die anzeigepflichtigen Angaben der Abgeordneten gem. § 1 Abs. 1 Nr. 1 VR (zuletzt ausgeübte Berufstätigkeit vor der Mitgliedschaft im Bundestag) sowie § 1 Abs. 2 Nr. 1 bis 6 VR (Tätigkeiten und Verträge während einer Mitgliedschaft im Bundestag) veröffentlicht. Die Publikation der Einkünfte erfolgt dabei nicht zahlengenau, sondern gem. § 3 VR unter der jeweiligen Zuordnung zu je einer von insgesamt drei Einkommensstufen. Die Stufe 1 erfasst einmalige oder regelmäßige Einkünfte von 1000 bis 3500 Euro, die Stufe 2 Einkünfte bis 7000 Euro und die Stufe 3 schließlich Einkünfte über 7000 Euro. Regelmäßige monatliche Bezüge werden dabei besonders gekennzeichnet.

---

679 Darauf weist auch *Käßner*, Nebentätigkeiten und Nebeneinkünfte, S. 177 hin.

1. Erfordernis einer formal-gesetzlichen Grundlage

Auch bei dem Veröffentlichungsvorgang fällt der Blick zunächst wieder auf die Regelungstechnik in verschiedenen Ebenen. Bei der Untersuchung der Anzeigepflichten wurden die Anforderungen der Wesentlichkeitstheorie hinsichtlich der Grundrechtsbeschränkungen bereits dargelegt. Dabei wurde festgestellt, dass die Anzeigepflichten verfassungsgemäß sind, soweit sie in Abgeordnetengesetz und Verhaltensregeln niedergelegt wurden. Verfassungswidrig sind die weiteren Ausgestaltungen in den Ausführungsbestimmungen des Präsidenten.[680]

Der nun zu betrachtende Veröffentlichungsvorgang wird ausschließlich außerhalb der Ausführungsbestimmungen, nämlich im Abgeordnetengesetz und in den Verhaltensregeln, geregelt. Es muss also geklärt werden, ob hier der formelle Gesetzgeber den Anforderungen der Wesentlichkeitstheorie genügt hat. Dem Grunde nach gilt auch hier, was bei den Anzeigepflichten ausgeführt wurde: Durch die parlamentsöffentliche Beratung der Verhaltensregeln und ihre Verabschiedung durch den Bundestag selbst weisen diese hinsichtlich ihrer Normqualität durchaus Ähnlichkeiten mit einem formellen Gesetz auf. Die Anzeigepflichten sind in §§ 44a Abs. 4, 44b AbgG zudem schon sehr konkret gefasst und der Rahmen für die weitere Ausgestaltung in den Verhaltensregeln im formellen Gesetz selbst eindeutig begrenzt.

Bei dem Veröffentlichungsvorgang liegen die Dinge anders: Dies betrifft zunächst die Intensität der grundrechtlichen Beeinträchtigungen von Abgeordneten und Dritten – sie ist bei der Veröffentlichung ungleich höher als bei den Anzeigepflichten. Gerade diese grundrechtliche Betrachtung hat das Bundesverfassungsgericht zum Maßstab der Wesentlichkeitstheorie gemacht.[681] Nach diesen Anforderungen müssen grundrechtsverkürzende Maßnahmen desto detaillierter im formellen Gesetz selbst geregelt sein, je tiefer sie in die Rechtsstellung des Einzelnen eingreifen. Der Veröffentlichungsvorgang wird in § 44a Abs. 4 S. 1 AbgG lediglich rudimentär skizziert; der Auftrag des formellen Gesetzgebers an das Parlament in § 44b Nr. 4 AbgG bleibt vage und unbestimmt. Erst die Verhaltensregeln nehmen in § 3 VR die Einteilung in die genannten drei Einkommensstufen vor, die das formelle Gesetz allerdings gar nicht kennt. Diese Kategorisierung der Einkünfte bestimmt nicht nur maßgeblich den Eindruck, der in der Öffentlichkeit von den Abgeordneten entsteht, sie ist auch wesentlich im Sinne der Grundrechtsausübung der ihr Unterworfenen bzw. der von ihr betroffenen Dritten. Damit stellt sie gerade kein lässliches Detail dar, das einer De-

680 Vgl. hierzu Abschnitt H. II. der Arbeit.

681 BVerfGE 40, 237 (249); 49, 89 (126 f.); 98, 218 (251 f.).

legation zugänglich ist. Nach den Anforderungen der Wesentlichkeitstheorie hätte die nähere Ausgestaltung des Veröffentlichungsvorgangs, insbesondere der Einkommensstufen zwingend einer Regelung durch den formellen Gesetzgeber bedurft.[682] Die derzeitige Regelung ist damit verfassungswidrig und nichtig.

2. Status- und grundrechtliche Beurteilung

a) Statusrechtliche Beurteilung

aa) Vereinbarkeit mit dem freien Mandat aus Art. 38 Abs. 1 S. 2 GG

Auch der Veröffentlichungsvorgang muss den Anforderungen des freien Mandats aus Art. 38 Abs. 1 S. 2 GG standhalten.

aaa) Eingriff

Zunächst ist fraglich, ob die Veröffentlichung der bereits erhobenen Daten einen Eingriff in das Statusrecht darstellt. Mit der Begründung, Zweck der Neuregelungen sei nicht die Beschränkung, sondern gerade der Schutz des freien Mandats vor unzulässiger Einflussnahme, wird dies teilweise verneint.[683] Die Veröffentlichung, wird hier argumentiert, sei der verfassungsrechtlich einzig zulässige Weg, die Mandatsausübung mit denjenigen Sicherungsmaßnahmen zu versehen, die z.B. das Verwaltungsrecht in den Befangenheitsvorschriften vermittele.[684] In eine ähnliche Richtung argumentieren auch die das Urteil tragenden Richter: Aus Ihrer Sicht ist die Kenntnis möglicher Interessenverflechtungen und daraus entstehender Interessenkonflikte der Abgeordneten für die Wahlentscheidung der Bürger von zentraler Bedeutung.[685]

Diese Argumentation verkennt allerdings, dass Art. 38 Abs. 1 S. 2 GG den Abgeordneten nicht nur die eigenständige Ausübung ihres Mandats gewährleistet[686], sondern die Freiheit des Mandats auch und gerade durch die Rückkehroption in den bürgerlichen Beruf geschützt wird.[687] Diese Seite der Unabhängigkeit der Abgeordneten, die gegenüber den Vereinnahmungen durch den politischen

---

682 A.A. BVerfGE 118, 277 (362). Die das Urteil tragenden Richter sehen hier einen „weiten Spielraum, die die Vorschrift für die Ausgestaltung der Verhaltensregeln eröffnet".

683 *Kersten*, NWVBl 2006, 46 (46); *Korioth*, in: Manssen (Hrsg.), 63 (77); und wohl auch *Meyer* (Nebentätigkeiten I), S. 31.

684 *Groß*, ZRP 2002, 472 (473 f.).

685 BVerfGE 118, 277 (352 f.).

686 *Lange/Thiele*, JuS 2008, 518 (522).

687 So auch BVerfGE 118, 277 (377f.) – diss.op.

Betrieb (Einbindung in Fraktion, Partei etc.) Wirkung entfaltet, wird allzu oft ignoriert. Dabei besteht gerade durch die Veröffentlichung von beruflichen Daten noch die zusätzliche Gefahr, dass bestimmte Berufsgruppen sich bewusst gegen eine Kandidatur für das Parlament entscheiden. Dieser Sichtweise haben sich auch die das Urteil nicht tragenden Richter des zweiten Senats angeschlossen.[688] Der erweiterte Pflichtenkatalog, den die Neuregelungen den Parlamentariern auferlegt, kann nach alldem mitunter sogar dazu führen, dass die Zusammensetzung des Bundestages beeinflusst wird, trifft doch die Veröffentlichung einige Berufsgruppen (insbesondere Selbstständige) ungleich stärker als andere (z.B. Beamte). Damit stellt auch der Veröffentlichungsvorgang einen Eingriff in Art. 38 Abs. 1 S. 2 GG dar.

bbb) Verfassungsrechtliche Rechtfertigung

Dieser Eingriff in das freie Mandat kann allerdings durch andere Belange von Verfassungsrang gerechtfertigt werden.

(1) Rechtfertigung durch ein verfassungsrechtliches Öffentlichkeits- bzw. Transparenzgebot

Während als Rechtfertigungsgrund für die Anzeigepflichten durchgängig die Repräsentations- und Funktionsfähigkeit des Deutschen Bundestages als Verfassungsorgan ins Feld geführt wird, liegen die Dinge beim Veröffentlichungsvorgang etwas anders: Erst durch ihn kommen die Angaben aus dem Inneren des Parlamentes an das Licht der Öffentlichkeit. Dementsprechend begründen die Befürworter der Neuregelung deren Notwendigkeit mit den Verfassungsprinzipien „Öffentlichkeit" bzw. „Transparenz". Es bestehen jedoch Zweifel, ob es sich hierbei tatsächlich um Rechtsgüter von Verfassungsrang handelt und – falls ja – welcher Wirkungsumfang ihnen gegenüber dem einzelnen Abgeordneten zukommt.

α) Öffentlichkeit als Voraussetzung von Demokratie

Öffentlichkeit scheint der Demokratie immanent zu sein.[689] Seit jeher wird jedenfalls die enge Verbindung beider Begrifflichkeiten betont; gelegentlich werden gar Publizität und Transparenz zu wesensnotwendigen Bestandteilen oder Voraussetzungen demokratischer Systeme erhoben. Insbesondere *Kant* hat Öffentlichkeit als Bedingung von Demokratie akzentuiert.[690] In der deutschen

---

688 BVerfGE 118, 277 (377ff.) – diss.op.

689 Hierzu *Reichel*, Offenheitsprinzip, S.110.

690 *Kant*, Zum ewigen Frieden, Anhang II; vgl. zur Einordnung auch *Horn*, VVDStRL 68 (2009), S. 413 (424 f.); *Nida-Rümelin*, DIE ZEIT v. 16. Dezember 2010 (51/2010), S. 2.

Staatsrechtslehre fällt der Blick abermals auf *Carl Schmitt*: Wenngleich nicht auf die Demokratie in ihrer parlamentarischen Ausgestaltung bezogen, so setzte doch gerade sein umstrittener Repräsentationsbegriff Öffentlichkeit zwingend voraus.[691] Dieses heute vertraute Miteinander der staatsrechtlichen Kategorien Demokratie, Öffentlichkeit und Repräsentation kann nunmehr als unbestrittenes Allgemeingut bezeichnet werden.[692] Damit ist allerdings noch nichts darüber gesagt, inwieweit auch der Verfassungsstaat des Grundgesetzes diese theoretischen Verknüpfungen aufgenommen und umgesetzt hat.

β) Öffentlichkeitsprinzip und Grundgesetz – Grundsatz und Einschränkungen

Hier ist auffällig, dass das Grundgesetz die häufig bemühten – und meist nicht näher hergeleiteten - Begriffe „Transparenz" und „Publizität" gerade nicht kennt.[693] Gleichwohl statuiert die Verfassung an mehreren Stellen ausdrückliche Öffentlichkeitsgebote: Dies beginnt bei den Verhandlungen in Bundestag (Art. 42 Abs. 1 GG) und Bundesrat (Art. 52 Abs. 3 S. 3 GG), die öffentlich stattfinden, und setzt sich fort in der öffentlichen Rechenschaftspflicht der politischen Parteien (Art. 21 Abs. 1 S. 4 GG). Darüber hinaus entfaltet das damit verfassungsrechtlich niedergelegte demokratische Öffentlichkeitserfordernis auch Wirkung, wo der Terminus nicht ausdrücklich genannt wird. Hierher gehören beispielsweise die (notwendigerweise öffentliche) Verkündung der Gesetze (Art. 82 Abs. 1 GG), die in § 169 S. 1 GVG einfachgesetzlich normierte, aber verfassungsrechtlich erforderliche Gerichtsöffentlichkeit[694] sowie auch die Öffentlichkeit des staatlichen Wahlverfahrens.[695] Es nimmt hiernach nicht Wunder, dass auch das *Bundesverfassungsgericht* ein „allgemeines Öffentlichkeitsprinzip der Demokratie"[696] ausmacht, und dies auch verfassungsrechtlich im Demokratieprinzip des Grundgesetzes verwurzelt sieht.[697] Nach alldem muss man konstatie-

---

691 Vgl. Abschnitt E. I. der Arbeit. An anderer Stelle: „Das Licht der Öffentlichkeit ist das Licht der Aufklärung" (*C. Schmitt*, Parlamentarismus, S. 48).

692 Vgl. auch *Häberle*, NJW 1976, 537 (541).

693 Vom „Vermeiden" des Transparenzbegriffs spricht BVerfGE 118, 277 (382) – diss.op. Soweit zustimmend auch *Bröhmer*, Transparenz als Verfassungsprinzip, S 34.

694 BVerfGE 103, 44 (63): „Bestandteil des Rechtsstaatsprinzips"; vgl. hierzu auch *Bröhmer*, Transparenz als Verfassungsprinzip, S 36; *von Coelln*, Medienöffentlichkeit, S. 24 f.; zu den ebenfalls verfassungsmäßig gebotenen Einschränkungen der Gerichtsöffentlichkeit vgl. BVerfGE 4, 74 (94).

695 *Pieroth*, JuS 2010, 473 (479); zur Öffentlichkeit staatlichen Handelns als Voraussetzung für Wahlen und Abstimmungen vgl. *von Coelln*, Medienöffentlichkeit, S. 168f.; zur Öffentlichkeit der Wahl vgl. *Will*, CR 2008, 540 (542).

696 BVerfGE 70, 324 (358).

697 BVerfGE 103, 44 (63).

ren, dass es sich bei dem Öffentlichkeitsprinzip um ein wesentliches Strukturelement der Verfassung handelt.[698]

Daraus darf indes nicht der Fehlschluss gezogen werden, das Grundgesetz fordere „absolute“, also schrankenlose Öffentlichkeit. Das Gegenteil ist der Fall. Dies hat auch das *Bundesverfassungsgericht* besonders herausgestellt und in den genannten Entscheidungen – gleichsam „im selben Atemzug“ – deutliche Einschränkungen vorgenommen. Im Zusammenhang mit der parlamentarischen Kontrolle der Nachrichtendienste führte das Gericht aus, dass es gerade in der Demokratie „unvermeidlich sein (kann), aus zwingenden Gründen des Staatswohls jedenfalls die Offenlegung von Detailangaben bestimmter geheimer Fonds zu unterlassen.“[699] Eine ähnliche Argumentation findet sich in einer Entscheidung, die sich mit der Gerichtsöffentlichkeit beschäftigt. Hier könne „die Öffentlichkeit (...) aus zwingenden Gründen des Gemeinwohls auch dort ganz oder teilweise ausgeschlossen werden, wo sie nach der Verfassung grundsätzlich geboten ist.“[700] Im gleichen Zusammenhang dann unmissverständlich: „Der Verfassungsgrundsatz der Öffentlichkeit gilt aber nicht ausnahmslos.“[701] Relativierungen in diesem Sinne kennt schon das Grundgesetz selbst, wenn es z.B. in Art. 42 Abs. 1 S. 2, 3 bzw. Art. 52 Abs. 3 S. 4 GG ausdrücklich einen Ausschluss der Öffentlichkeit bei den Sitzungen von Bundestag und Bundesrat ausnahmsweise zulässt.

γ) Öffentlichkeitsprinzip und Abgeordnetenstatus

Welche Wirkung entfaltet dieser (hiernach einschränkbare) Verfassungsgrundsatz der Öffentlichkeit nun gegenüber den einzelnen Abgeordneten? Es fällt auf, dass das Grundgesetz, wenn es den Terminus Öffentlichkeit ausdrücklich verwendet, ausschließlich auf den Kontext des parlamentarisch-politischen Prozesses abhebt. Dies legt nahe, dass die Öffentlichkeit der Beratungs- und Entscheidungsprozesse auch auf den einzelnen Abgeordneten durchschlägt.

In diese Richtung hat vor allem *Häberle* Pionierarbeit geleistet: Ausgehend vom Diätenurteil[702] des *Bundesverfassungsgerichts* untersucht er eingehend den Status des Abgeordneten.[703] Hierbei erkennt er die (schon bekannten) Ausprägungen „Freiheit“ und „Gleichheit“ und hebt gleichsam einen neuen „Status der Öffentlichkeit“ aus der Taufe.[704] Er begründet dies zunächst mit dem vom *Bun-*

698 Vgl. auch *Horn*, VVDStRL 68 (2009), S. 413 (423).
699 BVerfGE 70, 324 (358).
700 BVerfGE 103, 44 (63).
701 BVerfGE 103, 44 (63).
702 BVerfGE 40, 296 ff.
703 *Häberle*, NJW 1976, 537 ff.
704 *Häberle*, NJW 1976, 537 (539 ff.).

desverfassungsgericht aufgestellten Erfordernis, die Rechtsstellung der Abgeordneten in einem „besonderen Parlamentsgesetz“ zu regeln.[705] Nur so könne das Vertrauen des Volkes „durch Kontrolle bzw. Transparenz des politischen Entscheidungsprozesses“ gesichert werden.[706] Daneben entnimmt *Häberle* den Ausführungen des Gerichts zu den nach dem Urteil grundsätzlich zulässigen, aber offenlegungspflichtigen Beraterverträgen[707] „ein Stück Parlamentarismus mit Transparenz.“[708] Schließlich ordnet er das Parlament, unter wiederum ausdrücklichem Bezug auf *Carl Schmitt*, als „repräsentative Öffentlichkeit“[709] ein. In diesem Sinne, so *Häberle*, solle die pluralistische Zusammensetzung des Parlamentes die „ganze Öffentlichkeit der res publica“ widerspiegeln. Insgesamt sieht er eine Parallelität in dem Status der über Art. 21 Abs. 1 S. 4 GG ausdrücklich mit Öffentlichkeitsbezug versehenen politischen Parteien und der Abgeordneten des Deutschen Bundestages: Beide seien gleichermaßen durch die Elemente Freiheit, Gleichheit und Öffentlichkeit geprägt, die einander bedingten.[710]

Diesem Ansatz ist vor allem *Morlok* gefolgt, der einen notwendigen Zusammenhang zwischen Repräsentation und parlamentarischer Öffentlichkeit sieht:[711] Die Öffentlichkeit will er dabei als „Faktor der parlamentarischen Arbeit“, nicht jedoch als „selbständige Funktion des Parlamentes“ verstanden wissen.[712] Gleichwohl, so *Morlok*, beinhalte das Recht der Abgeordneten einen Öffentlichkeitsgehalt, der in dessen Vertreterstellung wurzele.[713]

Noch weiter geht *Käßner*: Sie entnimmt dem Demokratieprinzip ein Transparenzgebot, das sich nicht „allein in den im Grundgesetz ausdrücklich vorgesehenen Öffentlichkeitsgeboten“ erschöpfe, sondern vielmehr gerade auch das „Sichtbarmachen von Interessenverflechtungen und Abhängigkeiten der Abgeordneten und Wahlbewerber“ umfasse.[714]

Im Zuge des Gesetzgebungsverfahrens hat *Meyer* eine ähnliche Position vertreten: Gerade durch das Fehlen von Befangenheitsregeln im Deutschen Bundes-

---

705 *Häberle*, NJW 1976, 537 (540): „Transparenz des Abgeordnetenrechts“.
706 *Häberle*, NJW 1976, 537 (540).
707 BVerfGE 40, 296 (297 – Leitsatz 5).
708 *Häberle*, NJW 1976, 537 (541).
709 *Häberle*, NJW 1976, 537 (541).
710 *Häberle*, NJW 1976, 537 (542).
711 *Morlok*, in: Dreier, GG, Bd. II, Art. 38, Rdn. 32, 135.
712 *Morlok*, in: Dreier, GG, Bd. II, Art. 38, Rdn. 32.
713 *Morlok*, in: Dreier, GG, Bd. II, Art. 38, Rdn. 135.
714 *Käßner*, Nebentätigkeiten und Nebeneinkünfte, S. 124; ähnlich *Bröhmer*, Transparenz als Verfassungsprinzip, S. 92: „Die Informationspflicht (der Abgeordneten) ist daher Bestandteil des Demokratieprinzips“.

tag sei von besonderer Bedeutung offenzulegen, „welche privaten Interessen hinter der Abstimmung des Einzelnen stehen“.[715]

Auch die das Urteil tragenden Richter haben sich diesem Öffentlichkeitsverständnis grundsätzlich angeschlossen: Die Kenntnis der hierin möglicherweise sichtbar werdenden Interessenverknüpfungen der einzelnen Abgeordneten seien nicht nur für das Wahlvolk, sondern auch für die Mit-Abgeordneten von erheblicher Bedeutung.[716]

δ) Grenzen der grundgesetzlichen Öffentlichkeit

Diese Einordnungen geben Anlass zum Widerspruch: Das betrifft zunächst die gelegentlich eilfertige Schöpfung eines Verfassungsgrundsatzes der „Transparenz“. Diesen Begriff hat die Verfassung wenn nicht „bewusst gemieden“,[717] so doch jedenfalls im Wortlaut nicht verwandt. Auch das *Bundesverfassungsgericht* hat sich hier bislang zurückhaltend gezeigt. Aus dieser – soweit unbestrittenen – Erkenntnis erwächst ein erhöhter Begründungsbedarf, will man ein solches Prinzip dessen ungeachtet aus dem Grundgesetz ableiten. Solche Versuche leiden nicht selten unter terminologischen und dogmatischen Unschärfen: Bisweilen unterbleibt eine genaue Definition des Transparenzbegriffs, die dann durch die schlichte Aufzählung der verfassungsrechtlichen Öffentlichkeitselemente umgangen und sodann zur Grundlage einer synonymen Verwendung der Begriffe „Öffentlichkeit“ und „Transparenz“ gemacht wird. Diese Gleichsetzung bleibt solange unschädlich, wie der Umfang eines so gewonnenen „Transparenzprinzips“ den des Ursprungsbegriffs nicht übersteigt und die ebenfalls verfassungsmäßig verankerten Grenzen der grundgesetzlichen Öffentlichkeit anerkennt.[718]

Methodisch nicht weniger angreifbar ist die auf der schlichten Zusammenstellung von einfachgesetzlichen Normen, die in verfassungsrechtlich zulässiger Weise Transparenzanliegen statuieren, beruhende Schöpfung eines dies alles überlagerndes „Transparenzprinzips“. Dieser Zirkelschluss verkennt, dass nicht alles, was verfassungsrechtlich *zulässig* auch gleichzeitig verfassungsrechtlich *geboten* ist.

Damit ist deutlich geworden, dass gegenüber einem grundgesetzlichen Transparenzgebot zumindest dann Zurückhaltung geboten ist, wenn die Grenzen

715 *Meyer*, Nebentätigkeiten II, S. 10.

716 BVerfGE 118, 277 (354, 355): „Grundsatz der Öffentlichkeit politischer Herrschaft“.

717 BVerfGE 118, 277 (382) – diss.Op.

718 Weiter geht hier offenbar *Böhmer* (Transparenz als Verfassungsprinzip, S. 374 f.). Er sieht Transparenz als „zusätzliches ungeschriebenes Verfassungsprinzip“ infolge dessen „alle Erscheinungsformen von Intransparenz“ der besonderen Rechtfertigung bedürften.

des verfassungsrechtlichen Öffentlichkeitsprinzips berührt oder gar überschritten werden.

Dies wirft die Frage auf, ob nicht auch der verschiedentlich betonte Aspekt der Öffentlichkeit bzw. der Transparenz des Abgeordnetenstatus einer Fehldeutung unterliegt.[719] Besondere Aufmerksamkeit verdient dabei die Tatsache, dass bei dem hier zu untersuchenden Offenlegungsvorgang das (vermeintliche) Öffentlichkeitsprinzip in die persönliche Rechtssphäre des Abgeordneten hineinwirken soll.

Tatsächlich hat gerade *Häberle* bei der Begründung des auf den Abgeordneten bezogenen Öffentlichkeitsstatus diese private Sphäre des Parlamentariers in besonderer Weise betont. Mehr noch: Ausdrücklich warnte er vor einer „die Unabhängigkeit gefährdende(n) 'totale(n)' Veröffentlichung der Abgeordnetenpersönlichkeit".[720] Erst die „privaten Schutzzonen" und die „Möglichkeit des Rückzugs" versetzten, so *Häberle*, den Abgeordneten in die Lage, „sein öffentliches Mandat gewissenhaft zu erfüllen".[721] Diese deutliche Einschränkung ist notwendiger Bestandteil des *Häberleschen* Öffentlichkeitsstatus, wenngleich sie häufig unerwähnt bleibt. Tatsächlich wird *Häberle* damit zum denkbar schlechten Zeugen für diejenigen, die unter Berufung auf ihn die Offenlegung von Nebentätigkeiten fordern oder handstreichartig für verfassungsgemäß erklären wollen.[722]

Allzu deutlich werden hier die Grenzen des Öffentlichkeitsstatus: So wie der grundgesetzlich verankerten Öffentlichkeit schon im Wortlaut der sie begründenden Normen Grenzen aufgezeigt werden,[723] gilt auch das verfassungsrechtliche Öffentlichkeitsprinzip in seiner Gesamtheit nicht absolut.[724] Es stößt immer dort auf seine Grenzen, wo berechtigte Interessen staatlicher oder privater Natur entgegenstehen. Nicht umsonst kennen gerade die hergebrachten Überwachungsmechanismen der parlamentarischen Demokratie an zahlreichen Stellen auch die ebenso unerlässlichen Geheimschutzerfordernisse.[725] Somit verbleibt

719 Vgl. auch BVerfGE 118, 277 (383f.) – diss.op.

720 *Häberle*, NJW 1976, 537 (540).

721 *Häberle*, NJW 1976, 537 (540).

722 Differenziert hingegen *Käßner* (Nebentätigkeiten und Nebeneinkünfte, S. 166 f.), die die Nebentätigkeiten von Abgeordneten jedoch gerade nicht der privaten, sondern lediglich der mandatsbezogenen Sphäre der Parlamentarier zuordnet.

723 Darauf weist auch *Pieroth*, JuS 2010, 473 (479) hin.

724 Auch die das Urteil nicht tragenden Richter weisen darauf hin, dass sich „(...) Art und Maß der verfassungsgewollten Öffentlichkeit nicht aus einem apriorischen Demokratieprinzip, sondern zuvörderst aus den besonderen Öffentlichkeitsgeboten ergeben, die das Grundgesetz im einzelnen vorsieht (...)" (BVerfGE, 118, 277 [382 f.] – diss.op.)

725 Vgl. hierzu z.B. das Sicherheitsüberprüfungsgesetz, zuletzt geändert durch das Gesetz vom 26. Februar 2008 (BGBl. I 2008, S. 867), das eine der wesentlichen Grundlagen staatlichen Geheimschutzes darstellt. Die (eingeschränkte) parlamentarischen Kontrolle

die Wirkung des verfassungsrechtlichen Öffentlichkeitsgrundsatzes hier innerhalb der parlamentarischen und politischen Entscheidungsprozesse, für die ihn das Grundgesetz ganz ausdrücklich errichtet.[726] Für die persönliche Sphäre der Abgeordneten kann er keine Geltung beanspruchen.[727] Damit kann auch ein Eingriff in das freie Mandat aus Art. 38 Abs. 1 S. 2 GG nicht durch einen verfassungsrechtlichen Grundsatz der Öffentlichkeit der Mandatsausübung gerechtfertigt werden.

(2) Verfassungsrechtliche Rechtfertigung durch die Repräsentations- und Funktionsfähigkeit des Parlamentes

Nach dieser Erkenntnis verbleiben als Rechtsgüter von Verfassungsrang, die den Eingriff des Veröffentlichungsvorgangs in das freie Mandat rechtfertigen können, das schon mehrfach genannte verfassungsrechtliche Prinzip der Repräsentations- und Funktionsfähigkeit des Parlamentes.[728] Im Folgenden gilt zu klären, ob vermittels diesem auch hier ein angemessener Ausgleich der widerstreitenden Verfassungspositionen herbeigeführt werden kann.

Zunächst müsste der Veröffentlichungsvorgang grundsätzlich geeignet sein, die Repräsentations- und Funktionsfähigkeit des Bundestages sicherzustellen. Geeignet ist ein Mittel dann, wenn es dem angestrebten Zweck generell dienen kann.[729] Hier muss die konkrete Ausgestaltung der Veröffentlichung durch den Bundestagspräsidenten Beachtung finden: Nach Maßgabe der Verhaltensregeln findet die Publikation der Angaben unter Zuordnung zu einer von insgesamt drei Einkommensstufen ohne detaillierte Bezifferung statt.

Es darf bezweifelt werden, ob mit einer solchen Einteilung dem Wähler tatsächlich Klarheit über mögliche mandatsfremde Individualinteressen der Volksvertreter verschafft werden kann: So umfasst beispielsweise die dritte Stufe der Veröffentlichung sämtliche Einkünfte der Abgeordneten von über 7000 Euro. Nach dem dafür geltenden Zuflussprinzip lassen sich hieraus gerade nicht die tatsächlichen (Netto-)Einkünfte des Betroffenen ablesen, sondern lediglich der gesamte monatliche Zufluss, der auch Entschädigungs- und Ausgleichszahlun-

---

sicherheitsrelevanter Tätigkeiten und Bereiche regelt das Gesetz über die parlamentarische Kontrolle nachrichtendienstlicher Tätigkeit des Bundes, zuletzt geändert durch das Gesetz vom 26. Juni 2001 (BGBl. I 2001 S. 1254), das den verfassungsrechtlichen Auftrag aus Art. 45d GG umsetzt.

726 BVerfGE 118, 277 (383) – diss.op.

727 So auch BVerfGE 118, 277 (383) – diss.op.; *Schnapp*, NWVBl 2006, 401 (403); *Waldhoff*, ZParl 2006, 250 (265).

728 Eine solche Argumentation lässt sich auch der Gesetzesbegründung entnehmen, vgl. BT-Drs. 15/5671, S. 4 („Ansehen des Parlamentes“).

729 *Detterbeck*, Öffentliches Recht, Rdn. 80.

gen sowie durchlaufende Posten (z.B. Treuhandgelder) beinhaltet. Diese Ausgestaltung führt, insbesondere in Verbindung mit der dreistufigen Zuordnung, zu einer hohen Detailungenauigkeit. Nur schwer lässt sich anhand des veröffentlichten Zahlenmaterials Kenntnis über tatsächliche materielle Abhängigkeiten gewinnen.

Während lange Zeit Konsens darüber bestand, dass sich im politisch-parlamentarischen Prozess eventuelle Sanktionen für Fehlverhalten in Wahlen und Abstimmungen vollziehen und bei rechtlichen Instrumentarien gegenüber Abgeordneten Zurückhaltung geboten ist, sehen einige in der nun beschlossenen Veröffentlichung die Gefahr einer Vorverurteilung von arbeitenden Abgeordneten durch die Öffentlichkeit. Tatsächlich sorgen die dem Wähler nun zugänglichen Informationen eher für Verwirrung denn für wirkliche Aufklärung hinsichtlich des Anliegens des Gesetzgebers.[730] Dem im Gesetzentwurf formulierten Anliegen der Initiatoren – der Sicherung der Repräsentations- und Funktionsfähigkeit des Parlamentes – ist eine so gestaltete Regelung insgesamt wenig zuträglich. Sie ist nicht geeignet, die Repräsentations- und Funktionsfähigkeit des Deutschen Bundestages als Verfassungsorgan zu fördern.

Der Veröffentlichungsvorgang gem. §§ 44a Abs. 4, 44b Nr. 4 AbgG i.V.m. § 3 VR verstößt gegen Art. 38 Abs. 1 S. 2 GG und ist damit auch materiell verfassungswidrig.

bb) Vereinbarkeit mit Art. 48 Abs. 2 S. 1 GG

Auch der Veröffentlichungsvorgang stellt keine intentionale Beeinträchtigung dar, die Voraussetzung für eine mögliche Verletzung des Behinderungsverbotes aus Art. 48 Abs. 2 S. 1 GG wäre, so dass ein Verstoß hiergegen ausscheidet.

b) Vereinbarkeit mit Grundrechten von Abgeordneten

Der Veröffentlichungsvorgang berührt auch grundrechtliche Positionen der Abgeordneten.

aa) Vereinbarkeit mit dem Grundrecht auf informationelle Selbstbestimmung aus Art. 2 Abs. 1 i.V.m. Art. 1 Abs. 1 GG

Wiederum fällt der Blick auch hier zunächst auf das Grundrecht auf informationelle Selbstbestimmung aus Art. 2 Abs. 1 i.V.m. Art. 1 Abs. 1 GG. Ein von der

---

730 Die sich hierin verwirklichende Grundproblematik hat *Bröhmer* (Transparenz als Verfassungsprinzip, S. 377) zutreffend beschrieben: „(...) ein Mehr an Information [kann] wegen der dadurch zunehmenden Komplexität des zu beurteilenden Vorgangs auch zu weniger Transparenz führen."

schon erfolgten Beurteilung der (verfassungsgemäßen) Anzeigepflichten abweichendes Bild kann hier auf der Ebene der Verhältnismäßigkeit entstehen. Nachdem die Grenzen des verfassungsrechtlichen Öffentlichkeitsgrundsatzes bereits bestimmt wurden, bleibt es auch hier bei einer Abwägung der grundrechtlichen Verbürgung mit der Repräsentations- und Funktionsfähigkeit des Parlamentes.

Für die Rechtfertigung von Eingriffen in das Grundrecht auf informationelle Selbstbestimmung hat das Bundesverfassungsgericht klare Vorgaben erteilt.[731] So sind hier insbesondere der Zweck der Datenerhebung, aber auch mögliche (weitere) Verknüpfungs- und Verwendungsmöglichkeiten der erfassten Informationssätze zu beachten.[732] Auch wenn die Parlamentarier in öffentlichen Sitzungen tagen und Entscheidungen treffen, ändert dies nichts daran, dass es sich hier um Daten aus ihrer privaten Sphäre handelt.[733] Diese Daten werden nicht nur von staatlicher Seite erhoben und gespeichert, sondern zudem durch die gestufte Publizität der gesamten Öffentlichkeit zugänglich gemacht. Durch diesen Veröffentlichungsvorgang im Internet sowie im Amtlichen Handbuch des Deutschen Bundestages begibt sich der Präsident sämtlicher Einflussmöglichkeiten auf die weitere Verwendung der nunmehr öffentlichen Datensätze. Damit ist dem vom *Bundesverfassungsgericht* aufgestellten Kriterium des wirksamen Schutzes vor Zweckentfremdung nicht genüge getan.

Auch ein Verweis auf die grundsätzlich zulässigen Publizitätspflichten im Bereich des Handels- und Gesellschaftsrechts hilft hier nicht weiter: Den gesellschaftsrechtlichen Offenlegungspflichten sind organisatorische Einheiten unterworfen, die als Kapitalgesellschaften gerade kein personales Substrat aufweisen – damit ist auch der grundrechtliche Schutzumfang ganz anders gelagert als im hier zu beurteilenden Fall von Individuen.[734]

Auch die Einteilung der Einkünfte in eine von insgesamt drei Stufen vermag an diesem Ergebnis nichts zu ändern: Es wurde bereits dargelegt, dass diese recht grob strukturierte Zuordnung nicht etwa die Veröffentlichungspflichtigen schützt, sondern ihnen gegenüber eher noch Anlass zu weitergehenden Spekulationen in der Öffentlichkeit über die tatsächliche Höhe der hierdurch verschleierten Einkünfte bietet.

---

731 Vgl. BVerfGE 65, 1 (44ff.)

732 BVerfGE 65, 1 (45).

733 *Korioth*, in: Manssen (Hrsg.), S. 63 (83) sieht gleichwohl ein hierauf gerichtetes, legitimes Informationsinteresse der Wähler.

734 Auch das Bundesverfassungsgericht hat im Volkszählungsurteil die besondere Bedeutung des Grundrechts auf Menschenwürde im Bereich der Datenverarbeitung betont, BVerfGE 65, 1(41).

Der Veröffentlichungsvorgang verstößt damit gegen das Recht auf informationelle Selbstbestimmung der Abgeordneten aus Art. 2 Abs. 1 i.V.m. Art. 1 Abs. 1 GG.

bb) Vereinbarkeit mit dem Grundrecht auf Berufsfreiheit aus Art. 12 Abs. 1 GG

In Betracht kommt auch hier eine Verletzung des Grundrechts auf Berufsfreiheit aus Art. 12 Abs. 1 GG.

aaa) Eingriff und Qualifizierung

Bei der Untersuchung von Mittelpunktregelung und Anzeigepflichten wurde insoweit zwar ein Eingriff, jedoch letztlich kein Verstoß festgestellt. Es wurde bereits dargelegt, dass die persönliche Sphäre des Abgeordneten keinem verfassungsrechtlichen Öffentlichkeitsgebot unterliegt. Gerade deshalb kommt dem Veröffentlichungsvorgang im Hinblick auf die Nebentätigkeiten eine objektiv berufsregelnde Funktion zu: Hier werden Daten der Öffentlichkeit zugänglich gemacht, die über berufliche Tätigkeiten der Abgeordneten neben dem Mandat Auskunft geben sollen. Das Mitglied des Bundestages ist nunmehr gehalten, „das Parlament und die Öffentlichkeit an seiner Berufstätigkeit in allen Einzelheiten teilhaben zu lassen."[735] Nach Maßgabe der Stufentheorie des *Bundesverfassungsgerichts* stellt sich der Veröffentlichungsvorgang als Berufsausübungsregel dar.

bbb) Verfassungsrechtliche Rechtfertigung

(1) Vernünftige Erwägungen des Gemeinwohls

Damit verbundene Eingriffe können durch vernünftige Gründe des Allgemeinwohls gerechtfertigt werden. Diese können hier abermals (und einzig) in der Repräsentations- und Funktionsfähigkeit des Bundestages gefunden werden.

(2) Verhältnismäßigkeit

Die Wirkungen des Eingriffs sind jedoch gegenüber im Nebenberuf unselbstständig tätigen Abgeordneten und solchen, die hier eine selbständige Tätigkeit ausüben, so unterschiedlich, dass bei der Verhältnismäßigkeitsprüfung eine differenzierte Betrachtung beider Konstellationen angezeigt ist.

α) Selbständige

Der Veröffentlichungsvorgang müsste geeignet sein, die Repräsentations- und Funktionsfähigkeit des Parlamentes zu fördern. Im Falle von Selbständigen kann

---

735 BVerfGE 118, 277 (395) – diss.op.

dies mit guten Gründen bezweifelt werden: Hier statuieren die Verhaltensregeln (§ 1 VR), insbesondere aber die Ausführungsbestimmungen (Nr. 3, 4 AB), umfangreiche Anzeigepflichten, deren Ergebnis der Bundestagspräsident dann im schon beschriebenen Verfahren veröffentlicht. An den veröffentlichten Daten können Konkurrenten und andere Interessierte ohne weiteres Kundenstruktur, Zustand und Geschäftsanfall bei einem freiberuflich tätigen Abgeordneten bzw. des betroffenen Unternehmens ablesen und hiernach bewerten.[736] Die Publizität dieser Daten stellt eine klare Benachteiligung der Betroffenen gegenüber ihren Mitbewerbern dar. Um solche geschäftsschädigenden, zumindest aber -störenden Einblicke durch Dritte zu vermeiden, ist der betroffene Abgeordnete gehalten, entweder gegen die Anzeigepflichten zu verstoßen oder aber sein Mandat aufzugeben bzw. gar nicht erst anzustreben. Die Repräsentations- und Funktionsfähigkeit des Bundestages kann dagegen schwerlich ins Feld geführt werden: Vielmehr besteht die Gefahr, dass die beschriebenen Wirkungen gegenüber Selbständigen gerade dazu führen, dass diese sich gegen die Übernahme eines Mandats entscheiden und damit die pluralistische Zusammensetzung des Verfassungsorgans als Voraussetzung der Repräsentations- und Funktionsfähigkeit nachhaltig beeinträchtigt wird.

Damit verletzt der Veröffentlichungsvorgang selbstständig Tätige Abgeordnete in ihrem Grundrecht auf Berufsfreiheit aus Art. 12 Abs. 1 GG

β) Angestellte

Ganz anders ist die Lage bei Angestellten, die einer solchen Wettbewerbssituation nicht ausgesetzt sind: Hier ist die Wirkung des Veröffentlichungsvorgangs im Lichte der Berufsfreiheit regelmäßig unproblematisch, jedenfalls kann die dort deutlich geringere Eingriffstiefe durch die die Repräsentations- und Funktionsfähigkeit des Verfassungsorgans Bundestag ausgeglichen werden.

Damit verstößt der Veröffentlichungsvorgang bei Selbständigen gegen Art. 12 Abs. 1 S. 1 GG.

cc) Vereinbarkeit mit dem Grundrecht auf Eigentumsfreiheit aus Art. 14 Abs. 1 GG

Der Veröffentlichungsvorgang könnte die Abgeordneten auch in ihrer Eigentumsfreiheit aus Art. 14 Abs. 1 GG verletzen. Der Schutzumfang dieses Grundrechts wurde bereits bei den Anzeigepflichten gegenüber dem Präsidenten dargelegt, ein Eingriff an dieser Stelle jedoch letztlich abgelehnt. Eine Betroffenheit des Grundrechts in der Ausprägung des Rechts am eingerichteten und ausgeübten Gewerbebetrieb ist auch hier nicht völlig fern liegend, wenngleich dies na-

736 BVerfGE 118, 277 (395) – diss.op.

türlich auch wiederum nur für diejenigen Abgeordneten gilt, deren Nebentätigkeit die Voraussetzungen eines eingerichteten und ausgeübten Gewerbebetriebes erfüllt.

Allerdings wurde hier bereits ein Eingriff in den Schutzbereich und schließlich eine Verletzung von Art. 12 Abs. 1 S. 1 GG festgestellt. Deshalb gilt es zunächst das Verhältnis der Grundrechte aus Art. 14 Abs. 1 GG und Art. 12 Abs. 1 S. 1 GG auszuloten. Nur wenn neben dem Schutzbereich der Berufsfreiheit auch derjenige der Eigentumsfreiheit betroffen sein kann, kommt eine Verletzung von Art. 14 Abs. 1 GG überhaupt in Betracht.

Grundsätzlich besteht zwischen beiden Verbürgungen Idealkonkurrenz.[737] Dies gilt jedoch nur im Falle paralleler tatbestandlicher Anwendbarkeit.[738] Das *Bundesverfassungsgericht* hat insoweit überzeugend dargelegt, dass Art. 14 Abs. 1 GG das bereits Erworbene als Ergebnis der Betätigung, Art. 12 Abs. 1 S. 1 GG hingegen die Betätigung selbst schützt.[739] Der Veröffentlichungsvorgang berührt die Erwerbstätigkeit des betroffenen Abgeordneten, nicht jedoch die Verwendung bereits vorhandener Vermögensgüter.[740] Auch in der Variante des Rechts am eingerichteten und ausgeübten Gewerbebetrieb ist kein Fall denkbar, in dem durch die Offenlegung eine wesentliche Beeinträchtigung von Eigentumspositionen stattfindet, die neben dem Eingriff in die Berufsfreiheit eine eigenständige Qualität entfaltet.

Der Veröffentlichungsvorgang stellt mithin keine Verletzung von Art. 14 Abs. 1 GG dar.

c) Vereinbarkeit mit Grundrechten von Dritten

Von dem Veröffentlichungsvorgang können auch die grundrechtlichen Positionen von Dritten, also Nicht-Parlamentariern, betroffen sein. Durch die Publikation der erhobenen Angaben lassen sich ohne weiteres Rückschlüsse auf Geschäftspartner, Auftraggeber etc. und deren wirtschaftliche Verhältnisse ziehen. Dies wiegt umso schwerer, als es letztlich dem Zufall überlassen bleibt, ob die Vertragspartner der Abgeordneten von der Parlamentsmitgliedschaft ihres Gegenübers (und damit von der Veröffentlichung) Kenntnis erlangen.[741] In Be-

737 *Heß*, Grundrechtskonkurrenzen, S. 244.

738 *Heß*, Grundrechtskonkurrenzen, S. 244.

739 BVerfGE 30, 292 (335).

740 Nach diesen Kriterien nimmt auch das BVerfG die Abgrenzung zwischen den Schutzbereichen der beiden Grundrechten vor (E 30, 292 [335]).

741 § 5 VR jedenfalls legt ein Hinweisverbot fest, nachdem es den Parlamentariern ausdrücklich verboten ist, in beruflichen oder geschäftlichen Angelegenheiten auf ihre Mitgliedschaft im Bundestag hinzuweisen. Diese Regelung hatte ihren guten Sinn darin, zu

tracht kommen – auch im Falle der „außerparlamentarischen“ Dritten – Verletzungen der Grundrechte aus Art. 2 Abs. 1 i.V.m. Art. 1 Abs. 1 und Art. 12 Abs. 1 S. 1.[742]

aa) Vereinbarkeit mit dem Grundrecht auf informationelle Selbstbestimmung aus Art. 2 Abs. 1 i.V.m. Art. 1 Abs. 1 GG

Auch außenstehende Dritte sind im Ergebnis in ihrem Grundrecht auf informationelle Selbstbestimmung aus Art. 2 Abs. 1 i.V.m. Art. 1 Abs. 1 GG betroffen. Dem Grunde nach besteht hier eine ähnliche grundrechtliche Konfliktlage wie im Falle der Abgeordneten selbst. Auch hier muss berücksichtigt werden, dass die Ausführungsbestimmungen Ausnahmen vorsehen, wenn Verschwiegenheitspflichten oder gesetzliche Zeugnisverweigerungsrechte in Rede stehen. Jedoch zeigen sich auch gravierende Unterschiede zwischen den von der Offenlegung betroffenen Mandatsträgern und Personen, die völlig außerhalb des parlamentarischen Betriebes stehen: Dies bezieht sich zunächst auf die grundsätzliche Kenntnis des Veröffentlichungsvorgangs. Während diese bei dem Abgeordneten selbst unstreitig vorhanden ist, verbleibt ein Außenstehender unter Geltung des Hinweisverbotes aus § 5 VR regelmäßig im Dunkeln darüber, dass seine Daten zunächst erhoben und dann der Öffentlichkeit zugänglich gemacht werden.

Zwar ist davon auszugehen, dass bei einem geschäftlich tätigen Parlamentarier der jeweilige Vertragspartner in aller Regel von dessen Mandat Kenntnis haben dürfte – sicher ist das indes nicht. Jedenfalls folgt aus dem Wissen über das Bestehen eines Mandats noch keine vollumfassende Kenntnis über die damit verbundenen Offenlegungspflichten. Dadurch entsteht hier eine erhebliche grund- und datenschutzrechtliche Schieflage: Kernanliegen des Rechts auf informationelle Selbstbestimmung ist gerade, dass der Einzelne selbst über Preisgabe und Verwendung seiner persönlichen Daten entscheiden kann.[743] Hier fehlt es nicht nur an der Einwilligung des Betroffenen, sondern schon an dessen Kenntnis über den Datenerhebungsvorgang. Damit kann auch die Tatsache, dass es sich hier regelmäßig nicht um besonders sensible Datensätze handelt, der Regelung nicht zur Verfassungsmäßigkeit verhelfen. Insbesondere gilt dies einge-

---

verhindern, dass Abgeordnete ihr Mandat „werbend“ einsetzen und daraus finanziell Kapital schlagen. Unter der nunmehr geänderten Veröffentlichungspraxis wäre es jedoch angezeigt, das Verbot zu überarbeiten. Jedenfalls kann kaum bestritten werden, dass der Vertragsschluss mit einem dem Veröffentlichungsvorgang unterliegenden Parlamentarier auch Risiken für seine Vertragspartner bergen kann, über die aufzuklären es dem Abgeordneten gem. § 5 VR untersagt ist.

742 Ein Verstoß gegen die Eigentumsfreiheit aus Art. 14 Abs. 1 GG scheidet hier ebenfalls aus den oben angeführten Gründen aus.

743 Vgl. *Hofmann*, in: Schmidt-Bleibtreu/Hofmann/Hopfauf, GG, Art. 2, Rdn. 26.

denk der Stellung der am parlamentarischen Betrieb gänzlich unbeteiligten Dritten, denen auch kein besonderer Pflichtenkatalog aus einem etwaigen Status zukommt.

Der Veröffentlichungsvorgang verletzt demnach den von ihm berührten Nicht-Parlamentarier in Art. 2 Abs. 1 i.V.m. Art. 1 Abs. 1 GG.

bb) Vereinbarkeit mit dem Grundrecht auf Berufsfreiheit aus Art. 12 Abs. 1 GG

Auch bei den außenstehenden Dritten kommt eine Verletzung von Art. 12 Abs. 1 S. 1 GG durch den Veröffentlichungsvorgang in Betracht. Durch die Offenlegung ihrer Daten sind die Geschäftspartner von Abgeordneten in ihrem Grundrecht auf Berufsfreiheit betroffen. Wenngleich die veröffentlichten Tatbestände hier in einigen Fällen (Zeugnisverweigerungsrecht, Verschwiegenheitspflicht) anonymisiert und in ihrer Gesamtheit hinsichtlich der Detailgenauigkeit nicht an die Datensätze der Abgeordneten heranreichen, sind auch hier für Mitbewerber wesentliche Einblicke in geschäftlich relevante Tatsachen möglich. Diese sind auch geeignet, den betroffenen Dritten wirtschaftlich zum Nachteil zu gereichen. Die geringere grundrechtliche Eingriffstiefe korreliert (abermals) mit dem Befund, dass den Nicht-Parlamentariern – im Gegensatz zu den Abgeordneten selbst – auch kein besonderer Pflichtenkatalog zukommt. Sie sind allein in ihrer Stellung als Bürger und damit Grundrechtsadressaten betroffen, so dass man die Repräsentations- und Funktionsfähigkeit des Bundestages hier nicht ins Feld führen kann. Damit fehlt auch hier ein Rechtfertigungselement, das geeignet ist, den von der Veröffentlichung ausgehenden Eingriff auszugleichen.

Der Veröffentlichungsvorgang verletzt demnach die von ihm betroffenen Nicht-Parlamentarier in Art. 12 Abs. 1 S. 1 GG.

I. Ergebnis und Zusammenfassung

1. Diskussionen über die Entschädigung von Amts- und Mandatsträgern finden sich in jeder demokratischen Entwicklungsstufe zwischen Altertum und Neuzeit. Erkennbar wird dabei als Konstante ein ständiges Bemühen, Freiheit und Unabhängigkeit der Mandatsträger zu sichern.

2. Die ursprüngliche athenische Demokratie sah keine hauptamtlichen Mandate mit Vollalimentation vor. Der seinerzeit ausgeprägte Bürgersinn kam vielmehr gerade dadurch zum Ausdruck, dass die Athener in der Lage sein sollten, politische Tätigkeiten für das Gemeinwesen mit ihrem gewöhnlichen Beruf zu vereinbaren.

3. Unter Geltung von früheren deutschen Verfassungen herrschte lange Einigkeit darüber, dass die Unabhängigkeit von Parlamentariern (zumindest auch) durch ein berufliches Standbein in einer bürgerlichen Tätigkeit gesichert wird. Prägend war dabei das Diätenverbot, das vor allem von *Bismarck* forciert wurde und das erst im Jahre 1906 aufgehoben wurde. Damit war der Grundstein gelegt für das Aufkommen des Typus des Berufspolitikers, der im weiteren Verlaufe des 20. Jahrhunderts die politische Bühne immer mehr beherrschen sollte. Gleichwohl galt es bis in die Weimarer Republik hinein als selbstverständlich, dass Parlamentarier einem bürgerlichen Beruf nachgingen.

4. Bei den Beratungen über das Grundgesetz hat die materielle Ausstattung der Abgeordneten im Mandat keine zentrale Rolle gespielt; letztlich verständigte man sich im Parlamentarischen Rat mit Art. 38 Abs. 1 GG und Art. 48 GG auf Normen, die an den Abgeordnetenstatus der Weimarer Reichsverfassung anknüpften.

5. Prägend für die Entwicklung des Abgeordnetenstatus unter Geltung des Grundgesetzes war dann vor allem die Judikatur des *Bundesverfassungsgerichts*, welches immer wieder Gelegenheit hatte, hierfür Impulse zu setzen.

6. Anfangs betonte das Gericht dabei die Grundsätze der liberal-repräsentativen Demokratie und den Charakter der an die Abgeordneten geleisteten Aufwandsentschädigung als bloße Ausgleichszahlung (BVerfGE 4, 144 ff.).

7. In einem späteren Urteilsspruch (BVerfGE 32, 157 ff.) nahm das Gericht eine grundsätzliche Neubewertung der den Abgeordneten gewährten Zuwendungen vor: Das Mandat sei zu einem die volle Arbeitskraft fordernden Beruf geworden. Der Abgeordnete könne demnach ein Entgelt beanspruchen, mit dem er den Unterhalt für sich und seine Familie bestreiten könne.

8. Diesen Ansatz verteidigte das *Bundesverfassungsgericht* schließlich im sog. Diätenurteil (BVerfGE 40, 296 ff.): Das Mandat sei eine Haupt- und Voll-

zeitbeschäftigung geworden; das Entgelt demnach eine Bezahlung für die im Parlament geleistete Arbeit. Die Höhe der Diäten, so das Gericht weiter, müsse so ausgestaltet sein, dass die Entscheidungsfreiheit des Abgeordneten nicht gefährdet werde.

9. Der Bundesgesetzgeber regelte erstmals im Jahre 1953 den Abgeordnetenstatus in einem formellen Gesetz (Abgeordnetengesetz).

10. Die Einführung einer „Ehrenordnung“ für Abgeordnete wurde schon in Zeiten der Weimarer Republik diskutiert, aber nie erfolgreich umgesetzt. Erst 1972 gelang es dem Bundestag, offenbar motiviert durch eine nach mehreren politischen Skandalen aufgebrachte Öffentlichkeit, sich Verhaltensregeln zu geben. Diese regelten insbesondere auch berufliche (Neben-)Tätigkeiten der Abgeordneten. Die Verhaltensregeln erfuhren seitdem zahlreiche Änderungen und Erweiterungen. Durch die Einführung von § 44a AbgG a.F. wurden sie im Jahr 1980 schließlich auf eine formal-gesetzliche Grundlage gestellt.

11. Verschiedene Initiativen für eine Verfassungsänderung, die zum Ziel hatten, die Abgeordnetendiäten durch externe Kommissionen festsetzen zu lassen bzw. sie automatisch an die Besoldung von Bundesrichtern zu koppeln, blieben letztlich ohne Erfolg.

12. Die Diskussion über Rechtsstellung und Entschädigung der Amts- und Mandatsträger findet ihre geistesgeschichtliche Parallele in der Diskussion über den Begriff der Repräsentation. Vom lateinischen Ursprung (*repreasentatio*) bis in die Neuzeit hat der Begriff ganz unterschiedliche Deutungen erfahren. Repräsentation als staatsrechtliches Strukturprinzip und Grundlage für bürgerliche Freiheit hat insbesondere *Sieyès* begründet. Für den modernen Verfassungsstaat waren dann die *Federalist Papers* bedeutsam, die Volkssouveränität und Interessenpluralismus im föderalen Großflächenstaat miteinander verbunden haben.

13. In der deutschen Staatsrechtslehre haben insbesondere *Kelsen*, *Schmitt* und *Leibholz* den Repräsentationsbegriff geprägt. Letzterer hat dabei auch den Terminus „Parteienstaat“ zunächst wissenschaftlich aus der Taufe gehoben und dann später als Richter am *Bundesverfassungsgericht* in der Verfassungsinterpretation verwendet.

14. Das deutsche Grundgesetz errichtet eine parlamentarisch-repräsentative Demokratie mit wenigen plebiszitären Elementen. Konstituierend für die Legitimation des Parlamentes ist die Wahl der Abgeordneten durch das Volk.

15. Das Grundgesetz geht mit Art. 38 Abs. 1 S. 2 GG davon aus, dass schon jeder einzelne Abgeordnete (und nicht erst die Abgeordneten in ihrer Gesamtheit) das Volk repräsentiert.

16. Art. 21 Abs. 1 S. 1 GG bindet die Parteien in die politische Willensbildung des Volkes ein und begründet Loyalitätspflichten für den Abgeordneten gegenüber seiner Partei und seiner Fraktion. Diese finden ihre Grenzen aller-

dings in Art. 38 Abs. 1 S. 2 GG, der dem Abgeordneten ein Refugium schafft, das jeglichem Zugriff durch andere Institutionen entzogen ist.

17. Das „Amt" des Abgeordneten steht außerhalb der gängigen verwaltungsrechtlichen Kategorien. Trotz einzelner Ähnlichkeiten mit dem Status der Beamten existieren auch ganz wesentliche Unterschiede: Insbesondere steht der Abgeordnete nicht in einem formal-hierarchischen Unterordnungsverhältnis gegenüber einem Dienstherrn.

18. Der Abgeordnete wird durch verschiedene verfassungsrechtliche Verbürgungen geschützt: Der Kernbereich des Mandates wird von Art. 38 Abs. 1 S. 2 GG umfasst. Daneben besteht selbstverständlich auch eine grundrechtlich umhegte persönliche Rechtssphäre, die keinerlei Bezug zum Mandat hat. Darüber hinaus kann aber auch eine Maßnahme, die im Mandat wurzelt, den Parlamentarier in seinem persönlichen (grundrechtlich geschützten) Rechtskreis berühren. So liegen die Dinge auch bei den Anzeige- und Offenlegungspflichten: Diese werden zwar durch das Abgeordnetenmandat begründet, betreffen aber den privaten Lebensbereich des Abgeordneten.

19. Die Befangenheitsnormen (Distanzgebote) aus Judikative und Exekutive können nicht ohne weiteres auf die Legislative übertragen werden. Das Parlament ist ermächtigt und unter dem Gesichtspunkt der Öffentlichkeit auch verpflichtet, die Entscheidung über die Entschädigung der Abgeordneten selbst zu treffen.

20. Die Verhaltensregeln sind gem. § 18 GO BT zwar „Bestandteil" der Geschäftsordnung – ihre Rechtsnatur ist aber unabhängig von ihrer formalen Zuordnung zum Geschäftsordnungsrecht zu beurteilen. Die Verhaltensregeln und die Ausführungsbestimmungen lassen sich nicht in die gängigen Erscheinungen von Recht einordnen – sie stellen Rechtsnormen sui generis dar.

21. Die Verfassung sieht keinen numerus clausus von Rechtsnormtypen vor. Der Normgeber ist demnach befugt, Verhaltensregeln und Ausführungsbestimmungen durch Rechtsnomen sui generis zu regeln.

22. Die Ausgestaltung des Abgeordnetenstatus bedarf einer formellgesetzlichen Grundlage: Soweit grundrechtliche Positionen betroffen sind, folgt dies aus der Wesentlichkeitstheorie, soweit Statusrechte beschränkt werden ergibt sich dieses Erfordernis unmittelbar aus Art. 38 Abs. 3 GG.

23. Die Mittelpunktregelung aus § 44a Abs. 1 S. 1 AbgG ist sprachlich und verfassungspolitisch verunglückt. Nur wenn man sie nicht als sanktionsbewehrte Vorgabe, sondern als Appell an das parlamentarische Selbstverständnis begreift, kann sie den Anforderungen des Art. 38 Abs. 1 S. 2 GG stand halten. Als solche sanktionslose Erwartung an die Parlamentarier stellt sie zwar einen Eingriff in Art. 12 Abs. 1 GG dar, dieser ist allerdings verfassungsrechtlich gerechtfertigt.

24. Die erweiterten Anzeigepflichten der Parlamentarier gegenüber dem Bundestagspräsidenten (§§ 44a Abs. 4, 44b AbgG i.V.m. § 1 VR) sind mit Art. 38 Abs. 1 S. 2 GG sowie mit Art. 48 Abs. 2 S. 1 GG vereinbar.

25. Die erweiterten Anzeigepflichten stellen keinen Eingriff in das Grundrecht der Abgeordneten auf Berufsfreiheit (Art. 12 Abs. 1 GG) dar. Soweit die Anzeigepflichten in deren informationelle Selbstbestimmung (Art. 2 Abs. 1 i.V.m. Art. 1 Abs. 1 GG) eingreifen, ist dieser Eingriff verfassungsrechtlich gerechtfertigt.

26. Der Veröffentlichungsvorgang gem. §§ 44a Abs. 4, 44b Nr. 4 AbgG i.V.m. § 3 VR hätte einer weitergehenden Regelung durch den formellen Gesetzgeber bedurft. Die derzeitige Verortung wesentlicher Abläufe in den Verhaltensregeln ist verfassungswidrig und nichtig. Darüber hinaus verstößt der Veröffentlichungsvorgang gegen Art. 38 Abs. 1 S. 2 GG, gegen die Grundrechte der Abgeordneten auf informationelle Selbstbestimmung (Art. 2 Abs. 1 i.V.m. Art. 1 Abs. 1 GG) und auf Berufsfreiheit (Art. 12 Abs. 1 GG). Weiterhin verletzt er auch die von ihm betroffenen Nicht-Parlamentarier in deren Grundrechten auf informationelle Selbstbestimmung (Art. 2 Abs. 1 i.V.m. Art. 1 Abs. 1 GG) und auf Berufsfreiheit (Art. 12 Abs. 1 GG).

27. Das Grundgesetz kennt den Begriff „Transparenz“ nicht. Sofern die Verfassung Öffentlichkeitsgebote statuiert, geschieht dies lediglich an einzelnen Stellen (so z.B. Art. 42 Abs. 1 GG, Art. 53 Abs. 3 S. 3 GG). Diesen speziellen Regelungen kann kein umfassendes verfassungsrechtliches Öffentlichkeitsgebot entnommen werden, das in die persönliche Rechtssphäre der Abgeordneten hineinwirkt. Auch das verfassungsrechtliche Prinzip der Repräsentations- und Funktionsfähigkeit des Parlamentes vermag den durch den Veröffentlichungsvorgang ausgelösten Eingriff in Art. 38 Abs. 1 S. 2 GG nicht zu rechtfertigen.

28. Die zu den Verhaltensregeln ergangenen Ausführungsbestimmungen des Bundestagspräsidenten sind verfassungswidrig und nichtig, da sie nicht in der erforderlichen Regelungsdichte in einem formellen Gesetz enthalten sind.

29. Rechtspolitisch stellt die Neujustierung des Abgeordnetenrechts einen erkennbaren Wendepunkt in der deutschen Verfassungstradition dar. Die Untersuchung hat gezeigt, dass über viele Jahrzehnte und unter mehreren Verfassungen Einigkeit darüber herrschte, dass die Unabhängigkeit von Parlamentariern (zumindest auch) durch ein berufliches Standbein in einer bürgerlichen Tätigkeit begründet wird. Soweit die gestiegene Beanspruchung im Mandat hiergegen ins Feld geführt wird, hat schon das Diätenurteil aus dem Jahr 1975 darauf eine Antwort gefunden, indem es nach einer tatsächlichen Bestandsaufnahme die Vollalimentation ermöglicht und damit auch demjenigen den Weg in das Mandat geebnet hat, der anderweitige Einkünfte nicht erzielen wollte oder konnte.

30. Gleichwohl herrschte bis dato Konsens, dass die damit eröffneten Möglichkeiten nicht zu einer strukturellen Benachteiligung derjenigen Abgeordneten führen dürfen, die ihre Unabhängigkeit im Mandat durch eine anderweitige berufliche Tätigkeit absichern wollen oder müssen. Nach richtigem Verständnis sichert Art. 38 Abs. 1 S. 2 GG die Freiheit des Mandats in einem umfassenden Sinne – dabei darf nicht verkannt werden, dass die „Aufträge und Weisungen" vor, denen die Verfassungsnorm schützen soll, dem einzelnen Abgeordneten heute eher aus Partei und Fraktion, denn aus externen Quellen drohen; gerade wenn es zutrifft, dass der Abgeordnete im Parlament des 21. Jahrhunderts zahlreichen Bindungen unterliegt, die seine Unabhängigkeit gefährden können, muss es auch ihm selbst anheim gestellt sein, wie er seine grundgesetzlich verbürgte Unabhängigkeit zu sichern sucht – ganz gleich ob durch die Vollalimentation selbst oder eine anderweitige berufliche Tätigkeit. Beide Möglichkeiten muss ihm eine verfassungskonforme Ausgestaltung des Abgeordnetenrechts aber im Zuge einer Wahlfreiheit offenlassen.

Literaturverzeichnis

Aaken, Anne van / Voigt, Stefan, Verhaltensregeln für Parlamentarier und ihre Folgen, MIP 2007, 5 ff.

Achterberg, Norbert, Die Abstimmungsbefugnis des Abgeordneten bei Betroffenheit in eigener Sache, AÖR 109 (1984), 505 ff.

Achterberg, Norbert, Parlamentsrecht, Tübingen 1984.
Zit.: *Achterberg*, Parlamentsrecht, S.

Aristoteles, Staat der Athener (Deutsche Übersetzung), übersetzt und erläutert von Mortimer Chambers, Berlin 1990.
Zit.: *Aristoteles*, Staat der Athener, Kap., Rdn.

Arnim, Hans Herbert von, Nebeneinkünfte von Bundestagsabgeordneten – Die Rechtslage nach dem Urteil des Bundesverfassungsgerichts vom 4. Juli 2007., DÖV 2007, 897 ff.

Arnim, Hans Herbert von, Nebeneinkünfte von Landtagsabgeordneten, NVwZ 2007, 1246 ff.

Arnim, Hans Herbert von, Die Mär vom Landtagsmandat als Fulltimejob, ZRP 2005, 77 ff.

Austermann, Philipp, Die Anrechnungsbestimmungen im Abgeordnetenrecht des Bundes und der Länder. Eine verfassungsrechtliche und verfassungspolitische Untersuchung unter besonderer Berücksichtigung des Abgeordnetenstatus, Frankfurt 2011.
Zit.: *Austermann*, Anrechungsbestimmungen, S.

Axer, Peter, Normsetzung der Exekutive in der Sozialversicherung - Ein Beitrag zu den Voraussetzungen und Grenzen untergesetzlicher Normsetzung im Staat des Grundgesetzes, Tübingen 2000.
Zit.: *Axer*, Normsetzung, S.

Badura, Peter, Das politische Amt des Abgeordneten und die Frage seiner Entschädigung, ZSE 2005, 167 ff.

Badura, Peter, Schriftliche Stellungnahme zur Vorbereitung der öffentlichen Anhörung des Hauptausschusses des Landtages Nordrhein-Westfalen am 3. März 2005.
Zit.: *Badura*, Stellungnahme, S.

Bebel, August, Aus meinem Leben – Zweiter Teil, Berlin 1946.
Zit.: *Bebel*, Leben, S.

Becker, Michaela, Korruptionsbekämpfung im parlamentarischen Bereich unter besonderer Berücksichtigung des § 108e StGB sowie der Verhaltensregeln des Bundestages, Bonn 1998.
Zit.: *Becker*, Korruptionsbekämpfung, S.

Bleckmann, Albert, Vom Sinn und Zweck des Demokratieprinzips - Ein Beitrag zur teleologischen Auslegung des Staatsorganisationsrechts, Berlin 1998.
Zit.: *Bleckmann*, Demokratieprinzip, S.

Bleicken, Jochen, Die athenische Demokratie, 4. Auflage, Paderborn 1995.
Zit.: *Bleicken*, Athenische Demokratie, S.

Böckenförde, Ernst-Wolfgang, Die Organisationsgewalt im Bereich der Regierung, 2. Auflage, Berlin 1998
Zit.: *Böckenförde*, Organisationsgewalt, S.

Boldt, Hans, Die Stellung des Abgeordneten im historischen Wandel, in: Presse- und Informationszentrum des Deutschen Bundestages (Hrsg.), S. 15 ff., Politik als Beruf? – Das Abgeordnetenbild im historischen Wandel, Bonn 1979.
Zit.: *Boldt*, Stellung des Abgeordneten, S.

Braun, Werner / Jantsch, Monika / Klante, Elisabeth, Abgeordnetengesetz des Bundes – unter Einschluss des Europaabgeordnetengesetzes und der Abgeordnetengesetze der Länder. Kommentar, Berlin 2001.
Zit.: *Braun/Jantsch/Klante*, Abgeordnetengesetz, §, Rdn.

Bröhmer, Jürgen, Transparenz als Verfassungsprinzip, Tübingen 2004.
Zit.: *Bröhmer,* Transparenz als Verfassungsprinzip, S.

Bruha, Thomas / Möllers, Peter, Rotationsprinzip und Verfassung, JA 1985, 13 ff.

Brunhöber, Beatrice, Die „Erfindung“ demokratischer Repräsentation in den Federalist Papers, Tübingen 2010.
Zit.: *Brunhöber*, Federalist Papers, S.

Büttner, Edgar / Wettengel, Michael (Hrsg.), Der Parlamentarische Rat 1948 – 1949. Akten und Protokolle. Band 13, Ausschuss für Organisation des Bundes / Ausschuss für ´Verfassungsgerichtshof und Rechtspflege.
Zit.: *Büttner/Wettengel*, Parlamentarischer Rat Band 13, S.

Burmeister, Kerstin, Die Professionalisierung der Politik am Beispiel des Berufspolitikers im parlamentarischen System der Bundesrepublik Deutschland, Berlin 1993.
Zit.: *Burmeister*, Professionalisierung, S.

Butzer, Hermann, Diäten und Freifahrt im Deutschen Reichstag – Der Weg zum Entschädigungsgesetz von 1906 und die Nachwirkung dieser Regelung bis in die Zeit des Grundgesetzes, Düsseldorf 1999.
Zit.: *Butzer*, Diäten und Freifahrt, S.

Coelln, Christian von, Zur Medienöffentlichkeit der Dritten Gewalt: Rechtliche Aspekte des Zugangs der Medien zur Rechtsprechung im Verfassungsstaat des Grundgesetzes, Tübingen 2005.
Zit.: *von Coelln,* Medienöffentlichkeit, S.

Cremer, Hans-Joachim, Anwendungsorientierte Verfassungsauslegung – Der Status des Bundestagsabgeordneten im Spiegel der Rechtsprechung des Bundesverfassungsgerichts, Baden-Baden 2000.
Zit.: *Cremer*, Anwendungsorientierte Verfassungsauslegung, S.

Czepluch, Wolfgang, Abgeordnetenstatus und politische Partei – Zu den Voraussetzungen und Folgen der Professionalisierung des Abgeordnetenstatus, Frankfurt 1991.
Zit.: *Czepluch*, Abgeordnetenstatus, S.

Demmler, Wolfgang, Der Abgeordnete im Parlament der Fraktionen, Berlin 1993.
Zit.: *Demmler*, Abgeordneter im Parlament der Fraktionen, S.

Denninger, Erhard / Hoffmann-Riem, Wolfgang / Schneider, Hans-Peter / Stein, Ekkehart (Hrsg.), Kommentar zum Grundgesetz für die Bundesrepublik Deutschland, Band 2, 3. Auflage, Neuwied 2001.
Zit.: *Bearbeiter,* in: AK-GG, Art., Rdn.

Detterbeck, Steffen, Öffentliches Recht, 8. Auflage, München 2011.
Zit.: *Detterbeck*, Öffentliches Recht, Rdn.

Detterbeck, Steffen, Allgemeines Verwaltungsrecht, 10. Auflage, München 2012.
Zit.: *Detterbeck*, Allg. Verwaltungsrecht, Rdn.

Detterbeck, Steffen, Der öffentliche Dienst als Medium der freien Selbstentfaltung? Der hessische Kopftuchstreit, S. 161 ff.; in: *Steffen Detterbeck/Jochen Rozek/Christian von Coelln*, Recht als Medium der Staatlichkeit. Festschrift für Herbert Bethge zum 70. Geburtstag, Berlin 2009.
Zit.: *Detterbeck*, in: FS-Bethge, S.

Di Fabio, Udo, Verlust der Steuerungskraft klassischer Rechtsquellen, NZS 1998, 449 ff.

Doemming, Klaus-Berto von / Füsslein, Rudolf Werner / Matz, Werner, Entstehungsgeschichte der Artikel des Grundgesetzes, in: JÖR N.F. 1 (1951), 1 ff.

Dolderer, Christine, Wie viel Parlament ist der Gemeinderat?, DÖV 2009, 146 ff.

Dolzer, Rudolf / Vogel, Klaus / Graßhof, Karin (Hrsg.), Bonner Kommentar zum Grundgesetz, Loseblattkommentar, Stand: 154. Ergänzungslieferung, Heidelberg 2011.
Zit.: *Bearbeiter*, in: Bonner Kommentar GG, Art., Rdn.

Dreier, Horst (Hrsg.), Grundgesetz – Kommentar, Band II, Artikel 20 – 82, 2. Auflage, Tübingen 2006.
Zit.: *Bearbeiter*, in: Dreier, GG, Bd. II, Art., Rdn.

Epping, Volker / Hillgruber, Christian, Grundgesetz – Kommentar, München 2009.
Zit.: *Bearbeiter*, in: Epping/Hillgruber, GG, Art., Rdn.

Erichsen, Hans-Uwe / Ehlers, Dirk, Allgemeines Verwaltungsrecht, 14. Auflage, Berlin 2010.
Zit.: *Erichsen/Ehlers*, Allg. Verwaltungsrecht, S.

Eschenburg, Theodor, Der Sold des Politikers, Stuttgart 1959.
Zit.: *Eschenburg*, Sold, S.

Feldkamp, Michael, Datenhandbuch zur Geschichte des Deutschen Bundestages 1994 bis 2003, Berlin 2005.
Zit.: *Feldkamp*, Datenhandbuch 1994 bis 2003, S.

Fischer, Edmund, Demokratie, München 1919.
Zit.: *Fischer*, Demokratie, S.

Friauf, Karl Heinrich / Höfling, Wolfram (Hrsg.), Berliner Kommentar zum Grundgesetz, Loseblattkommentar, Stand: 2011.
Zit.: *Bearbeiter*, in: Berliner Kommentar GG, Art., Rdn.

Frotscher, Werner / Pieroth, Bodo, Verfassungsgeschichte, 10. Auflage, München 2011.
Zit.: *Frotscher/Pieroth*, Verfassungsgeschichte, Rdn.

Fuchs, Carl, Die Diätenprozesse in Preußen, Archiv des öffentlichen Rechts (AöR) 2 (1887), S. 123 ff.

Geiger, Willi, „Blamabel" – Kommentar in „Die Zeit" vom 12. Mai 1978, veröffentlicht auf www.zeit.de (Zugriff am 30. April 2009).

Geiger, Willi, Der Abgeordnete und sein Beruf. Eine kritische Auseinandersetzung mit folgenreichen Missdeutungen eines Urteils, ZParl 1978, 522 ff.

Gern, Alfons, Deutsches Kommunalrecht, 3. Auflage, Baden-Baden 2003.
Zit.: *Gern*, Deutsches Kommunalrecht, Rdn.

Georges, Karl Ernst, Ausführliches lateinisch-deutsches Wörterbuch, Hannover 1918, Nachdruck: Darmstadt 1998.
Zit.: *Georges*, Handwörterbuch, Sp.

Goerlich, Helmut / Laier, René, „Parlamentsfernsehen" und Öffentlichkeitsarbeit des Deutschen Bundestages, ZUM 1998, 475 ff.

Grefrath, Holger, Der Grundsatz der Normenklarheit in der Fallbearbeitung, JA 2008, 710 ff.

Groß, Thomas, Die Erweiterung veröffentlichungspflichtiger Angaben von Mitgliedern des Deutschen Bundestages, ZRP 2002, 472 ff.

Häberle, Peter, Freiheit, Gleichheit und Öffentlichkeit des Abgeordnetenstatus, NJW 1976, 537 ff.

Hamann, Andreas, Autonome Satzungen und Verfassungsrecht, Heidelberg 1958.

Zit.: *Hamann*, Autonome Satzungen, S.

Hansen, Mogens Herman, Die athenische Demokratie im Zeitalter des Demosthenes – Struktur, Prinzipien und Selbstverständnis, übersetzt von Wolfgang Schuller, Berlin 1995.
Zit.: *Hansen*, Athenische Demokratie, S.

Haubst, Rudolf, Wort und Leitidee der „repraesentatio“ bei Nikolaus v. Kues, S. 139 ff., in: *Albert Zimmermann (Hrsg.)*, Der Begriff der repraesentatio im Mittelalter – Stellvertretung, Symbol, Zeichen, Bild, Berlin/New York 1971.
Zit.: *Haubst*, in: Zimmermann (Hrsg.), S.

Haug, Volker, Bindungsprobleme und Rechtsnatur parlamentarischer Geschäftsordnungen, Berlin 1994.
Zit.: *Haug*, Parlamentarische Geschäftsordnungen, S.

Heinz, Vanessa, Der Schleier des Nichtwissens in der Gesetzgebung, Baden-Baden 2009.
Zit.: *Heinz*, Gesetzgebung, S.

Herbertz, Achim, Verhaltensregeln für die Mitglieder des Deutschen Bundestages, Dissertation, Jena 1998.
Zit.: *Herbertz*, Verhaltensregeln, S.

Heß, Reinhold, Grundrechtskonkurrenzen – Zugleich ein Beitrag zur Normstruktur der Freiheitsrechte, Berlin 2000.
Zit.: *Heß*, Grundrechtskonkurrenzen, S.

Hesse, Konrad, Grundzüge des Verfassungsrechts der Bundesrepublik Deutschland, 20. Auflage, Heidelberg 1999.
Zit.: *Hesse*, Grundzüge, Rdn.

Hobbes, Thomas, Leviathan – Erster und zweiter Teil, Übersetzung von Jacob Peter Mayer, Nachdruck, Stuttgart 2010.
Zit.: *Hobbes*, Leviathan, Kp., S.

Hospach, Frank Julius, Diäten in Deutschland – Eine verfassungsgeschichtliche Studie, Dissertation, Tübingen 1992.
Zit.: *Hospach*, Diäten, S.

Hofmann, Hasso, Repräsentation – Studien zur Wort- und Begriffsgeschichte von der Antike bis ins 19. Jahrhundert, 4. Auflage, Berlin 2003.
Zit.: *Hofmann*, Repräsentation, S.

Horn, Hans-Detlef, Erosion demokratischer Öffentlichkeit?, VVDtStRL 68 (2009), S. 413 ff.

Huber, Ernst Rudolf, Dokumente zur Deutschen Verfassungsgeschichte, Band 1, Deutsche Verfassungsdokumente 1803 – 1850, 3. Auflage, Stuttgart 1978.
Zit.: *Huber*, Dokumente zur Verfassungsgeschichte 1, S.

Huber, Ernst Rudolf, Dokumente zur Verfassungsgeschichte, Band 2, Deutsche Verfassungsdokumente 1851 – 1900, 3. Auflage, Stuttgart 1986.
Zit.: *Huber*, Dokumente zur Verfassungsgeschichte 2, S.

Ipsen, Jörn (Hrsg.), Parteiengesetz – Kommentar, München 2008.
Zit.: *Bearbeiter*, in: Ipsen (Hrsg.), ParteienG, §, Rdn.

Isensee, Josef, Zwischen Amtsethos und Parteibindung – Entscheidungen des Parlamentes in eigener Sache, ZParl 2000, 402 ff.

Isensee, Josef / Kirchhof, Paul (Hsrg.), Handbuch des Staatsrechts der Bundesrepublik Deutschland, Band III – Verfassungsstaat, 3. Auflage, Heidelberg 2004.
Zit.: *Bearbeiter*, in: Isensee/Kirchhof (Hrsg.), HbdStR II, §, Rdn.

Isensee, Josef / Kirchhof, Paul (Hrsg.), Handbuch des Staatsrechts der Bundesrepublik Deutschland, Band III – Demokratie – Bundesorgane, 3. Auflage, Heidelberg 2005.
Zit.: *Bearbeiter*, in: Isensee/Kirchhof (Hrsg.), HbdStR III, §, Rdn.

Isensee, Josef / Kirchhof, Paul (Hrsg.), Handbuch des Staatsrechts der Bundesrepublik Deutschland, Band IV – Aufgaben des Staates, 3. Auflage, Heidelberg 2006.
Zit.: *Bearbeiter*, in: Isensee/Kirchhof (Hrsg.), HbdStR IV, §, Rdn.

Isensee, Josef / Kirchhof, Paul (Hrsg.), Handbuch des Staatsrechts der Bundesrepublik Deutschland, Band V – Rechtsquellen, Organisation, Finanzen, 3. Auflage, Heidelberg 2007.
Zit.: *Bearbeiter*, in: Isensee/Kirchhof (Hrsg.), HbdStR V, §, Rdn.

Isensee, Josef / Kirchhof, Paul (Hrsg.), Handbuch des Staatsrechts der Bundesrepublik Deutschland, Band IX – Allgemeine Grundrechtslehren, 3. Auflage, Heidelberg 2011.
Zit.: *Bearbeiter*, in: Isensee/Kirchhof (Hrsg.), HbdStR IX, §, Rdn.

Janz, Norbert / Latotzky, René, Transparenz und Mandat – Zur Entscheidung des BVerfG über die Offenlegungspflicht von Nebeneinkünften von Bundestagsabgeordneten, NWVBl. 2007, 385 ff.

Jarass, Hans / Pieroth, Bodo, Grundgesetz für die Bundesrepublik Deutschland – Kommentar, 11. Auflage, München 2011.
Zit.: *Bearbeiter*, in: Jarass/Pieroth, GG, Art., Rdn.

Jestaedt, Matthias / Lepsius, Oliver, Der Rechts- und Demokratietheoretiker Hans Kelsen, S. VII ff.; in: *Matthias Jestaedt / Oliver Lepsius (Hrsg.)*, Hans Kelsen – Verteidigung der Demokratie, Tübingen 2006.
Zit.: *Jestaedt/Lepsius*, in: dies. (Hrsg.), Hans Kelsen, S.

Kabel, Rudolf, Das neue Abgeordnetengesetz vom Dezember 1976, ZParl 1977, S. 3 ff.

Käßner, Anne, Nebentätigkeiten und Nebeneinkünfte der Mitglieder des Deutschen Bundestages. Eine Untersuchung möglicher Regelungsinstrumente unter vergleichender Berücksichtigung der Besonderheiten der drei Staatsgewalten, Berlin 2010.
Zit.: *Käßner*, Nebentätigkeiten und Nebeneinkünfte, S.

Kahl, Wolfgang, Die rechtliche Bedeutung der Unterscheidung von Staat und Gesellschaft, JURA 2002, 721 ff.

Kant, Immanuel, Zum ewigen Frieden, Ditzingen 1986.
Zit.: *Kant*, Zum ewigen Frieden, S.

Kersten, Jens, Sicherung der Unabhängigkeit von Abgeordneten durch Transparenz und Sanktion – Zur Novellierung des Abgeordnetenrechts in Nordrhein-Westfalen, NWVBl. 2006, 46 ff.

Kimme, Johannes, Das Repräsentativsystem unter besonderer Beachtung der historischen Entwicklung der Repräsentation und der Rechtsprechung des Bundesverfassungsgerichts, Mainz 1988.
Zit.: *Kimme*, Repräsentativsystem, S.

Kirchhof, Paul, Rechtsquellen und Grundgesetz, S. 50 ff.; in: *Christian Starck* u.a. (Hrsg.), Bundesverfassungsgericht und Grundgesetz. Festgabe aus Anlaß des 25jährigen Bestehens des Bundesverfassungsgerichts, Zweiter Band – Verfassungsauslegung, Tübingen 1976.
Zit.: *Kirchhof*, in: Festgabe Bundesverfassungsgericht, S.

Kißler, Leo, Die Öffentlichkeitsfunktion des Deutschen Bundestages, Theorie – Empirie – Reform, Berlin 1976.
Zit.: *Kißler*, Öffentlichkeitsfunktion, S.

Klee, Hermann (Hrsg.), Neueste Mittheilungen, V. Jahrgang, No. 76, Ausgabe vom 23. Juli 1886, abrufbar unter www.amtspresse.staatsbibliothek-berlin.de.
Zit.: *Klee*, Neueste Mittheilungen, S.

Klein, Hans-Hugo, Diäten-Urteil und Diäten-Streit – Legendenbildung im Verfassungsrecht, S. 225 ff., in: *Klaus Grupp/Michael Ronellenfitsch (Hrsg.)*, Planung – Recht – Rechtsschutz, Festschrift für Willi Blümel zum 70. Geburtstag am 6. Januar 1999, Berlin 1999.
Zit.: *Klein*, in: FS-Blümel, S.

Kögl, Michael, Religionsgeprägte Kleidung des Lehrers, Frankfurt 2005.
Zit.: *Kögl*, Religionsgeprägte Kleidung, S.

Korioth, Stefan, Das freie Mandat der Abgeordneten des Deutschen Bundestags – unter besonderer Berücksichtigung der Pflicht zur Offenlegung von Nebeneinkünften, S. 63 ff., in: *Gerrit Mannsen (Hrsg.)*, Die verfassungsrechtlich garantierte Stellung der Abgeordneten in den Ländern Mittel- und Osteuropas, Frankfurt 2009.

Zit.: *Korioth*, in: Manssen (Hrsg.), S.

Krause, Peter, Freies Mandat und Kontrolle der Abgeordnetentätigkeit – Zu Notwendigkeiten und Möglichkeiten der Disziplinierung des Mandatsmissbrauchs, DÖV 1974, 325 ff.

Kühnreich, Mathias, Das Selbstorganisationsrecht des Deutschen Bundestages unter besonderer Berücksichtigung des Hauptstadtbeschlusses, Berlin 1996.
Zit.: *Kühnreich*, Selbstorganisationsrecht, S.

Kurz, Hanns (Hrsg.), Volkssouveränität und Volksrepräsentation, Köln 1965.
Zit.: *Bearbeiter*, in: Kurz (Hrsg.), Volkssouveränität und Volksrepräsentation, S.

Laband, Paul, Das Staatsrecht des Deutschen Reiches, Erster Band, 2. Auflage, Freiburg 1888.
Zit.: *Laband*, Staatsrecht I, S.

Lang, Heinrich, Gesetzgebung in eigener Sache – Eine rechtstheoretische und rechtssystematische Untersuchung zum Spannungsverhältnis von Distanzgebot und Eigennutz, Tübingen 2007.
Zit.: *Lang*, Gesetzgebung, S.

Lange, Pia / Thiele, Alexander, Übungsklausur – Öffentliches Recht: Freiheit des Mandats, Der „gläserne" Abgeordnete, JuS 2008, 518 ff.

Larenz, Karl / Canaris, Claus-Wilhelm, Methodenlehre der Rechtswissenschaft, 3. Auflage, Berlin/Heidelberg/New York 1995.
Zit.: *Larenz/Canaris*, Methodenlehre, S.

Leibholz, Gerhard, Das Wesen der Repräsentation und der Gestaltwandel der Demokratie im 20. Jahrhundert, 2. Auflage, Berlin 1960.
Zit.: *Leibholz*, Wesen der Repräsentation, S.

Lediger, Astrid, Entschädigung der Bundestagsabgeordneten, Frankfurt 2001.
Zit.: *Lediger*, Entschädigung, S.

Linck, Joachim, Kritisches zur Diätenkritik von 86 Staatsrechtslehrern, ZRP 1995, 683 ff.

Linck, Joachim, Verfestigung des Leitbildes vom Berufsabgeordneten durch das BVerfG, NJW 2008, 24 ff.

Mangoldt, Hermann von / Klein, Friedrich (Hrsg.), Das Bonner Grundgesetz, Band II, 2. Auflage, Berlin 1964.
Zit.: *von Mangoldt/Klein*, Bonner GG, Art., Zif.

Mangoldt, Hermann von / Klein, Friedrich / Starck, Christian (Hrsg.), Kommentar zum Grundgesetz, Band 1: Präambel, Artikel 1 bis 19, 6. Auflage, München 2010.
Zit.: *Bearbeiter*, in: von Mangoldt/Klein/Starck, GG, Bd. 1, Art., Rdn.

Mangoldt, Hermann von / Klein, Friedrich / Starck, Christian (Hrsg.), Kommentar zum Grundgesetz, Band 2: Artikel 20 bis 82, 6. Auflage, München 2010. Zit.: *Bearbeiter*, in: von Mangoldt/Klein/Starck, GG, Bd. 2, Art., Rdn.

Maunz, Theodor / Dürig, Theodor u.a. (Hrsg.), Grundgesetz, Loseblatt-Kommentar, Stand: 62. Ergänzungslieferung, München 2011.
Zit.: *Bearbeiter*, in: Maunz/Dürig, GG, Art., Rdn.

Maunz, Theodor / Schmidt-Bleibtreu, Bruno / Klein, Franz / Bethge, Herbert u.a. (Hrsg.), Bundesverfassungsgerichtsgesetz, Loseblatt-Kommentar, Stand: 35. Ergänzungslieferung, München 2011.
Zit.: *Bearbeiter*, in: Maunz/Schmidt-Bleibtreu, BVerfGG, §, Rdn.

Maurer, Hartmut, Allgemeines Verwaltungsrecht, 18. Auflage, München 2011.
Zit.: *Maurer*, Allg. Verwaltungsrecht, §, Rdn.

Mayer, Otto, Deutsches Verwaltungsrecht, Band 1, 3. Auflage, Berlin 1924.
Zit.: *Mayer*, Dt. Verwaltungsrecht, S.

Merten, Detlef / Papier, Hans-Jürgen (Hrsg.), Handbuch der Grundrechte in Deutschland und Europa, Band II – Grundrechte in Deutschland: Allgemeine Lehren I, Heidelberg 2006.
Zit.: *Bearbeiter*, in: Merten/Papier (Hrsg.), HGR II, §, Rdn.

Merten, Detlef / Papier, Hans-Jürgen (Hrsg.), Handbuch der Grundrechte in Deutschland und Europa, Band III – Grundrechte in Deutschland: Allgemeine Lehren II, Heidelberg 2009.
Zit.: *Bearbeiter*, in: Merten/Papier (Hrsg.), HGR III,§ , Rdn.

Meyer, Hans, Möglichkeiten und Grenzen der Regelung von Nebentätigkeiten der Abgeordneten des Deutschen Bundestages, Rechtsgutachten für den Deutschen Bundestag, Berlin 2005.
Zit.: *Meyer*, Nebentätigkeiten I, S.

Meyer, Hans, Einige Bemerkungen zu dem Gutachten von Professor Waldhoff, Rechtsgutachten für den Deutschen Bundestag, Berlin 2005.
Zit.: *Meyer*, Nebentätigkeiten II, S.

Meyer, Hans, Das parlamentarische Regierungssystem des Grundgesetzes, Anlage – Erfahrungen – Zukunftseignung, 2. Mitbericht, VVDStRL 33 (1975), 69 ff.

Meyn, Karl-Ullrich, Kontrolle als Verfassungsprinzip: Problemstudie zu einer legitimationsorientierten Theorie der politischen Kontrolle in der Verfassungsordnung des Grundgesetzes, Baden-Baden 1982.
Zit.: *Meyn*, Kontrolle als Verfassungsprinzip, S.

Möllers, Christoph, Das freie Mandat in der demokratischen Repräsentation, Jura 2008, 937 ff.

Mückl, Stefan, Geistesgeschichtliche Grundlagen der Gewissensfreiheit, S. 209 ff., in: Steffen Detterbeck/Jochen Rozek/Christian von Coelln, Recht als Medium der Staatlichkeit, Festschrift für Herbert Bethge zum 70. Geburtstag, Berlin 2009.
Zit.: *Mückl,* in: FS-Bethge, S.

Münch, Ingo von / Kunig, Philipp (Hrsg.), Grundgesetz – Kommentar, Band 2 (Art. 20 bis Art. 69), 5. Auflage, München 2001.
Zit.: *Bearbeiter*, in: von Münch/Kunig (Hrsg.), GG, Bd. 2, Art., Rdn.

Muhle, Stefan, Mehr Transparenz bei Nebenbeschäftigungen von Abgeordneten? Zur Weiterentwicklung des Abgeordnetenrechts in Niedersachsen, ZParl 2006, 266 ff.

Nida-Rümelin, Julian, Demokratie will Öffentlichkeit, „Die Zeit" vom 16. Dezember 2010, S. 2.

Ooyen, Robert van, Die Parteienstaatslehre von Gerhard Leibholz – Eine Kritik, JJZG 8 (2006/2007), S. 359 ff.

Ossenbühl, Fritz, Richtlinien im Vertragsarztrecht, NZS 1997, 497 ff.

Pfeil, Hanno, Der Abgeordnete und die Fraktion – verfassungsrechtliche Vorgaben und gesetzliche sowie binnenrechtliche Ausgestaltung, Hamburg 2008.
Zit.: *Pfeil*, Abgeordnete und Fraktion, S.

Pieroth, Bodo, Das Demokratieprinzip des Grundgesetzes, JuS 2010, 473 ff.

Pöttgen, Nicole, Datenschutz und medizinische Forschung, Frankfurt 2008.
Zit.: *Pöttgen*, Datenschutz und medizinische Forschung, S.

Pseudo Xenophon, Die Pseudoxenophonistische Athenaion Politea, Einleitung – Übersetzung – Erklärung von Ernst Kalinka, Leipzig/Berlin 1913.
Zit.: *Pseudo-Xenophon*, Kap., Abs.

Radbruch, Gustav, Die politischen Parteien im System des Deutschen Verfassungsrechts, S. 285 ff. in: Gerhard Anschütz / Ludwig Thoma (Hrsg.),Handbuch des Deutschen Staatsrechts – Erster Band, Tübingen 1930.
Zit.: *Radbruch*, in: Anschütz/Thoma, S.

Rausch, Heinz Volker, Repräsentation und Repräsentativverfassung, Anmerkungen zur Problematik, München 1974.
Zit.: *Rausch*, Repräsentation und Repräsentativverfassung, S.

Reichel, Marc, Das demokratische Offenheitsprinzip und seine Anwendung im Recht der politischen Parteien, Berlin 1996.
Zit.: *Reichel*, Offenheitsprinzip, S.

Rensen, Hartmut, Ein verfassungsrechtliches Leitbild des Abgeordneten? in: Sigrid Emmenegger/Ariane Wiedmann (Hrsg.), Leitlinien der Rechtsprechung des Bundesverfassungsgerichts – Band II, S. 493 ff., Berlin 2011.

Zit.: *Rensen*, in: Emmenegger/Wiedmann (Hrsg.), S.

Ritzel, Heinrich / Bücker, Joseph / Schreiner, Hermann, Handbuch für die Parlamentarische Praxis mit Kommentar zur Geschäftsordnung des Deutschen Bundestages.
Zit.: *Ritzel/Bücker/Schreiner*, Handbuch, §.

Rousseau, Jean-Jacques, Contrat Social: Ou Principles Du Droit Politique, Oxford 1989.
Zit.: *Rousseau*, Contrat Social, Buch, Kap.

Roßner, Sebastian, Offenlegungspflichten für die Nebeneinkünfte von Bundestagsabgeordneten – Das Urteil des BVerfG vom 4. Juli 2007, 2 BvE 1/06, 2/06, 3/06, 4/0 –, MIP 2007, 55 ff.

Rühl, Uli, Das „freie Mandat“: Elemente einer Interpretations- und Problemgeschichte, Der Staat 39 (2000), 23 ff.

Rupp, Hans Heinrich, Legitimation der Parlamente zur Entscheidung in eigener Sache, in: ZG 1992, 285 ff.

Sachs, Michael (Hsrg.), Grundgesetz – Kommentar, 6. Auflage, München 2011.
Zit.: *Bearbeiter*, in: Sachs, GG, Art., Rdn.

Schäfer, Thomas, Auswirkungen erweiterter Bürgerbeteiligung auf die hessische Gemeindeverfassung – Ein Beitrag zur weiteren Reform der Hessischen Gemeindeordnung (HGO), Marburg 1999.
Zit.: *Schäfer*, Bürgerbeteiligung, S.

Scheuner, Ulrich, Die rechtliche Tragweite der Grundrechte in der deutschen Verfassungsentwicklung des 19. Jahrhunderts, S. 139 ff. in: Ernst Forsthoff/Werner Weber/Franz Wieacker (Hrsg.), Festschrift für Ernst Rudolf Huber zum 70. Geburtstag, Göttingen 1973.
Zit.: *Scheuner*, in: FS-Huber, S.

Schindler, Peter, Datenhandbuch zur Geschichte des Deutschen Bundestages 1949 bis 1999, Band I, Berlin 1999.
Zit.: *Schindler*, Datenhandbuch 1949 bis 1999, Bd. I, S.

Schindler, Peter, Datenhandbuch zur Geschichte des Deutschen Bundestages 1949 bis 1999, Band III, Berlin 1999.
Zit.: *Schindler*, Datenhandbuch 1949 bis 1999, Bd. III, S.

Schlosser, Uwe, Die Verhaltensregeln für die Mitglieder des Deutschen Bundestages vom 25.6.1980 (Anlage 1 GeschOBT), Heidelberg 1985.
Zit.: *Schlosser*, Verhaltensregeln, S.

Schmidt-Bleibtreu, Bruno / Hofmann, Hans / Hopfauf, Axel (Hrsg.), Grundgesetz – Kommentar, 12. Auflage, Köln 2011.
Zit.: *Bearbeiter*, in: Schmidt-Bleibtreu/Hofmann/Hopfauf, GG, Art, Rdn.

Schmitt, Carl, Verfassungslehre, 3. Auflage, Berlin 1957.

Zit.: *C. Schmitt*, Verfassungslehre, S.

Schmitt, Carl, Die geistesgeschichtliche Lage des heutigen Parlamentarismus, 8. Auflage, Berlin 1996.
Zit.: *C. Schmitt*, Parlamentarismus, S.

Schmitt Glaeser, Walter, Das Bundesverfassungsgericht als „Gegengewalt" zum verfassungsändernden Gesetzgeber? – Lehren aus dem Diäten-Streit 1995, S. 1183 ff., in: Jochen Burmeister (Hrsg.), Verfassungsstaatlichkeit – Festschrift für Klaus Stern zum 65. Geburtstag, München 1997.
Zit.: *Schmitt Glaeser*, in: FS-Stern, S.

Schnapp, Friedrich, Darf es von Rechts wegen den „gläsernen Abgeordneten" geben?, NWVBl. 2006, 401 ff.

Schneider, Hans, Gesetzgebung, 3. Auflage, Heidelberg 2002.
Zit.: *Schneider*, Gesetzgebung, Rdn.

Schneider, Hans-Peter / Zeh, Wolfgang, Parlamentsrecht und Parlamentspraxis, Berlin 1998.
Zit.: *Bearbeiter*, in: Schneider/Zeh, Parlamentsrecht und Parlamentspraxis, §, Rdn.

Schroeder, Meinhard, Grundlagen und Anwendungsbereich des Parlamentsrechts – Zur Übertragbarkeit parlamentsrechtlicher Grundsätze auf Selbstverwaltungsorgane, insbesondere in der Kommunal- und Hochschulverwaltung, Baden-Baden 1979.
Zit.: *Schroeder*, Grundlagen, S.

Schwerin, Thomas, Der Deutsche Bundestag als Geschäftsordnungsgeber, Reichweite, Form und Funktion des Selbstorganisationsrechts nach Art. 40 Abs. 1 S. 2 GG, Berlin 1998.
Zit.: *Schwerin*, Bundestag als Geschäftsordnungsgeber, S.

Sicko, Corinna, Das Kopftuch-Urteil des Bundesverfassungsgerichts und seine Umsetzung durch die Landesgesetzgeber, Frankfurt 2008.
Zit.: *Sicko*, Kopftuch-Urteil, S.

Staupe, Jürgen, Parlamentsvorbehalt und Delegationsbefugnis – Zur „Wesentlichkeitstheorie" und zur Reichweite legislativer Regelungskompetenz, insbesondere im Schulrecht, Berlin 1986.
Zit.: *Stauper*, Parlamentsvorbehalt, S.

Stern, Klaus, Das Staatsrecht der Bundesrepublik Deutschland, Band I – Grundbegriffe und Grundlagen des Staatsrechts, Strukturprinzipien der Verfassung,München 1984.
Zit.: *Stern*, Staatsrecht, Bd. I, §.

Stern, Klaus, Das Staatsrecht der Bundesrepublik Deutschland, Band IV – Die einzelnen Grundrechte, 1. Halbband, Der Schutz und die freiheitliche Entfaltung des Individuums, München 2006.

Zit.: *Stern*, Staatsrecht, Bd. IV/1, §.

Tatarin-Tarnheyden, Edgar, Die Rechtsstellung der Abgeordneten; ihre Rechte und Pflichten, S. 413 ff. in: Gerhard Anschütz/Ludwig Thoma (Hrsg.) Handbuch des Deutschen Staatsrechts – Erster Band, Tübingen 1930.
Zit.: *Tatarin-Tarnheyden*, in: Anschütz/Thoma, S.

Thudicum, Friedrich, Verfassungsrecht des Norddeutschen Bundes und des deutschen Zollvereins, Tübingen 1870.
Zit.: *Thudicum*, Verfassungsrecht, S.

Trossmann, Hans, Parlamentsrecht des Deutschen Bundestages. Kommentar zur Geschäftsordnung des Deutschen Bundestages unter Berücksichtigung des Verfassungsrechts, München 1977.
Zit.: *Trossmann*, GOBT, §, Rdn.

Trossmann, Hans / Roll, Hans-Achim, Parlamentsrecht des Deutschen Bundestages. Kommentar zur Geschäftsordnung des Deutschen Bundestages unter Berücksichtigung des Verfassungsrechts – Ergänzungsband.
Zit.: *Trossmann/Roll*, GOBT, §, Rdn.

Umbach, Dieter / Clemens, Thomas (Hrsg.), Grundgesetz – Mitarbeiterkommentar in 2 Bänden, Band II, Art. 38 bis 146 GG, München 2002.
Zit.: *Bearbeiter*, in: Umbach/Clemens (Hrsg.), Bd. II, Art., Rdn.

Vogel, Hans-Jochen, Entscheidungen des Parlamentes in eigener Sache, ZG 1992, 293 ff.

Waldhoff, Christian, Das missverstandene Mandat: Verfassungsrechtliche Maßstäbe zur Normierung der erweiterten Offenlegungspflichten der Abgeordneten des Deutschen Bundestages, ZParl 2006, 251 ff.

Waldstein, Wolfgang / Rainer, Michael, Römische Rechtsgeschichte, 10. Auflage, München 2005.
Zit.: *Waldstein/Rainer*, Römische Rechtsgeschichte, S.

Weber-Grellet, Heinrich, Steuern im modernen Verfassungsstaat – Funktionen, Prinzipien und Strukturen des Steuerstaats und des Steuerrechts, Köln 2001.
Zit.: *Weber-Grellet*, Steuern, S.

Wefelmeier, Christian, Repräsentation und Abgeordnetenmandat, Stuttgart/München/Hannover/ Berlin 1990.
Zit.: *Wefelmeier*, Repräsentation, S.

Weiss, Andreas, Arbeitender Abgeordneter, JA 2010, 349 ff.

Will, Martin, Wahlcomputer auf dem verfassungsrechtlichen Prüfstand, CR 2008, 540 ff.

Wolf, Hanns / Bachof, Otto / Stober, Rolf / Kluth, Winfried, Verwaltungsrecht I – Ein Studienbuch, 12. Auflage, München 2007.
Zit.: *Wolf/Bachof/Stober/Kluth*, Verwaltungsrecht I, §, Rdn.

Zimmermann, Reinhard, Juristische Bücher des Jahres – Eine Leseempfehlung, NJW 2010, 3343 ff.

Schriften zum deutschen und europäischen öffentlichen Recht

Herausgegeben von Prof. Dr. Steffen Detterbeck

Band 1 Henry Roth: Berufs- und Erwerbsunfähigkeit. Renten- und Versorgungsansprüche nach geltendem und reformiertem Recht. 2000.

Band 2 Astrid Lediger: Die Entschädigung der Bundestagsabgeordneten. 2001.

Band 3 Uwe Chojetzki: Der kirchliche Dienst in der Sozialversicherung. 2001.

Band 4 Christopher Breith: Die Fernsehschutzliste. Übertragung von Großereignissen nach § 5a RfStV. 2002.

Band 5 Lars-Henrik Rode: § 40 VwVfG und die deutsche Ermessenslehre. 2003.

Band 6 Steffen Detterbeck / Martin Will: Die Handwerksinnungen in der staatlichen dualen Ordnung des Handwerks. Zur Frage einer Innungspflichtmitgliedschaft und eines Kammerbeitrags-Bonussystems für Innungsmitglieder. 2003.

Band 7 Christiane Vesting: Die vertragliche und außervertragliche Haftung der EG nach Art. 288 EGV. Unter Berücksichtigung der prozessualen Durchsetzungsmöglichkeiten. 2003.

Band 8 Christian Hanf: Rechtsschutz gegen Inhalts- und Nebenbestimmungen zu Verwaltungsakten. 2003.

Band 9 Guido H. Friedrich: Der vorhabenbezogene Bebauungsplan gemäß § 12 BauGB nach der Novellierung 2001. Inhalt, Chancen und Risiken des Planungsinstrumentes. 2003.

Band 10 Lars Friedrichsen: Umweltbelastende Vorhaben und Alternativen in der Planfeststellung. Unter besonderer Berücksichtigung der Vorgaben aus der UVP-Richtlinie, dem UVPG sowie der FFH-Richtlinie bzw. den §§ 32 ff. BNatSchG. 2005.

Band 11 Nikolaus Lindner: Die Europäische Transparenzrichtlinie und der öffentlich-rechtliche Rundfunk in Deutschland. Auswirkungen der Richtlinie 2000/52/EG zur Änderung der Richtlinie 80/723/EWG über die Transparenz der finanziellen Beziehungen zwischen den Mitgliedstaaten und den öffentlichen Unternehmen („Transparenzrichtlinie") auf die öffentlich-rechtlichen Rundfunkanstalten in Deutschland. 2005.

Band 12 Gunter Fleck: Verleihung des Körperschaftsstatus an Religions- und Weltanschauungsgemeinschaften in einer multikulturellen Gesellschaft. Ein Vorschlag de lege ferenda zu Art. 140 GG i.V.m. Art. 137 Abs. 5 S. 2 WRV. 2005.

Band 13 Philipp Förster: Die unmittelbare Drittwirkung der Grundfreiheiten. Zur Dogmatik des Adressatenkreises von Pflichten aus EG-Grundfreiheiten. 2007.

Band 14 Barbara Löhr: Die Rechte des Menschen in der Verfassung des Landes Hessen im Lichte des Grundgesetzes. 2007.

Band 15 Christian Lewke: Der verfassungsrechtliche Kulturauftrag des öffentlich-rechtlichen Rundfunks. Eine funktionsbezogene Betrachtung des Mediums in seiner Bedeutung für Individuum, Gesellschaft, Kunst, Wissenschaft und Religion. 2007.

Band 16 Jens Mischak: Die kommunale Wahlprüfung. Dargestellt unter besonderer Berücksichtigung der hessischen Kommunalverfassung. 2008.

Band 17 Christian Adam: Gefahrabwendungsfolter und Menschenwürde im Lichte des Unabwägbarkeitsdogmas des Art. 1 Abs. 1 GG. 2008.

Band 18 Julia Kaupisch: Das Grundrecht der Religionsfreiheit in seiner historischen Entwicklung. Werdegang in den norddeutschen Ländern. 2008.

Band 19 Tobias Timo Weitz: Gerichtsnahe Mediation in der Verwaltungs-, Sozial- und Finanzgerichtsbarkeit. 2008.

Band 20 Nicole Pöttgen: Medizinische Forschung und Datenschutz. 2009.

Band 21 Jonas Fischer: Das Recht der Glücksspiele im Spannungsfeld zwischen staatlicher Gefahrenabwehr und privatwirtschaftlicher Betätigungsfreiheit. 2009.

Band 22 Nina Stöcker: Entwicklung des Verwaltungskooperationsvertrages unter Berücksichtigung des Vergaberechts. 2010.

Band 23 Christoph Weltecke: Gesetzgebung im Bundesstaat. Reformpotentiale des deutschen Föderalismus unter besonderer Berücksichtigung der Vorschläge der Kommission zur Modernisierung der bundesstaatlichen Ordnung. 2011.

Band 24 Martin Dietz: Verfassungsgerichtliche Unvereinbarerklärungen: Zulässigkeit, Voraussetzungen und Rechtsfolgen. 2011.

Band 25 Isabell Beck: Auswirkungen der Straftatverwirklichung auf öffentlich-rechtlich geregelte Berufsstellungen. 2012.

Band 26 Franziska Schneider: Rechtliche Rahmenbedingungen für die Vornahme von Online-Durchsuchungen. Online-Durchsuchungen als Mittel zur Terrorismusbekämpfung in Deutschland und den USA. 2012.

Band 27 Stefan Heck: Mandat und Transparenz. Anzeige und Veröffentlichung der Nebentätigkeiten von Bundestagsabgeordneten. 2014.

www.peterlang.com